项目资助：老牛基金会

老牛学院课题研究

中国慈善联合会
CHINA CHARITY ALLIANCE

U1014405

中国慈善哲学概论

ZHONGGUO CISHAN ZHEXUE GAILUN

张耀南 著

中国社会出版社
国家一级出版社·全国百佳图书出版单位

图书在版编目（CIP）数据

中国慈善哲学概论／张耀南著．—北京：中国社会出版社，2018.12

ISBN 978－7－5087－6115－2

Ⅰ.①中…　Ⅱ.①张…　Ⅲ.①慈善事业—思想史—研究—中国　Ⅳ.①D632.1－09

中国版本图书馆 CIP 数据核字（2019）第 004027 号

书　　名： 中国慈善哲学概论
著　　者： 张耀南

出 版 人： 浦善新
终 审 人： 李　浩
责任编辑： 陈　琛

出版发行： 中国社会出版社　**邮政编码：** 100032
通联方式： 北京市西城区二龙路甲 33 号
电　　话： 编辑室：（010）58124836
销售部：（010）58124835
传　真：（010）58124835
网　　址： www.shcbs.com.cn
shcbs.mca.gov.cn
经　　销： 各地新华书店

中国社会出版社天猫旗舰店

印刷装订： 北京虎彩文化传播有限公司
开　　本： 170mm×240mm　1/16
印　　张： 18.25
字　　数： 260 千字
版　　次： 2019 年 3 月第 1 版
印　　次： 2019 年 3 月第 1 次印刷
定　　价： 72.00 元

中国社会出版社微信公众号

感谢老牛基金会对本书的资助

序

众所周知，古代汉语的一个特点是以单字词为主，单字词集音、形、义于一体，一个字就是一个词，可以表达完整的意义。例如，根据东汉许慎的《说文解字》的解释，“慈，爱也”；“善，吉也”，“慈”和“善”都可以独立指示特定的意义。古代汉语还有一个特点，就是一字多义，例如，“慈”字表示“爱”（作为动词），可以指长辈对晚辈的关爱，如“父慈子孝”；也可以指晚辈对长辈的敬爱，如“慈孝于父母”（《国语·齐语》），还可以表示“充满爱的”（作为形容词），如“慈母手中线，游子身上衣”。同样，“善”可以是名词，如“好善”“行善”，也可以是动词，如“善政不如善教之得民也。善政民畏之，善教民爱之。善政得民财，善教得民心”（《孟子》）。人们经常提到最早的“慈”与“善”连用的例子是《北史·崔光传》：“光宽和慈善，不忤于物，进退沉浮，自得而已。”显然，在此处，“慈”与“善”是两个独立的词，分别指崔光的品性，他兼具“宽、和、慈、善”四个方面。在古代中国文化中，“慈”与“善”主要是指个体德行方面的美好品质。

现代汉语中的“慈善”一词显然是个舶来品，并非中国本土思想的直接继承或创造性转换。作为一个专有名词，它对应的英语词语主要有两个：charity 和 philanthropy。从词源上看，charity 来自基督教的《圣经》，由人与上帝缔约、上帝对人的无限关爱演变而来。作为上帝子民的信徒们要以上帝为楷模，向教友们施予同样的爱，将这种爱具象化、日常化就是各种捐赠、施舍、救济、奉献、义工等通过自我牺牲向他人表达善意的活动。charity 的真谛在于不求回报、在奉献中回应上帝感召，同时成就自身。

philanthropy 来自古希腊语，本义是“爱人类”，包含了超越个体差异和国家民族分别，进而对人类整体的关怀，这反映了世界主义式的人类一体观。可见，“慈善”在西方有着两个不同的来源，虽然在今天人们已经不再严格区分二者的不同，也确实很难在实践者身上看到二者的显见不同，但我们必须知道，“慈善”是一种十分鲜明的西方文化的产物。

跟很多其他现代汉语新词一样，“慈善”也是先由日本学者翻译出来后传入中国的。日本人使用汉字通常只是借用，汉字原本具有的意义并未被挖掘或得到引申。例如，用“慈善”二字来翻译 charity，是因为日本译者看到了“慈”与“善”共同传递了 charity 的实质，即出于个人自愿而做出的助益他人的好事。其实，从中华文化传统和思想内涵上说，与 charity 类似的汉字原词用“惠”可能更合适，与 philanthropy 接近的汉字原词可能是“大同”。例如，《周礼·地官·司救》记载：“凡岁时有天患民病，则以节巡国中及郊野，而以王命施惠。”管仲曾提出国君应当实行“九惠之教”：“一曰老老，二曰慈幼，三曰恤孤，四曰养疾，五曰合独，六曰问疾，七曰通穷，八曰振困，九曰接绝。”“惠”是偶然做出的、施救于困境中的他人之善行义举，所以，它可能与“仁”冲突，传统士大夫中确实有人反对施惠，例如，唐玄宗时大臣宋璟请求玄宗废除“悲田养病坊”，他给出的理由是“人臣私惠，犹且不可，国家小慈，殊乖善政”。国家要以“善政”为目标，只有达到了善政，仁爱就可以实现，需要施惠的事项和人群都不再必要了，不可因施小惠而害善政这一根本宗旨。

在全球化时代，中国和西方各自都已经无法分别彼此、隔绝对方，二者不仅在经济、政治上相互渗透和牵制，在思想、价值上同样存在相互影响和对峙。然而，我们应当看到，二者的关系并不是对等的，特别是在理论研究、社会思潮和文化价值等方面，西方仍然处于明显的优势。中国要实现赶超，既要立足自身，不断从自身的历史传统中吸取养料，同时还要学习、借鉴西方，将一切合理、进步的东西拿来，为我所用，成我之事。

张耀南教授一直怀有“化西”的宏愿，他要做的事情是“反者，道之动”，反对西化自不用说，他更明确主张的是以中华文明广布天下，从而教化并不完美却自命不凡的西方社会。《中国慈善哲学概论》就是以“慈善”议题切入，梳理中华传统文明的慈善思想资源。与常见的同类研究成果不同，他将历朝历代汗牛充栋的劝善书与儒道佛并列，视为中华慈善思想的第四个主要来源。如果说儒道佛反映了主流、正式文化（显文化）的大传统，那么，劝善书则是非主流、民间文化（隐文化）的小传统。不过，对传统社会的庶民大众而言，由于他们大多不识字、终日为生计所困，实际上难以接触到儒道佛的文本，对他们产生切实影响的正是劝善书之类的小传统，这些小传统通过民间艺人的说书、地方戏剧、传说故事、民间谚语、乡规民约、家训等社会文化的“末梢神经”传导给他们。

人们为什么会参与慈善活动？西方人大多将之归因于响应上帝的感召（神恩）或者对人类的普遍的爱（人道情怀），但这很可能答非所问。中国传统思想对此是怎样理解的呢？耀南教授找到了“命运”这个关键词来剖析中国传统思想中对慈善动因的理解。正是对世间万象变化莫测的不确定、对自身生命过程遭遇的不可测以及万事万物，特别是世代间的冥冥关联，就有了中国古人讲的“留余庆”“防余殃”的主张。一方面既然前程未卜、结果难料，就不要将事做绝，应当留有余地；另一方面横祸、天灾、疾患总是突然而至，但谁也躲不过，人人皆有可能，因而万民又有了天然的一致性和共同性，所以，人们应当相互救助。这可以说是中华文明中的自然人道主义思想。张耀南先生结合命运论将此归结为中华慈善哲学的终极关怀，即宇宙共同体理念。

不过，在传统中国社会，由于皇权的君临天下以及官府的强有力控制，历史上的绝大多数慈善活动也都由政府垄断，慈善与福利长期不分。今天的我们已经充分知道：政府出面的救济属于国家提供的福利，是国家或政府对其公民的责任；只有民间组织或个人公民自愿提供的救济，才是慈善。所以，严格来说，并不存在“政府慈善”“公益慈善”，前者的错误在于未能正确认识政府的责任与慈善的区别，后者的错误在于忽视了慈善的本质是利他从而就是公益的这一属性。

在人们对慈善还存在种种误解的当代中国社会，如何发掘中华文明中的慈善思想资源，构建中华慈善哲学，这无疑是一件具有重大现实意义的学术研究，当然，专业也是十分艰巨的理论难题。张耀南教授已经出发，走在拓荒的征程上，我们应当勉力追随，迎头赶上，成为推动中华慈善事业的同道者。

李　萍

中国人民大学哲学院教授、中国人民大学茶道哲学研究所所长

2018 年初夏于北京陋室

目　录

‖第一章　四家慈善哲学‖

附《了凡四训》第三篇《积善之方》

易曰：积善之家，必有余庆。昔颜氏将以女妻叔梁纥，而历叙其祖宗积德之长，逆知其子孙必有兴者。孔子称舜之大孝，曰：宗庙飨之，子孙保之，皆至论也。试以往事征之。

杨少师荣，建宁人。世以济渡为生，久雨溪涨，横流冲毁民居，溺死者顺流而下，他舟皆捞取货物，独少师曾祖及祖，惟救人，而货物一无所取，乡人嗤其愚。逮少师父生，家渐裕，有神人化为道者，语之曰：汝祖父有阴功，子孙当贵显，宜葬某地。遂依其所指而窆之，即今白兔坟也。后生少师，弱冠登第，位至三公，加曾祖、祖、父，如其官。子孙贵盛，至今尚多贤者。

鄞人杨自惩，初为县吏，存心仁厚，守法公平。时县宰严肃，偶挞一囚，血流满前，而怒犹未息，杨跪而宽解之。宰曰：怎奈此人越法悖理，不由人不怒。自惩叩首曰：上失其道，民散久矣，如得其情，哀矜勿喜；喜且不可，而况怒乎？宰为之霁颜。

家甚贫，馈遗一无所取，遇囚人乏粮，常多方以济之。一日，有新囚数人待哺，家又缺米；给囚则家人无食；自顾则囚人堪悯；与其妇商之。妇曰：囚从何来？曰：自杭而来。沿路忍饥，菜色可掬。因撤己之米，煮粥以食囚。后生二子，长曰守陈，次曰守址，为南北吏部侍郎；长孙为刑部侍郎；次孙为四川廉宪，又俱为名臣；今楚亭、德政，亦其裔也。

昔正统间，邓茂七倡乱于福建，士民从贼者甚众；朝廷起鄞县张都宪楷南征，以计擒贼，后委布政司谢都事，搜杀东路贼党；谢求贼中党附册籍，凡不附贼者，密授以白布小旗，约兵至日，插旗门首，戒军兵无妄杀，全活万人；后谢之子迁，中状元，为宰辅；孙丕，复中探花。

莆田林氏，先世有老母好善，常作粉团施人，求取即与之，无倦色；一仙化为道人，每旦索食六七团。母日日与之，终三年如一日，乃知其诚也。因谓之曰：吾食汝三年粉团，何以报汝？府后有一地，葬之，子孙官爵，有一升麻子之数。其子依所点葬之，初世即有九人登第，累代簪缨甚盛，福建有无林不开榜之谣。

冯琢庵太史之父，为邑庠生。隆冬早起赴学，路遇一人，倒卧雪中，扪之，半僵矣。遂解己绵裘衣之，且扶归救苏。梦神告之曰：汝救人一命，出至诚心，吾遣韩琦为汝子。及生琢庵，遂名琦。

台州应尚书，壮年习业于山中。夜鬼啸集，往往惊人，公不惧也；一夕闻鬼云：某妇以夫久客不归，翁姑逼其嫁人。明夜当缢死于此，吾得代矣。公潜卖田，得银四两。即伪作其夫之书，寄银还家；其父母见书，以手迹不类，疑之。既而曰：书可假，银不可假；想儿无恙。妇遂不嫁。其子后归，夫妇相保如初。

公又闻鬼语曰：我当得代，奈此秀才坏吾事。旁一鬼曰：尔何不祸之？曰：上帝以此人心好，命作阴德尚书矣，吾何得而祸之？应公因此益自努励，善日加修，德日加厚；遇岁饥，辄捐谷以赈之；遇亲戚有急，辄委曲维持；遇有横逆，辄反躬自责，怡然顺受；子孙登科第者，今累累也。

常熟徐凤竹栻，其父素富，偶遇年荒，先捐租以为同邑之倡，又分谷以赈贫乏，夜闻鬼唱于门曰：千不诓，万不诓；徐家秀才，做到了举人郎。相续而呼，连夜不断。是岁，凤竹果举于乡，其父因而益积德，孜孜不怠，修桥修路，斋僧接众，凡有利益，无不尽心。后又闻鬼唱于门曰：千不诓，万不诓；徐家举人，直做到都堂。凤竹官终两浙巡抚。

嘉兴屠康僖公，初为刑部主事，宿狱中，细询诸囚情状，得无辜者若干人，公不自以为功，密疏其事，以白堂官。后朝审，堂官摘其语，以讯诸囚，无不服者，释冤抑十余人。一时辇下咸颂尚书之明。公复禀曰：辇毂之下，尚多冤民，四海之广，兆民之众，岂无枉者？宜五年差一减刑官，核实而平反之。尚书为奏，允其议。时公亦差减刑之列，梦一神告之曰：汝命无子，今减刑之议，深合天心，上帝赐汝三子，皆衣紫腰金。是夕夫人有娠，后生应埙、应坤、应埈，皆显官。

嘉兴包凭，字信之，其父为池阳太守，生七子，凭最少，赘平湖袁氏，与吾父往来甚厚，博学高才，累举不第，留心二氏之学。一日东游泖湖，偶至一村寺中，见观音像，淋漓露立，即解囊中得十金，授主僧，令修屋宇，僧告以功大银少，不能竣事；复取松布四疋，检箧中衣七件与之，内纻褶，系新置，其仆请已之。凭曰：但得圣像无恙，吾虽裸裎何伤？僧垂泪曰：舍银及衣布，犹非难事。只此一点心，如何易得。后功完，拉老父同游，宿寺中。公梦伽蓝来谢曰：汝子当享世禄矣。后子汴，孙柽芳，皆登第，作显官。

嘉善支立之父，为刑房吏，有囚无辜陷重辟，意哀之，欲求其生。囚语其妻曰：支公嘉意，愧无以报，明日延之下乡，汝以身事之，彼或肯用意，则我可生也。其妻泣而听命。及至，妻自出劝酒，具告以夫意。支不听，卒为尽力平反之。囚出狱，夫妻登门叩谢曰：公如此厚德，晚世所稀，今无子，吾有弱女，送为箕帚妾，此则礼之可通者。支为备礼而纳之，生立，弱冠中魁，官至翰林孔目，立生高，高生禄，皆贡为学博。禄生大纶，登第。

凡此十条，所行不同，同归于善而已。若复精而言之，则善有真、有假；有端、有曲；有阴、有阳；有是、有非；有偏、有正；有半、有满；有大、有小；有难、有易；皆当深辨。为善而不穷理，则自谓行持，岂知造孽，枉费苦心，无益也。

何谓真假？昔有儒生数辈，谒中峰和尚，问曰：佛氏论善恶报应，如影随形。今某人善，而子孙不兴；某人恶，而家门隆盛；佛说无稽矣。中峰云：凡情未涤，正眼未开，认善为恶，指恶为善，往往有之。不憾已之是非颠倒，而反怨天之报应有差乎？众曰：善恶何致相反？中峰令试言其状。一人谓詈人殴人是恶；敬人礼人是善。中峰云：未必然也。一人谓贪财妄取是恶，廉洁有守是善。中峰云：未必然也。众人历言其状，中峰皆谓不然。

因请问。中峰告之曰：有益于人，是善；有益于己，是恶。有益于人，则殴人、詈人皆善也；有益于己，则敬人、礼人皆恶也。是故人之行善，利人者公，公则为真；利己者私，私则为假。又根心者真，袭迹者假；又无为而为者真，有为而为者假；皆当自考。

何谓端曲？今人见谨愿之士，类称为善而取之；圣人则宁取狂狷。至于谨愿之士，虽一乡皆好，而必以为德之贼；是世人之善恶，分明与圣人相反。推此一端，种种取舍，无有不谬；天地鬼神之福善祸淫，皆与圣人同是非，而不与世俗同取舍。凡欲积善，决不可徇耳目，惟从心源隐微处，默默洗涤，纯是济世之心，则为端；苟有一毫媚世之心，即为曲；纯是爱人之心，则为端；有一毫愤世之心，即为曲；纯是敬人之心，则为端；有一毫玩世之心，即为曲；皆当细辨。

何谓阴阳？凡为善而人知之，则为阳善；为善而人不知，则为阴德。阴德，天报之；阳善，享世名。名，亦福也。名者，造物所忌；世之享盛名而实不副者，多有奇祸；人之无过咎而横被恶名者，子孙往往骤发，阴阳之际微矣哉。

何谓是非？鲁国之法，鲁人有赎人臣妾于诸侯，皆受金于府，子贡赎人而不受金。孔子闻而恶之曰：赐失之矣。夫圣人举事，可以移风易俗，而教道可施于百姓，非独适己之行也。今鲁国富者寡而贫者众，受金则为不廉，何以相赎乎？自今以后，不复赎人于诸侯矣。

子路拯人于溺，其人谢之以牛，子路受之。孔子喜曰：自今鲁国多拯人于溺矣。自俗眼观之，子贡不受金为优，子路之受牛为劣；孔子则取由而黜赐焉。乃知人之为善，不论现行而论流弊；不论一时而论久远；不论一身而论天下。现行虽善，而其流足以害人；则似善而实非也；现行虽不善，而其流足以济人，则非善而实是也；然此就一节论之耳。他如非义之义，非礼之礼，非信之信，非慈之慈，皆当抉择。

何谓偏正？昔吕文懿公，初辞相位，归故里，海内仰之，如泰山北斗。有一乡人，醉而詈之，吕公不动，谓其仆曰：醉者勿与较也。闭门谢之。逾年，其人犯死刑入狱。吕公始悔之曰：使当时稍与计较，送公家责治，可以小惩而大戒；吾当时只欲存心于厚，不谓养成其恶，以至于此。

此以善心而行恶事者也。

又有以恶心而行善事者。如某家大富，值岁荒，穷民白昼抢粟于市；告之县，县不理，穷民愈肆，遂私执而困辱之，众始定；不然，几乱矣。故善者为正，恶者为偏，人皆知之；其以善心而行恶事者，正中偏也；以恶心而行善事者，偏中正也；不可不知也。

何谓半满？易曰：善不积，不足以成名；恶不积，不足以灭身。书曰：商罪贯盈，如贮物于器。勤而积之，则满；懈而不积，则不满。此一说也。

昔有某氏女入寺，欲施而无财，止有钱二文，捐而与之，主席者亲为忏悔；及后入宫富贵，携数千金入寺舍之，主僧惟令其徒回向而已。因问曰：吾前施钱二文，师亲为忏悔，今施数千金，而师不回向，何也？曰：前者物虽薄，而施心甚真，非老僧亲忏，不足报德；今物虽厚，而施心不若前日之切，令人代忏足矣。此千金为半，而二文为满也。钟离授丹于吕祖，点铁为金，可以济世。吕问曰：终变否？曰：五百年后，当复本质。吕曰：如此则害五百年后人矣，吾不愿为也。曰：修仙要积三千功行，汝此一言，三千功行已满矣。此又一说也。

又为善而心不着善，则随所成就，皆得圆满。心着于善，虽终身勤励，止于半善而已。譬如以财济人，内不见己，外不见人，中不见所施之物，是谓三轮体空，是谓一心清净，则斗粟可以种无涯之福，一文可以消千劫之罪，倘此心未忘，虽黄金万镒，福不满也。此又一说也。

何谓大小？昔卫仲达为馆职，被摄至冥司，主者命吏呈善恶二录，比至，则恶录盈庭，其善录一轴，仅如箸而已。索秤称之，则盈庭者反轻，而如箸者反重。仲达曰：某年未四十，安得过恶如是多乎？曰：一念不正即是，不待犯也。因问轴中所书何事？曰：朝廷尝兴大工，修三山石桥，君上疏谏之，此疏稿也。仲达曰：某虽言，朝廷不从，于事无补，而能有如是之力。曰：朝廷虽不从，君之一念，已在万民；向使听从，善力更大矣。故志在天下国家，则善虽少而大；苟在一身，虽多亦小。

何谓难易？先儒谓克己须从难克处克将去。夫子论为仁，亦曰先难。必如江西舒翁，舍二年仅得之束脩，代偿官银，而全人夫妇；与邯郸张翁，舍十年所积之钱，代完赎银，而活人妻子，皆所谓难舍处能舍也。如镇江靳翁，虽年老无子，不忍以幼女为妾，而还之邻，此难忍处能忍也；故天降之福亦厚。凡有财有势者，其立德皆易，易而不为，是为自暴。贫贱作福皆难，难而能为，斯可贵耳。

随缘济众，其类至繁，约言其纲，大约有十：第一，与人为善；第二，爱敬存心；第三，成人之美；第四，劝人为善；第五，救人危急；第六，兴建大利；第七，舍财作福；第八，护持正法；第九，敬重尊长；第十，爱惜物命。

何谓与人为善？昔舜在雷泽，见渔者皆取深潭厚泽，而老弱则渔于急流浅滩之中，恻然哀之，往而渔焉；见争者皆匿其过而不谈，见有让者，则揄扬而取法之。期年，皆以深潭厚泽相让矣。夫以舜之明哲，岂不能出一言教众人哉？乃不以言教而以身转之，此良工苦心也。

吾辈处末世，勿以己之长而盖人；勿以己之善而形人；勿以己之多能而困人。收敛才智，若无若虚；见人过失，且涵容而掩覆之。一则令其可改，一则令其有所顾忌而不敢纵，见人有微长可取，小善可录，幡然舍己而从之；且为艳称而广述之。凡日用间，发一言，行一事，全不为自己起念，全是为物立则；此大人天下为公之度也。

何谓爱敬存心？君子与小人，就形迹观，常易相混，惟一点存心处，则善恶悬绝，判然如黑白之相反。故曰：君子所以异于人者，以其存心也。君子所存之心，只是爱人敬人之心。盖人有亲疏贵贱，有智愚贤不肖；万品不齐，皆吾同胞，皆吾一体，孰非当敬爱者？爱敬众人，即是爱敬圣贤；能通众人之志，即是通圣贤之志。何者？圣贤之志，本欲斯世斯人，各得其所。吾合爱合敬，而安一世之人，即是为圣贤而安之也。

何谓成人之美？玉之在石，抵掷则瓦砾，追琢则圭璋；故凡见人行一善事，或其人志可取而资可进，皆须诱掖而成就之。或为之奖借，或为之维持；或为白其诬而分其谤；务使之成立而后已。

大抵人各恶其非类，乡人之善者少，不善者多。善人在俗，亦难自立。且豪杰铮铮，不甚修形迹，多易指摘；故善事常易败，而善人常得谤；惟仁人长者，匡直而辅翼之，其功德最宏。

何谓劝人为善？生为人类，孰无良心？世路役役，最易没溺。凡与人相处，当方便提撕，开其迷惑。譬犹长夜大梦，而令之一觉；譬犹久陷烦恼，而拔之清凉，为惠最溥。韩愈云：一时劝人以口，百世劝人以书。较之与人为善，虽有形迹，然对证发药，时有奇效，不可废也；失言失人，当反吾智。

何谓救人危急？患难颠沛，人所时有。偶一遇之，当如痌瘝之在身，速为解救。或以一言伸其屈抑；或以多方济其颠连。崔子曰：惠不在大，赴人之急可也。盖仁人之言哉。

何谓兴建大利？小而一乡之内，大而一邑之中，凡有利益，最宜兴建；或开渠导水，或筑堤防患；或修桥梁，以便行旅；或施茶饭，以济饥渴；随缘劝导，协力兴修，勿避嫌疑，勿辞劳怨。

何谓舍财作福？释门万行，以布施为先。所谓布施者，只是舍之一字耳。达者内舍六根，外舍六尘，一切所有，无不舍者。苟非能然，先从财上布施。世人以衣食为命，故财为最重。吾从而舍之，内以破吾之悭，外以济人之急；始而勉强，终则泰然，最可以荡涤私情，祛除执吝。

何谓护持正法？法者、万世生灵之眼目也。不有正法，何以参赞天地？何以裁成万物？何以脱尘离缚？何以经世出世？故凡见圣贤庙貌，经书典籍，皆当敬重而修饬之。至于举扬正法，上报佛恩，尤当勉励。

何谓敬重尊长？家之父兄，国之君长，与凡年高、德高、位高、识高者，皆当加意奉事。在家而奉侍父母，使深爱婉容，柔声下气，习以成性，便是和气格天之本。出而事君，行一事，毋谓君不知而自恣也。刑一人，毋谓君不知而作威也。事君如天，古人格论，此等处最关阴德。试看忠孝之家，子孙未有不绵远而昌盛者，切须慎之。

何谓爱惜物命？凡人之所以为人者，惟此恻隐之心而已；求仁者求此，积德者积此。周礼、孟春之月，牺牲毋用牝。孟子谓君子远庖厨，所以全吾恻隐之心也。故前辈有四不食之戒，谓闻杀不食、见杀不食、自养者不食、专为我杀者不食。学者未能断肉，且当从此戒之。

渐渐增进，慈心愈长。不特杀生当戒，蠢动含灵，皆为物命。求丝煮茧，锄地杀虫，念衣食之由来，皆杀彼以自活。故暴殄之孽，当于杀生等。至于手所误伤，足所误践者，不知其几，皆当委曲防之。古诗云：爱鼠常留饭，怜蛾不点灯。何其仁也！

善行无穷，不能殚述；由此十事而推广之，则万德可备矣。

儒家慈善思想以仁义为基础，讲“民惟邦本，本固邦宁”，讲“惠民”以得天下。此种民本思想成为历代政治家实施种种慈善举措之思想依据。

道家与佛家所倡之“善”，使得中华文明从一开始，便蕴含着天然“慈善”基因。

道家宣扬“爱人利物”之好善理念、“无为而善”之行善理念、“积善修德”之劝善理念，其典籍中“清净无为”之人生哲学、“赏善罚恶，善恶报应”等之道德观念，深刻影响着中华祖先之善恶行为，形成中国伦理传统，是中国慈善思想之重要源头。

佛家在中华之发展，一方面讲求对现实生活至善之追求，一方面不断与传统伦理融合，善恶观及劝善理论特别丰富。其社会功能，趋向以通俗之教化，劝导人们止恶从善，避恶趋善。

劝善与教化，乃宗教本有之义，在探索与社会相适应之教化形式方面，当代宗教正进行积极之探索与尝试。这些慈善理论，都是构建慈善哲学必须吸取之精神食粮。

儒、释、道三家之外，还有劝善书，专讲慈善哲学，可单列。

劝善书肇源于先秦两汉，兴于宋，大盛于明清，延续至民国，品种超过十万，流通量可与四书五经相埒。劝善书融汇儒、释、道三教思想，成为化导民众之工具。《了凡四训》《安士全书》《太上感应篇》《俞净意公遇灶神记》《寿康宝鉴》《玉历宝钞》《冥报记》等，均包含大量慈善哲学思想。

一、儒家慈善哲学

儒家性善论与良知良能说，是慈善哲学之文化源头。

儒家以“仁爱”为中心向外拓展，以民为本、兼善天下，欲构筑天下大同之理想社会。"仁爱"和"仁政"思想，为人们慈善行为搭建了两个平台。

一个是个人平台。为人者须孝悌忠信、礼义廉耻，从自己日常生活做起，从自己做起，从身边做起，随时随地讲慈善。

另一个是政府平台。施政者当力行仁政，救危扶困，解救百姓疾苦，调动更多资源用于慈善事业。

其中，人性论学说是儒家慈善哲学之理论根基。其目的在使人们用主观意念扬善抑恶，教化迁善。

中国历史上，孟子讲人性本善，荀子讲人性本恶，扬雄主张善恶相混，公孙子主张无善无恶。后人大体喜欢站在孟子一边，以孔孟为儒家之正统。

性善说与仁政

孟子（约前372—前289），名轲，字子舆，邹国（山东省邹县东南）人，一说河南商丘人。邹为鲁之附属国，故亦有人说孟子是鲁国人。相传为鲁国贵族孟孙氏后裔。

孟子是战国时期伟大的思想家、政治家、文学家，儒家主要代表之一。政治上，主张法先王、行仁政；学说上，推崇孔子，反对杨朱、墨翟。

孟子继承并发展了孔子思想，被后世尊为亚圣。著有《孟子》一书，语录体散文集，孟子言论汇编，由孟子及其弟子共同编写完成。

孟子提倡仁政，提出"民贵君轻"之民本思想，游历于齐、宋、滕、魏、鲁等诸国，希望追随孔子推行自己之政治主张，前后历时二十多年。但孟子的仁政学说，被认为是"迂远而阔于事情"，没有得到施行机会。最后他退居讲学，和学生一起，"序《诗》《书》，述仲尼之意，作《孟子》七篇"。

人性是什么？这是思想史上一难解之谜。孟子是中华思想家中第一个系统论述人性善之哲人。其性善论，不但是其伦理思想与"仁政"学说之逻辑起点、理论依据，亦是其哲学思想之核心内容，对后世产生了巨大影响。

孟子开始谈人性问题，由其与告子之驳难引发。告子是中华思想史上最早给人性下定义之思想家之一，其人性论思想引发孟子深刻思考。

告子人性思想

告子何许人也？对此有不同的说法。

说法一：是战国时思想家，曾受教于墨子，有口才，讲仁义，学说片段载于《孟子·告子》中。说法二：是孟子之学生，如赵岐就有此考证。说法三：其本人无著作流传，其人亦纯属杜撰。

告子以主张“性无善无不善”之人性论而著称。他以木材做成器皿为喻，说：“性，犹杞柳也；义，犹桮棬也。以人性为仁义，犹以杞柳为桮棬。”孟子反辩说：“子能顺杞柳之性而以为桮棬乎？将戕贼杞柳而后以为桮棬也鲫如将戕杞柳而以为桮棬，则亦将戕贼人以为仁义与鲫率天下之人而祸仁义者，必子之言夫！”

告子人性论思想之内容，归结起来，大致有三：

第一，告子给人性下了一个明确的定义，他认为“生之谓性”（《孟子·告子上》）。

第二，他又进一步阐明了人性的含义：“食、色，性也。”（同上）

由此，他又得出第三点认识：“性无善不善。”（同上）

为了证成此一观点，他借助比喻，进行了一系列论证：

“性，犹湍水也，决诸东方则东流，决诸西方则西流。人性之无分于善不善也，犹水之无分于东西也。”

人性好比湍急的水，在东边开个口就往东流，在西边开个口就往西流。人性本来就不分善与不善，就像水流本来不分向东向西一样。

对此，孟子有不同意见：

“水信无分于东西。无分于上下乎？人性之善也，犹水之就下也。人无有不善，水无有不下。今夫水，搏而跃之，可使过颡；激而行之，可使在山。是岂水之性哉？其势则然也。人之可使为不善，其性亦犹是也。”

水流确实是本来不分向东向西的，难道也不分向上向下吗？人性之善，就好比水朝下流一样。人性没有不善的，水没有不向下流的。水，拍打一下叫它飞溅起来，也能使它高过人的额头；阻挡住它叫它倒流，可以使它流到山上。这难道是水的本性吗？是形势导致这样的。人之所以可以使它变得不善，其本性的改变也正像这样。

性善论之理论根据，在于人与禽兽相别。孟子将人之“性”分为两种：自然属性和社会属性：“口之于味，目之于色，耳之于声，鼻之于臭”之性，是自然属性，这是人与动物都具有之属性；“仁、义、礼、智”等，是社会属性，为人所特有。

孟子强调“人之所以异于禽兽者几希”

孟子强调人与兽区别的本质，在于人的社会属性，即道德性。“人之所以异于禽兽者几希，庶民去之，君子存之。”（《孟子·离娄》）此处“几希”和“之”即指人类所具有之道德性，这是人类区别于动物之根本方面。

性善是人们对人性的一种看法，其来源甚早。竹简《性自命出》讲“未教而民恒，性善者也”，已有初步性善论思想，而“四端”说，则是孟子对性善所作具体解释和说明，是孟子独特之理论创造。

孟子提出了性善论，但后人对孟子“性善论”有所误解，经常把孟子“性善论”理解成“向善论”或者“本善论”，这都是错误的。孟子认为，性善这种心理活动是普遍的、有根据的，是出于人之本性、天性，孟子称之为“良知”“良能”。

人人均有向善之心即良知

“人性之善也，犹水之就下也，人无有无善，水无有不下。”（《孟子·告子》）可见，人性善就如流水向下一样自然，是人们求善的前提。

孟子之“四端”是指：“恻隐之心，仁之端也；羞恶之心，义之端也；辞让之心，礼之端也；是非之心，智之端也。”孟子认为恻隐、羞恶、辞让、是非四种情感，是仁义礼智的萌芽，仁义礼智即来自这四种情感，故称四端。

“四端”说是孟子思想一个重要内容，也是他对先秦儒学理论一个重要贡献。孟子把道德规范概括为四种，即仁、义、礼、智。同时把人伦关系概括为五种，即父子有亲、君臣有义、夫妇有别、长幼有序、朋友有信。

孟子以上理论之出发点，就是“向善论”。注意，是人性向善，不是人性本善。但是孟子在文字描述上，还是认为人性本善的。

孟子说：“无恻隐之心，非人也；无羞恶之心，非人也；无辞让之心；非人也；无是非之心，非人也。恻隐之心，仁之端也；羞恶之心，义之端也；辞让之心，礼之端也；是非之心，智之端也。人之有是四端也，犹其有四体也。”（《公孙丑·上》）

“四端”是人之本性的自然呈现，是人与动物的不同之处。所以孟子认为没有四端，则不能成为人。

人人均有为善之能即良能

“四心”极易流失，要重视人的主观能动性，加强道德自律，坚定求善的信念，以免丧失“善心”。在这里体现人性要从善，道德自律的重要性。应发挥人的主观能动性，利用“良知”与“良能”加强道德修养，培养“善”。

强调要尽心、知性、知天，只要尽自己的道德本心去行事，就可以认识了解到自己的本性是善的，在内心上不会抗争，由此知本性与本心。而了解自己的本心是善的，就知天了。确认人的善来自天，将人的价值源头客观化。

“性善论”强调人的本性存在先验之善，同时认为人有不善的原因，即外部环境和自身主观愿望的影响。为了能使人的善性得到保存和发展，“性善论”强调道德修养，存心养性。

孟子曰：“尽其心者，知其性也。知其性，则知天矣。存其心，养其性，所以事天也。殀寿不贰，修身以俟之，所以立命也。”

道德修养从良心、善端开始，向着仁义礼智诸善德和君子圣人人格这一目标迈进。尽心知性，存心养性，是完成这一目标的具体方法。

孟子认为“四端”是人人具有的，这就决定了施行仁政是完全可能的，能不能最终实现，取决于个人态度如何："苟能充之，足以保四海；苟不充之，不足以事父母。"那些不行仁政，置人民死活于不顾的人，一定是"自贼者也"，是不配称作人的。

孟子"仁政"学说

孟子的"老幼"观："老吾老，以及人之老；幼吾幼，以及人之幼。"

这是孟子向整个社会发出的呼吁。人活在世上，不仅要爱自己，还一定要爱他人，爱社会。孟子对人民充满了同情关爱和尊重之心，他第一次提出了"民为贵，社稷次之，君为轻"这一富有民主精神的著名命题。

他提出"乐民之乐，忧民之忧"之政治行为观，体现了"圣人无常心，以百姓的心为心"之政治思想。孟子肯定众生人格平等，国君、大臣和庶民在人格上并没有高下之分，"人皆可为舜尧"。在等级分明之古代社会，这一思想无疑非常大胆。

《孟子·梁惠王下》载：

邹与鲁讧。穆公问曰："吾有司死者三十三人，而民莫之死也。诛之，则不可胜诛；不诛，则疾视其长上之死而不救，如之何则可也?"孟子对曰："凶年饥岁，君之民老弱转乎沟壑，壮者散而之四方者，几千人矣；而君之仓廪实，府库充，有司莫以告，是上慢而残下也。曾子曰：'戒之戒之！出乎尔者，反乎尔者也。'夫民今而后得反之也。君无尤焉！君行仁政，斯民亲其上，死其长矣。"

邹国与鲁国交战。邹穆公问孟子："我的官员死了三十三人，而百姓没有一个肯为长官效死的。杀了他们吧，无法杀尽；不杀吧，又恨他们看着自己的长官死难而不去救，拿他们怎么办才好呢?"孟子回答道："饥荒年头，您的百姓，年迈体弱的辗转饿死在荒山沟里，壮年人逃往四方，都快上千人了。然而您的粮仓里粮食满满的，库房里财物足足的，官吏不把真实情况报告，这就是对上怠慢国君，对下残害百姓啊。曾子说过：'警惕啊，警惕啊！你做出的事，后果会反加到你身上。'百姓从今以后可以反过来这样对待他们的长官了。您不要怪罪他们了。您若能施行仁政，百姓自然就会亲近他们的长官，愿为长官牺牲。"

孟子看到社会之不合理，贫富不均，成千上万百姓饿死冻死路边，或流浪各地乞讨为生，官府却富得流油，钱多得没处花。

孟子设计“井田制”，主张“民有恒产”，试图让农民有一定的土地使用权。每家农户有五亩之宅，百亩之田，吃穿自给自足，则“黎民不饥不寒”。体现了孟子心中所向往的社会理想。

两千多年过去了，世界各国人民仍在为解决生存、贫困问题而努力。孟子所提出的“民事不可缓也”“有恒产者有恒心，无恒产者无恒心”“薄其税敛”等主张，就是在今天听来也振聋发聩。

孟子“仁政”学说，既是对统治者的热切呼唤，又是对独夫民贼的激烈批判。他把仁政寄托在统治者的“恻隐之心”上，用今天的眼光看来，可能有空想不切实际之处。但孟子提倡仁政，反对暴政，在当时无疑是一种进步思想，在历史长河中也始终不绝如缕，发挥着积极作用。

孟子的慈善自然观

孟子的“仁政”思想，不仅体现在他的政治理想上，还体现在他对待自然生态的态度上。

《孟子·梁惠王上》曰：

“不违农时，谷不可胜食也；数罟不入洿池，鱼鳖不可胜食也；斧斤以时入山林，材木不可胜用也。谷与鱼鳖不可胜食，材木不可胜用，是使民养生丧死无憾也。养生丧死无憾，王道之始也。”

不违背节令而按时耕作，粮食可以吃不完；密孔渔网不许入水，鱼鳖可以吃不完；在适当时候上山砍伐，林木就会用不尽。粮食和鱼鳖吃不完，木材用不尽，这才能使老百姓养好活着的人，安葬好死去的人，而不再有缺憾了。

孟子还说：“亲亲而仁民，仁民而爱物。”

孟子十分关注自然资源的保护，提倡爱惜万物，因为人之生存离不开自然万物，爱惜万物就是仁爱百姓。

他举齐国的牛山为例，原本林木茂盛，生机盎然，后因砍伐无度，成了荒山秃岭。孟子呼吁“山林之绿”和“人类之善”同是重要的美。

这种生态观念，与当今公益广告语“保护生态环境，就是保护人类自己”，如出一辙。

“厚德载物”养浩然正气

世间经常用阳气或阴气，来评论一个人之身体。实际上，唯有“修德”才是使自己身体变好的不二法门。

阴气重者之特征：

（1）身体不好，黑眼圈、双眼无神、脸色蜡黄或苍白，整天病病歪歪，或者精神萎靡不振，严重者，还会神情呆滞、恐惧、无端嗔恨他人、小心眼、疑神疑鬼等。

（2）性格不开朗，敏感多疑。

（3）破财梦多，而且噩梦居多。

（4）讲话声音有气无力，中气不足。

（5）做什么事情都不是很顺利，障碍多。

（6）怕黑，怕鬼，胆小。

阳气重者之特征：

（1）身体强壮，红光满面、意气风发、双目炯炯有神。

（2）性格开朗，有自己的主见，不易被他人左右，不把别人对自己的讽刺和恶意放在心上很久。

（3）财运不管好不好，但不会经常倒霉地破财。

（4）睡觉不做梦，或者做了不记得。

（5）做什么都顺利，没有特别大的麻烦。

（6）声音洪亮，中气足。

（7）什么都不怕。

那么怎样才能让自己阳气旺、身体好呢？简单之秘诀就是“修德”。

《易经》有坤卦，其《大象》曰：“地势坤，君子以厚德载物。”

《国语·晋语六》：“吾闻之，唯厚德者能受多福，无福而服者众，必自伤也。”认为只有德行纯厚之人能够享受大福，没有德行而归服之人众多，肯定会对自己造成伤害。

《老子》曰："上善若水，水利万物而不争。"认为最高境界之善行，就像水的品性一样，泽被万物而不争名利。

天地间有形者，没有比大地更厚道的了，也没有什么不是承载在大地之上。故君子处世要效法"坤"，以厚德待他人，无论聪明、愚笨，还是卑劣不肖，都给予一定包容与宽忍。

"厚德载物"主张以深厚德泽，育人利物。今人多用来指以崇高道德、博大精深学识，培育学子成才。

"厚德载物"可以有一种解释：只有行善积累厚厚功德，才能承受得起你今天所拥有、所享受之物质和精神文明。享受越多、拥有越多，就越需要更多积功累德，否则德不配位，早晚遭殃。"厚德载物"讲"德"可以像大船一样，承载重物而不下沉。

"上善若水""厚德载物"之共同指向，是多做好事。善事日积月累，就像滴水汇成江河湖海，而升华为高尚品德。具有高尚品德者，就会受到人们拥戴。恪守道德准则之团体，就会与时俱进，健康发展。

德是道之演绎和表现

道是自然规律，德是人文精神，德是道之演绎和表现。

道因好生和滋养万物，才柔软慈悲，而光明磊落。故此，阳气孕育于大道之中，而修德乃因合于大道，而使人精神上正气浩然，身体上百病不生。

德是宽容，是隐忍，是慈爱，是奉献他人。修德，就是要将自己之自私除掉，将自己之欲望除掉，将自己之狭隘除掉，换之以广阔心胸，代之以慈光普照，以自己之慈悲发心，给予众生温暖与希望。

健康的身体，来自健康的心态；病态的身体，来自阴暗的心态，积德行善是维持健康身体最为简单之法。故此，修德、积德，就能让我们无为而无不为，无功而成功。常怀一颗慈悲、利益众生之心，并恒常保持此心态，无往而不明。

现实社会中，当传统道德被市场经济冲击时，功利、庸常、浮躁，成为一些人之生活写照。物质生活提高之后，人的幸福感，并不一定增加，人们领悟到生活，不只是为满足物质享乐而忙碌，还应有一种精神追求的乐趣。

道德能够让人有尊严地生活，感受到人际和谐和受人尊重之欣慰。“厚德载物”思想，能够培养人们的仁爱之心，使人克制人欲、减轻自私自利之心，爱他人、爱社会、爱人类、爱万物。

性恶说

荀况创立“性恶论”，开中华思想史性恶理论研究之先河，直接与孟子性善论对立。

荀子（约前313—前238），名况，尊号“卿”，又称孙卿。战国末期赵国人。著名思想家、文学家、政治家，儒家代表人物之一。三次出任齐国稷下学宫祭酒，后为楚兰陵（今山东兰陵）令。对重新整理儒家典籍有相当显著之贡献。提出“天行有常”“制天命而用之”等著名观点。李斯、韩非等，都是他的学生。

荀子对儒家思想有所发展，提倡性恶论。其学说常被后人拿来跟孟子“性善说”比较。性恶论在名声上，没有性善论那么入耳。其实，就如同性善论并不能使人自动行善一样，性恶论也并非准许人随意作恶。

性恶论以人性有恶，强调道德教育之必要性；性善论以人性向善，注重道德修养之自觉性。二者既相对立，又相辅相成，对后世人性学说产生重大影响。

总结两大理论共通与相异之处，有助于当代社会之道德建设。

荀子性恶论思想，在先秦百家关于人性论中，独树一帜，其思想对后世之意义，值得我们去思考。

性本自然：“善”是出于对人性之改造

荀子所论人性，本质恰是无所谓善恶的“本始材朴”的自然之性，它既有转化为恶的可能，也有发展为善的机会。荀子是以人的自然本性是“恶”作为其叙述起点。

在政治思想上，他坚持儒家礼治原则，同时重视人之物质需求，主张发展经济和礼治法治相结合。和孟子一样，他认为食色喜怒等，是人之先天性情，是人情所不能免，是人所共有的。

但在性情与仁义之关系问题上，荀子与孟子却有所不同。

孟子把食色和仁义都看作是出于先天人性，其中仁义是大体，食色是小体；仁义好比熊掌，食色是鱼。荀子则认为人性只限于食色、喜怒、好恶、利欲等情欲，不论“君子”还是“小人”，都一样。

所以荀子说：“人之生也固小人。”

“人之生也固小人”，就叫作“性恶”。至于仁义，则是由后天所学、所行、所为而获得的。

化性起伪：以“人性恶”论证“化性起伪”之必要性

在人性问题上，荀子提出“性恶论”，主张人性有“性”和“伪”两部分，性（本性）是恶的动物本能，伪（人为）是善的礼乐教化，否认天赋的道德观念。

他强调后天环境和教育对人的影响，认为人性生来是好利多欲的，性中并无礼义等道德因素，一切善的行为都是后天勉励而成。

他说：“凡人之欲为善者，为性恶也。”（《荀子·性恶》）。人们之所以求善，就在于他们本性中没有善，否则也不用求之。一方面，正因为人性中有恶的因素，故更要改变恶性而培养善；另一方面，人要培养道德，就如枸木变直、钝金变利一样，需借助一定外部力量，即一定社会规范制度来加以约束。

如此则从人性本恶，到必须加强为善之行为培养，就成为一必然过程。可知“化性起伪”之过程，有赖于人自身能动性的发挥，以及社会礼法制度的约束，以使人人知恶、知善、行善成为可能。

首先，孟子和荀子对于道德起源之说法不同。孟子以为人之所为人的特质，是人性善，道德是先天赋予的。而荀子认为人性生来就恶，道德是在社会实践过程中由实践需要而产生，道德是后天人为，是“化性起伪”。人们须扬善抑恶，加强人格与道德修养。

其次，荀子与孟子均主张，人区别于禽兽在于其有道德。荀子说人必须在后天社会环境中讲求道德和一定社会关系，才能区别于动物。孟子认为人与动物之区别，也在于有道德，且这是人作为人已经具有了的，后天培养只需在今天教养中发挥其能动性，找回失去之“德性”。

可见二者虽都强调道德性是人与动物区别的标志，但各自之理论基点不同。

人性论对构建慈善哲学之意义

慈善哲学之构建，旨在推动社会进步，寻求制度正义，为子孙后代谋“万世之太平”，探求“善政”。

无论是性善论还是性恶论，均有其合理一面，也有其不可避免之时代局限性。吾人不能说谁更伟大，只能利用其合理性一面，来推进慈善哲学构建。

首先，儒家从人性善之基本前提出发，把慈善动力归结为认得良心与良知，以其核心思想“仁爱”“民贵君轻”等民本思想，作为一种推己及人的慈善精神，对后世产生了持久而深远的历史影响。

孟子更注重仁爱之实践意义，提出“出入相友，守望相助，疾病相扶持，则百姓亲睦”之社会互助方式。从其性善论来看，人与禽兽之别，在于道德性，体现了做人之尊严和对道德之探求。

孟子曰：“人皆有不忍人之心。先王有不忍人之心，斯有不忍人之政矣。以不忍人之心，行不忍人之政，治天下可运之掌上。”不忍人之心，是同情心与怜悯心；“不忍人之政”，是善政。

民意、民心，是社会长治久安之前提条件，民心向背，决定统治者得失天下。统治者必须赢得民心，才能得到天下，人民有权选择他们喜欢的君主，所以人民的意志，是统治者合法性的唯一依据。

孔子也说：“丘也闻有国有家者，不患寡而患不均，不患贫而患不安。盖均无贫，和无寡，安无倾。夫如是，故远人不服，则修文德以来之。既来之，则安之。”（《论语·季氏》）孔子此处提出当政者施行善政化解社会矛盾之基本理论，主张用“均”法解决贫富矛盾，用“和”法凝聚人心，用“安”法维护社会安定。

其次，统治者必须以民为本，不能总想压迫人民，而是应该爱民、护民。

《孟子·梁惠王上》讲："五亩之宅，树之以桑，五十者可以衣帛矣。鸡豚狗彘之畜，无失其时，七十者可以食肉矣。百亩之田，勿夺其时，数口之家，可以无饥矣。"可知孟子以为，只要为政者惠民爱民，让其拥有恒产，勿夺农时，无失农时，人民就能够安居乐业，生活得到保障。

孟子说："三代之得天下也以仁，其失天下也以不仁，国之所以废兴存亡亦然。""桀纣之失天下也，失其民也；失其民者，失其心也。"认为为政者当务之急，是慎刑罚、薄赋敛，处理君民关系，要做到"民为贵，社稷次之，君为轻"，把不仁不义视为最严重犯罪。

他严厉谴责政府和官吏之犯罪，斥之为不仁，把诛不仁定为一条先王之法。他把争地之战、争城之战之行为，斥为"率土地而食人肉"，应当"罪不容于死"；把那些"为君辟土地，充府库""为君约与国，战必克"的文臣武将，斥为民贼，认为他们应当服上刑；把桀纣之类暴君，斥为残贼之人，认为可诛可杀。

自汉朝开始，儒家思想成为中华社会政治和法律制度构建之指导思想，对于后来中华社会政治和法律制度构建，产生重大影响。中华传统法律，允许父子相互容隐，对老弱病残妇幼者实行怜恤，对死刑特别慎重，设立会审（秋审与朝审）制度等，都是儒家仁爱思想之集中体现。

最后，强调务必从爱亲扩大到博爱。

孟子所说"亲亲而仁民，仁民而爱物"，也就是"人不独亲其亲，不独子其子"，君子由亲爱亲人开始进而仁爱天下百姓，由仁爱百姓开始进而爱惜天地万物。

这不仅是对各级官员的要求，也是对各级政府的要求。孟子提倡的"老吾老以及人之老，幼吾幼以及人之幼"，从骨肉亲情这一层面，向更深更宽处推广延伸。从"亲亲"而仁民，是一种恻隐之心的产生，是善心慈爱的萌发。此种道德价值，在社会人际关系中是有益的。"推己及人"，将善心向他人推广。

此种精神自律，并非依靠对某种道德原则的恪守，而是源于自身之需要和感觉，由此出发产生将心比心与推己及人。因其出发点，是自己之需要和利益，是基于同类基础的道德自律，故更易内化于人们日常生活，而不只是空洞的道德说教。

古代仁政同耶教之“善政”“善治”有本质区别

吾人当知，古代仁政与耶教之“善政”“善治”，还是有本质区别的。

儒家“等差之爱”与耶教“慈善博爱”，不尽相同。儒家慈善博爱，仅是自上而下祈求式、赏赐式“君王之惠”，而不是作为人权之一项基本“公民权利”。人类追求合理社会制度及最基本正义，具体表现就是每个人都有权免除饥饿与困乏，免于恐慌和逼迫。这是现代政治之诉求。如此则必须对人权立法、建立特别保护困难群体社会权利保障的运行机制。

“保护困难群体”，是国际社会对政府责任界定的一种通行解释，救助困难群体是善治政府义不容辞的责任。对困难群体进行必要的救助，维护困难群体的基本权益，并最终解决困难群体问题，是所有政府在治理社会时必须考虑的一个重大问题，更是善治理念的必然选择。

善治政府应保障每个公民基本的生存权利，困难群体是社会不可分离的组成部分，保障他们的基本生活水平，使他们有尊严地活着，是政府必须承担的职责。当代政府必须正视困难群体的利益诉求和主张，要为困难群体建立特殊渠道，帮助他们反映生活中的实际困难和需求。解决困难群体问题，是政府实现善治的必由之路。

人类社会发展最终归宿，是人的全面发展。人的发展是一切发展的核心，因而社会救助的最终目的，不是保障困难群体的生存，而是要使他们能够脱离贫困，拥有自我救助、自我发展的能力。

从这个意义上说，重视困难群体的能力建设，减少直至最终消除困难群体，是政府在善治道路上必须解决的问题。因此有必要构建现代慈善哲学，纠正政府在慈善事业中的“越位”现象，纠正恩赐与等差意识，弘扬平等精神。

另外，荀况性恶论在肯定人性不完善和自私的基础上，提出要人为地培养德行，不能坐等人性自行完善，这一思想，对今日社会建设，更具有现实实践意义。必须用后天的行为道德规范，来节制先天不足的人性，强调从外部以礼义制度方式，来规范人们的行为和社会秩序，这是荀子思想之亮点。

荀子肯定人自身，同时又强调以一种外在机制形成道德他律约束人们的行为，二者相结合，使得德行培养，建立在道德主体的自律和他律的约束上。这对于任何社会之道德建设，均是非常有意义的。对于当今理顺义利关系、解决道德失范、道德滑坡等问题，尤为重要。

“留余庆”思想与利益子孙

先代为后代遗留下来之福泽，叫余庆。留余庆，与“积得阴功”义相似，是因果报应之通俗表达。

《周易·坤·文言》曰：

积善之家，必有余庆；积不善之家，必余殃。臣弑其君，子弑其父，非一朝一夕之故，其所由来者渐矣。

积累善行善德之家族，福报不会断绝，后代也会承受福报；常常行不善之家族，会经常发生灾祸，甚至连累后代。

“留余庆”思想，正好为“慈善哲学”之构建，提供了一种和自身利益相关联的心理动力，构成中国“慈善哲学”中之动力系统。

如同“善有善报，恶有恶报，不是不报，时辰未到”这类警句一样，它讲的是因果观念。

由此种因果观念之推演，发展出中华千年一贯之教育目标：教人如何做一好人，做一完人。中华文化，很多方面都建立在此因果报应上。

刘备留“遗诏”讲“勿以善小而不为”

刘备（161—223），字玄德。东汉末幽州涿郡涿县（今河北省涿州市）人。西汉中山靖王刘胜之后，三国时蜀汉开国皇帝、政治家，史家又称先主。早年颠沛流离，备尝艰辛，章武元年（221）在成都称帝，国号汉，史称蜀或蜀汉。章武三年（223）病逝于白帝城，年六十有三。谥号昭烈皇帝，庙号烈祖，葬惠陵。

刘备去世前给其子刘禅留“遗诏”，说：“勿以恶小而为之，勿以善小而不为。惟贤惟德，能服于人。”

这句话讲的就是做人道理，只要是善，即使是小善也要做；只要是“恶”，即使是小恶也不能做。目的是劝勉儿子，要进德修业，有所作为。不要因为好事小而不做，更不能因为坏事小而去做。小善积多了，就成为利天下大善；而小恶积多了，则“足以乱国家”。

这是人生哲理：一己之善，不但能为自己积功累德，也能利益他人。一滴水，可以折射出太阳光辉；一件好事，可以看出高尚纯洁之心灵。轻视一件件平凡的好的小事，就不会做出伟大的事情；轻视一滴水，就不会有浩瀚的汪洋；轻视一块砖瓦，就不能盖好高楼大厦。

丝毫之恶，非唯损害自己之品格，也会危害到他人。刘备的话，值得让世人知道并铭记在心。

北宋《司马温公家训》

司马光（1019—1086），字君实，号迂叟。陕州夏县涑水乡（今山西夏县）人。世称涑水先生。北宋政治家、史学家、文学家。宋仁宗宝元元年（1038）进士，累进龙图阁直学士。神宗时反对王安石变法，离开朝廷十五年。历仕仁宗、英宗、神宗、哲宗四朝。卒赠太师、温国公，谥文正。以“日力不足，继之以夜”自诩，人格堪称儒学教化典范，历来受人景仰。著作甚多，遗有《温国文正司马公文集》《稽古录》《涑水记闻》《潜虚》等。主持编纂中华第一部编年体通史《资治通鉴》。

《司马温公家训》含《训子孙文》《温公家训》及《训俭示康》三章。

其第一章《训子孙文》云：

有德者皆由俭来也，俭则寡欲，君子寡欲则不役于物，可以直道而行；小人寡欲则能谨身节用，远罪丰家。故曰：俭，德之共。侈则多欲，君子多欲则贪慕富贵，在道速祸；小人多欲则多求妄用，败家丧身，是以居官必贿，居乡必盗。故曰：侈，恶之大也。

为人父祖者，莫不思利其后世，然果能利之者鲜矣。何以言之？今之为后世谋者，不过广营生计以遗之，田畴连阡陌，邸肆跨坊曲，粟麦盈囷仓，金帛充箧笥，慊慊然求之犹未足，施施然自以为子子孙孙累世用之莫能尽也。

然不知以义方训其子，以礼法齐其家。自于十数年中，勤身苦体以聚之，而子孙以岁时之间，奢靡游荡以散之，反笑其祖考之愚，不知自娱。又怨其吝啬无恩于我而厉之也。

夫生生之资，固人所不能无，然勿求多余，多余希不为累矣。使其子孙果贤耶，岂疏粝布褐不能自营，死于道路乎？其不贤也，虽积金满堂室，又奚益哉？故多藏以遗子孙者，吾见其愚之甚。然则圣贤不预子孙匮乏耶？何为其然也，昔者圣贤遗子孙以廉以俭。

其第二章《温公家训》云：

积金以遗子孙，子孙未必守。积书以遗子孙，子孙未必读。不如积阴德于冥冥之间，为子孙长久之计。此先贤之格言，乃后人之龟鉴。

今之为后世谋者，不过广营生计以遗之，田畴连阡陌，邸肆跨坊曲，粟麦盈囷仓，金帛充箧笥，慊慊然求之犹未足，施施然自以为子子孙孙累世用之莫能尽也。然不知以义方训其子，以礼法齐其家。

自于十数年中，勤身苦体以聚之，而子孙以岁时之间，奢靡游荡以散之，反笑其祖考之愚，不知自娱。又怨其吝啬无恩于我而厉之也。给则欺绐攘窃以充其欲，不足则方约举债于人，以俟其死而偿之。观其意惟患其祖考之寿也，甚者至于有疾不疗，阴行酖毒，亦有之矣。

然则向之所以利后世者，适足以长子孙之恶而为身祸也。顷尝有士大夫，其先亦国朝名臣也，家甚富而尤吝啬，斗升之粟，尺寸之帛，必身自出纳，锁而封之。昼则佩钥于身，夜则置钥于枕下。病甚困绝，不知其子孙窃其钥，开藏室，泄箧笥，取其资财。

其人复苏，即枕下求钥不得，愤怒遂卒。其子孙不哭，相与争匿其财，遂致斗讼，其处女（未出嫁的女子）亦蒙首执牒自呈诉于府庭，以争嫁资，为乡党笑。盖由子孙自幼及长，惟知有利，不知有义，故也。夫生生之资，固人所不能无，然勿求多余，多余希不为累矣。

使其子孙果贤耶，岂疏粝布褐，不能自营，死于道路乎？若其不贤耶，虽积金满室，又奚益哉！故多藏以遗子孙，吾见其愚之甚也。

其第三章《训俭示康》云：

吾本寒家，世以清白相承。吾性不喜华靡。自为乳儿，长者加以金银华美之服，辄羞赧弃去之。二十忝科名，闻喜宴独不戴花。同年曰：“君赐，不可违也！”乃簪一花。平生衣取蔽寒，食取充腹，亦不服垢敝以矫俗干名，但顺吾性而已。众人皆以奢靡为荣，吾心独以俭素为美。

人皆嗤吾固陋，吾不以为病，应之曰：“孔子称：‘与其不逊也宁固。’又曰：‘以约失之者鲜矣！’又曰：‘士志于道而耻恶衣恶食者，未足与议也！’”

古人以俭为美德，今人乃以俭相诟病。嘻，异哉！近岁风俗尤为侈靡，走卒类士服，农夫蹑丝履。吾记天圣中先公为群牧判官，客至未尝不置酒，或三行五行，多不过七行。酒沽于市，果止于梨、栗、枣、柿之类，肴止于脯、醢、菜羹，器用瓷漆。当时士大夫家皆然，人不相非也。

会数而礼勤，物薄而情厚。近日士大夫家，酒非内法，果肴非远方珍异，食非多品，器皿非满案，不敢会宾友。常数日营聚，然后敢发书。苟或不然，人争非之，以为鄙吝，故不随俗靡者，盖鲜矣。嗟乎！风俗颓弊如是，居位者虽不能禁，忍助之乎！

又闻昔李文靖公为相，治居第于封丘门内，厅事前仅容旋马。或言其太隘，公笑曰：“居第当传子孙，此为宰相厅事诚隘，为太祝、奉礼厅事已宽矣。”

参政鲁公为谏官，真宗遣使急召之，得于酒家。既入，问其所来，以实对。上曰：“汝为清望官，奈何饮于酒肆？”对曰：“臣家贫，客至无器皿肴果，故就酒家觞之。”上以其无隐，益重之。

张文节为相，自奉养如为河阳掌书记时，所亲或规之曰：“公今受俸不少，而自奉若此，公虽自信清约，外人颇有公孙布被之讥，公宜少从众。”公叹曰：“吾今日之俸，虽举家锦衣玉食，何患不能？顾人之常情，由俭入奢易，由奢入俭难。吾今日之俸，岂能常有？身，岂能常存？一旦异于今日，家人习奢已久，不能顿俭，必致失所。岂若吾居位、去位，身在、身亡，常如一日乎？”呜呼！大贤之深谋远虑，岂庸人所及哉！

御孙曰：“俭，德之共也；侈，恶之大也。”共，同也。言有德者皆由俭来也。夫俭则寡欲。君子寡欲，则不役于物，可以直道而行；小人寡欲，则能谨身节用，远罪丰家。故曰：俭，德之共也。侈则多欲。君子多欲，则贪慕富贵，枉道速祸；小人多欲，则多求妄用，丧身败家。是以居官必贿，居乡必盗。故曰：侈，恶之大也。

昔正考父饘粥以糊口，孟僖子知其后必有达人；季文子相三君，妾不衣帛，马不食粟，君子以为忠；管仲镂簋朱纮，山节藻棁，孔子鄙其小器；公孙文子享卫灵公，史鳅知其及祸，及戌，果以富得罪出亡；何曾日食万钱，至孙以骄溢倾家；石崇以奢靡夸人，卒以此死东市；近世寇莱公豪侈冠一时，然以功业大，人莫知非，子孙习其家风，今多穷困。其余以俭立名，以侈自败者多矣，不可遍数。聊举数人以训汝，汝非徒身当服行，当以训汝子孙，使知前辈之风俗云。

“不如积阴德于冥冥之中”问题

司马光在家训中曾说道：

“积金以遗子孙，子孙未必能守；积书以遗子孙，子孙未必能读；不如积阴德于冥冥之中，以为子孙长久之计。此先贤之格言，乃后人之龟鉴。”

司马光的家训在今日而言，对很多为人父母者仍有积极的参考和借鉴意义。

第一，积金以遗子孙，子孙未必能守。主要是说积累金钱财富留给子孙后代，子孙后代可能未必能够守得住。隐含的意思是，如果子孙不争气，也可能守不住家业。常言“富不过三代”。相反的意思，就是你不积攒财富给子孙，子孙如果争气，他们也能生活得很好。

第二，积书以遗子孙，子孙未必能读。主要意思是，积累收藏那些有价值的图书经典，留给后世，后世子孙未必能认真阅读，汲取知识，进而安身立命。相反的意思，就是如果子孙认真学习读书，还是有前途的。

第三，不如积阴德于冥冥中，以为子孙长久计。当今之世，人们赚钱不仅是为自己营生，也为子孙铺路，积累财富。积累金钱财产留给子孙后代，子孙后代未必能够守得住这些金钱财产；积累书籍留给子孙后代，子孙后代未必能够读这些书籍；倒不如在世之年做些善事，积累一些在阴间可以得到善报的功德，这才是千万年不灭的传给家族后世最可宝贵财富。

孙思邈《大医精诚》讲“阴阳报施不诬”

孙思邈（581—682），唐代著名道士，医药学家。人称“药王”。京兆华原（今陕西铜川市耀州区）人。少时因病学医，终成一代大师。博涉经史百家，兼通佛典。曾隐居陕西境内之秦岭太白山，朝廷下令征为国子监博士，不就。完成不朽巨著《千金要方》，又名《备急千金要方》。

《大医精诚》为《备急千金要方》之第一卷，专论医德。乃是中医学典籍中，论述医德之一篇极重要文献，历来为习医者所必读。

《大医精诚》从两方面论医德：第一是精，要求医者要有精湛医术，认为医道是“至精至微之事”，习医之人必须“博极医源，精勤不倦”；第二是诚，要求医者要有高尚品德修养，以“见彼苦恼，若己有之”感同身受之心，策发“大慈恻隐之心”，进而发愿立誓“普救含灵之苦”，不得“自逞俊快，邀射名誉”“恃己所长，经略财物”。

孙思邈《大医精诚》曰：

“老君曰：人行阳德，人自报之；人行阴德，鬼神报之。人行阳恶，人自报之；人行阴恶，鬼神害之。寻此二途，阴阳报施岂诬也哉。”

一个人公开地有德于人，人们自然地会报答他；一个人暗中有德于人，鬼神会报答他。一个人公开地作恶于人，人们自然会报复他；一个人暗中作恶于人，鬼神会来害他。

探求以上两个方面的行为，阳施有阳报，阴施有阴报，不是骗人的。所以医生不能依仗自己专长谋取财物，亦不能因为别人有钱有地位，就任意给他开珍贵药物，来炫耀自己的技能。

善行善事，指的就是积德。人积德越多，福报也越大。德有阳德与阴德之分。如果你做事，有某种动机，或许想让别人知道，这叫阳德。做阳德的事，容易做，但关键是人要多积阴德。什么是阴德呢？阴德是人为善，而别人却不知，做好事不宣扬，默默无闻地去做，此为阴德。

这里的“阳德”，指做好事让别人知道；不被人知道，叫“阴德”。阳德报得快，报掉了就没了，德积不住；阴德报得慢，但后面的福报大，积得久。不要怕德积无人知，你的德积在那里，永远是你的，别人偷不去、抢不走。

阳德积不久，甚至随修随报，阴德积得久，且越积越大。所以我们做好事，最好不要让人知道，如此则越积越厚，后面的福报就大，甚至福泽你的子孙。

二、道家慈善哲学

道家学派由老子创立，其代表作是《老子》。在政治上，它提倡“无为而治”；在伦理道德上，它主张“清净无欲，独善其身”。

《老子》提出“七善”：居善地，心善渊，与善仁，言善信，政善治，事善能，动善时。

又说：“圣人常无心，以百姓心为心。善者，吾善之；不善者，吾亦善之；德善。”德善就是要以善良对待不善良的人，引导他们变得善良，社会则会变得至善。

老子反对统治者“损不足以奉有余”，使得百姓生活困苦，主张“损有余而补不足”“能有余以奉天下”。认为富人不应该积攒财货，而应该积德行善，给予别人的越多，自己就会越幸福。

道家慈善哲学以慈善积德为核心，主要论及慈善与子孙、慈善与命运等之相互关系，对后世慈善哲学影响很大。

老庄与慈善

老子（约公元前571—约公元前471），姓李，名耳，字聃。谥伯阳。陈国苦县厉乡曲仁里（今河南省鹿邑县太清宫镇）人。古代伟大哲学家、思想家，道家学派创始人。世界文化名人。被尊为道教始祖。与后世庄子并称老庄。

庄子，姓庄，名周，字子休。宋国蒙人。著名思想家、哲学家、文学家。继老子之后，道家学派代表人物，代表作品为《庄子》，中有《逍遥游》《齐物论》等名篇，被人称之为“文学的哲学，哲学的文学”。曾隐居南华山，唐玄宗天宝初诏封为南华真人，尊其书为《南华真经》。

老子《道德经》是先秦道家代表作，后来被道教尊为万经之首。

老子提出“治世三宝”，第一宝就是“慈”。同时也提出了“善”思想。所谓“慈”就是“辅万物自然而不敢为”，所谓“善”就是“利万物而不争”。

此处虽然“慈”与“善”还未并用，但道教“慈善”思想之最基本内涵，已清晰表达出来。

道家“善恶观”认为，慈善之最高境界，应像水一样，滋养万物却不求回报。道家思想中之“善恶因果报应”学说，是中华传统慈善哲学之另一重要渊源。

老子有“施恩布德，时代荣昌”“人行善恶，各有罪福”等理念，倡导“矜孤恤寡，敬老怀幼”“济人之急，救人之危”之行为。

《老子》第四十九章曰：“善者吾善之，不善者吾亦善之，德善。”

以善意对待不善良者，结果就会使他也变得善良，社会走向至善。此种观点、看法，经进一步引申与升华，成为后人劝善去恶之慈善道德基础。

天道无常，常与善人

作为先秦道家创始人，老子对“善”“恶”，有自己独特看法。

《老子》第七十九章云：“天道无常，常与善人。”天道对于芸芸众生一视同仁，不分亲疏，无偏私厚薄，而又常常暗中帮助善良的人们。

不善良者，遭老天报应，报应到子孙后代；善良者，则福荫子孙。在老子看来，“道”是天地万物之源，不可名状，无法察知，却可赏善罚恶，使善人得福，恶人遭祸。由此，他提出尘世间应遵循“道”规，人人向善，善待万物。

当然，后人对此也有反驳与非议。《史记·伯夷列传》是《史记》中列传第一篇。伯夷、叔齐是孤竹国君两个儿子。商朝末年，他们不愿做孤竹国继承人，一起投奔西伯姬昌（即周文王），但等到他们到达时，西伯姬昌已死，姬昌之子武王姬发正载着姬昌灵牌去讨伐商纣王。

伯夷、叔齐认为武王“父死不葬”“以臣弑君”，是“不仁”行为，前去阻止，差点被武王左右杀了。武王灭纣，天下人都愿接受周朝统治，而伯夷、叔齐对做周朝臣民感到耻辱，决心不吃周朝粮食，隐居首阳山，采摘蕨菜充饥，结果双双饿死在首阳山。

对于伯夷、叔齐饿死，司马迁感叹道：

或曰：天道无亲，常与善人。若伯夷、叔齐，可谓善人者非邪？积仁洁行，如此而饿死。且七十子之徒，仲尼独荐颜渊为好学。然回也屡空，糟糠不厌，而卒蚤夭。天之报施善人，其何如哉？盗跖日杀不辜，肝人之肉，暴戾恣睢，聚党数千人，横行天下，竟以寿终，是遵何德哉？此其尤大彰明较著者也。

若至近世，操行不轨，事犯忌讳，而终身逸乐，富厚累世不绝。或择地而蹈之，时然后出言，行不由径，非公正不发愤，而遇祸灾者，不可胜数也。余甚惑焉，傥所谓天道，是邪非邪？

有人说“老天爷没有偏心眼，谁善良就帮助谁。”那么像伯夷、叔齐算不算是好人呢？他们一辈子修德行善，最后竟然饿死了！在孔子的七十多位高徒中，孔子最赞赏颜回的好学不倦。但颜回却经常处在穷困之中，甚至连糟糠也吃不上，最后落得个短命而死。这个老天爷的所谓报答好人，到底是怎么回事呢？

恶人盗跖每天都在杀无辜的人，把人肝拿来切片当美味，他凶狠残暴，率领着几千歹徒横行天下，结果却寿终正寝，这又是遵循什么标准呢？这些都是非常突出的例子。

至于近代那些品行不端、专门违法乱纪的坏蛋，却终身享乐，高官厚禄几辈子连续不断；而那些看好了地方才下脚，到了合适的时机才说话，走路从来不抄小路，不到该主持正义的时候不出头，行为如此遵循道德却遭遇灾祸的，简直数不胜数。对此司马迁感到很迷惑，质问这个所谓天道，究竟是对还是不对？

金玉满堂，莫之能守

在中国文化圈内，自古就有散财之说。

老子《道德经》第九章云：“持而盈之，不如其已。揣而锐之，不可常保。金玉满堂，莫之能守。富贵而骄，自遗其咎。功成身退，天之道也。”

执持盈满，不如适时停止。事物壮大了，就会走向衰老。显露锋芒，锐势难以保持长久。金玉满堂，无法守藏。如果富贵到骄横，那是自己留下祸根。拥有财富财宝多得把大堂都摆满，就是聚敛过度，贪恋难得之货。富贵而不知收敛，不知自律，骄横而妄为者，必会招致祸端。一件事情做得圆满了，就要含藏收敛，这才符合自然规律。功成之后，不可占据原位不走，否则有害全局。

老子看到了“物极必反”律，懂得盛极而衰，满必招损。事物发展到极端，必然走向自己之反面。老子站在天道角度，讲建立一定的功业后，就要知足，就要适可而止。

人世间财富，只是天地赐予养命之物，其道性特点就是流通，似水一样，人们只是凭福德而暂时加以利用，满足社会生存需求。中国古代“商圣”陶朱公范蠡，最后散尽千金归隐道门，就是对此种思想的一个很好诠释。

老子认为，造成百姓生活艰难困苦之因，在于统治者“损不足以奉有余”，应当改变这种不合理、不平等现象，效法自然界“损有余而补不足”。

他说："天之道，损有余而补不足；人之道，损不足而益有余。"自然之规律，是减少有余的补给不足的。可是社会法则，却不是这样，它要减少不足的，来奉献给有余的人。

庄子亦主张"富而使人分之"（《庄子·天地》），救济贫者。为政者养育百姓，应"爱人利物"，应效法"古之畜天下者，无欲而天下足，无为而万物化，渊静而百姓定"（《庄子·天地》）。如果没有欲望，天下人就都满足了；如果没有作为，万物就变化了；如果社会平静，百姓就安定了。

老庄此种思想，对道教发展不仅产生了不可估量的影响，而且对西汉初年"黄老无为"的治国方略之制定，及其后世慈善之政之发展，也有不可忽视的影响。

案例：盖茨自觉认识到"金玉满堂，莫之能守"

美国人比尔·盖茨，就是一个自觉地认识到"金玉满堂，莫之能守"的人。盖茨一直承诺不会把849亿美元的财富留给自己的三个子女。有报道称，他们每人未来仅能够继承价值约1000万美元的遗产。

盖茨此前曾表示："我坚定地认为，把巨额财富留给子女对他们不好。"盖茨在1994年创办比尔及梅琳达·盖茨基金会（Bill & Melinda Gates Foundation），目前该基金会管理着超过380亿美元资产。盖茨同时还与好友、股神沃伦·巴菲特（Warren Buffett）发起"捐赠承诺"，鼓励其他亿万富豪至少捐出一半的财富用于慈善事业。

12年蝉联《福布斯》世界首富的比尔·盖茨，已投下近300亿美元，将近他总资产的3/5，创立出世界最大的慈善事业：比尔及梅琳达·盖茨基金会。美国前总统卡特赞叹，"这是世界上最重要的组织"。

今天，这个基金会已经拯救了至少70万人生命。与比尔·盖茨夫妇同获《时代》2005年度风云人物的摇滚巨星波诺说："比尔·盖茨改变了世界两次"，"而这次的改变，将使比尔·盖茨更为后人景仰。"

光2005年，比尔·盖茨夫妇即捐出高达60亿美元的善款，刷新了人类史上捐款的纪录，与世界卫生组织（WHO）的年度开销不相上下。比尔·盖茨要救人，而且要用更有效率的方式救人。其中有5亿美元，是用在研发，比如开发无须针头、无须冷藏的疫苗等。

盖茨说："如果没有我们赞助、提供的疟疾疫苗，会有600多万人丧生、无法活到今天。"曾经有人问他是否为如此有钱而感到罪恶时，他说："如果我要感到罪恶的话，是应该由于我的消费，而不是因为我有钱。我的钱都花在了慈善事业，进入了穷人的口袋，前提是我们知道如何让他们受益。所以我认为对消费支出征收累进税才对。"

社交网络脸书首席执行官马克·扎克伯格正式升格为父亲，为了庆祝女儿马克西玛出生，他与妻子普莉希拉·陈承诺将他们持有的脸书99%股份捐赠给慈善机构，用以发展人类潜能和促进平等。这部分股票的市值约为450亿美元。

扎克伯格在给女儿的信中概述了自己的慈善使命：致力于"挖掘人类潜能和促进平等"。在对医疗、教育等领域进行长期投资的同时，扎克伯格还将会致力于减少不平等，以及开发改变人类生活的技术。

扎克伯格夫妇在信中说："我们的社会有义务投资于现在，以改善那些即将出生在这个世界上的所有人的生活，而不仅仅是已经降生在这个世界上的人的生活。但是现在，我们并非总是将所有资源集中于你们这一代将面临的最大机遇和问题上。"

特斯拉首席执行官伊隆·马斯克已经把129亿美元身价中的大半，捐赠给了再生能源、科学、技术教育和儿童保健等领域。马斯克在2012年签订"捐赠承诺"，承诺将把多半个人资产捐赠给慈善事业。作为特斯拉首席执行官，马斯克目前只领取1美元的象征性年薪。

《太平经》之慈善哲学

《太平经》，又名《太平清领书》，中国最早的道教经典，东汉道教太平道之典籍，百七十卷，相传由神人授予方士于吉。被视为传达天命之谶书，构成道经"三洞四辅"中之太平部。辑入历代道藏，宋朝以后逐渐为人淡忘。

《太平经》内容驳杂，涉及天地、阴阳、五行、十支、灾异、神仙等，糅合了先秦儒、道、阴阳诸家思想，企图通过神道设教方式，来宣扬善恶报应等思想观念，对黄老道思想之发展，有深远影响。

《太平经》详细记载几位修道师徒之对答，内容上主张学仙修道，辅佐君王，行善积德，调和阴阳，教授“守一”冥想、服食符文等道术，综合各种道教观念与神仙方术，以治病祛邪，开创更有系统之神仙理论，成为后世道教思想基础之一。

从某种意义上说，《太平经》为我们挖掘早期道教文献中慈善哲学，提供了丰富史料。

《太平经》主要内容，有五方面：

（1）重新构筑早期道教神学思想体系，即“天人合一”思想。

（2）以阴阳五行学说为理论基础，为帝王“致太平”勾勒一个人人向往、人人平等的理想社会图景，追求太平与和谐的世间秩序，提出一套“无为而无不为”统治术。

（3）提出修道教徒怎样修辟谷、食气、养性、房中、占卜、堪舆等修身养性术。

（4）向人们提出财产共有、自食其力之善恶报应观念，指出只有人们信修正道，方可断除灾异而得道成仙。

（5）反映平均主义和平等理想，有民本思想。针对当时社会状况，《太平经》提出“财富均平”之慈善哲学，认为财物是天地赐予人类之共同财富，它凝聚了天地中和之气，任何人不能独自占有。对统治者而言，财富均平，社会才能太平。所以积累了大量财富之人，应当行仁好施，周穷济急，否则就是犯罪。这个思想在现在仍然有很大启示意义。

提出“乐生”“好善”之教义

为实现太平社会，道教要求道众敬奉天地，遵守忠、孝、慈、仁等宗教伦理道德。

道教对世俗民众，也深怀仁慈爱意，主张在施爱于他人中，体验幸福境界，才能长生不老，羽化成仙。

《太平经》云："此财物乃天地中和所有，以共养人也。此家但遇得其聚处，比若仓中之鼠，常独足食，此大仓之粟，本非独鼠有也，少（小）内之钱财，本非独以给一人也；其有不足者，惠当从其取也，遇人无知，以为终古独当有之，不知乃万户之委输，皆当得衣食子是也。"

天地一切财物，都是天地中和之气所在，不应被私人所独占。由此它提出"乐以养人""周穷救急"之慈善哲学，若是"积财亿万，不肯救穷周急，使人饥寒而死，罪不除也"。

"承负说"成为后世慈善活动之依据

"承负说"是在"积善余庆，积恶余殃"善恶报应论以及天人感应思想基础上，发展而来的。

它认为，任何人之善恶行为，不仅在自身遭报应，而且对后世子孙也产生影响；而人之今世祸福，也都是先人行为之结果。如果祖宗有过失，子孙也要承负其报应。至于善恶相承负范围，它认为是承负前五代，流及后五代。

此说可解释上文司马迁对"天道无亲，常与善人"之质疑：为什么有人为恶不须受恶报，为善反而会遭恶报。

它可分为两个层次，即个人善恶承负和社会治乱承负。个人善恶承负，取决于先人之功过。先人有功，人行恶还可得善，但人行恶会流及子孙；而先人有过，人行善反得恶，是躲不掉的，但子孙会得善报。

同时，人即使承负先人之过，但只要努力行善，"能行大功万万倍之，先人虽有余殃，不能及此人也"。

把个人善恶承负，扩大到社会运行治乱承负，就可将衰乱之世的出现，归结到两个原因：一是中古以来政纲之失的余殃，二是当世君臣民失计，不能并力同心，来断灭承负而致太平，从而使衰乱越演越烈。

"承负说"还为人们指明了行善积德、可免余孽之行动方向。如果自身能行大善，积大德，就可避免祖先余殃，并为后代子孙造福；如果从恶不改，神灵将依据其行为赏善罚恶，毫厘不爽。

此种思想在以血缘关系为纽带之社会，对于扬善惩恶，自有其特殊意义。在民间社会，人们做好事、修阴德，其慈善活动之思想渊源，即可上溯于此。

由此而论，“承负说”之提出，不仅推动后代道教众徒力行善事义举，且在民间社会也产生积极影响。

葛洪慈善哲学

葛洪（283—363），字稚川，号抱朴子，人称“葛仙翁”。丹阳句容县（今江苏省句容市）人。晚年隐居广东罗浮山，既炼丹采药，又从事著述。古代著名科学家，在医学和制药化学上有许多重要发现与创造，文学上也多有卓见。著作约有五百三十卷。现存《抱朴子》《肘后救卒方》等。

《抱朴子》内篇二十卷，说神仙方药，鬼怪变化，养生延年，禳邪却病等事，属于道教著作；外篇五十卷，说人间得失、世道好坏等事，其中《钧世》《尚博》《辞义》诸篇，为著名文论著作。此外尚有《金匮药方》一百卷，《神仙服食方》十卷，《服食方》四卷，《玉函煎方》五卷。

葛洪作为道教发展史上一个承前启后的人物，也不乏慈善哲学之论述。

葛洪《抱朴子》一书蕴含着早期道教积善修德思想，也是道教文化中慈善哲学之理论精髓。它把修仙与积累善行相联系起来，提出只有建立功德，慈善为怀，才能成仙之思想。

它以为“若德行不修，而但务方术，皆不得长生也”，告诫道众欲想长生成仙，不能光靠内修外养等方术，还须积善立功，为人多谋利益。

其言曰：“欲求长生者，必欲积善立功，慈心于物，恕己及人。”在成仙之路上，行善比服用丹药更重要，更能得道成仙。

《抱朴子》曰：“为道者以救人危使免祸，护人疾病，令不枉死，为上功也。”这说明，道教信徒认为道德对提高生命质量具有重要意义，积善立功是修仙体道的途径，务必把慈善言行与宗教信仰紧紧结合在一起。

为此，葛洪专门提出行善成仙之具体做法。仙有地仙、天仙之分，他说：“人欲地仙，当立三百善；欲天仙，立千二百善。”而且都必须连续立善，不能稍有疏忽。比如要成为天仙，“若有千一百九十九善，而忽复中行一恶，则尽失前善，乃当复更起善数耳”。

他还要求所有信奉金丹道教的人，在处理人与人的社会关系时，都要做到“乐人之吉，愍人之苦”，周急救穷，见到别人受损失如同自己受到损失，见到别人有所得如同自己有所得一样，推己及人，自觉去为求仙而行“善”。

同时，《抱朴子》中强调人不能单纯地从修炼方术入手，人生的抱负也不能仅仅是遁隐山林，要想真正修炼成仙，还要建功立业、修身齐家治国平天下。主张在现实社会生活中获得精神解脱和炼得肉体飞升，既做到立时济世，又得超凡入圣。

如他说：“上士得道于三军，中士得道于都市，下士得道于山林。”他认为修炼既可保德致长生，也可治世致太平。通过修炼还可以获得长生，身体不伤，是最大孝道。

《太上感应篇》讲“祸福无门，唯人自召”

《太上感应篇》本为道教经典，大致编纂于北宋末年，至南宋初年已广泛流传于社会。宗旨在劝善，简称《感应篇》。作者不详，内容融合了较多传统民族思想，树立了人在世上之正确形象，许多内容至今仍然具有积极意义。

此书源出于《抱朴子》，后经宋李昌龄、郑清之等先贤发扬光大，流通于世，影响深远。上自朝廷，下至民间，刊印传播者众多，到明清时期达到高峰。

其内容主要是以“太上君”规诫方式，宣扬善恶报应，劝人遵守道德规范，时刻止恶修善，自利利他。并列出种种善举恶行，作为人们趋善避恶的标准。

此书特别强调因果法则，主张人们应当而且可以自己掌握自己的命运，在行事修心上，狠下功夫以求善果，从而把握和改造自己的命运。

《太上感应篇》是非常重要的一篇文章，被誉为“古今第一善书”。不仅对于信奉道教之人来说，而且对普通民众来讲，都有很高价值。

太上曰："祸福无门，唯人自召；善恶之报，如影随形。"

又曰："所谓善人，人皆敬之，天道佑之，福禄随之，众邪远之，神灵卫之。所作必成，神仙可冀。欲求天仙者，当立一千三百善，欲求地仙者，当立三百善。"

又曰："夫心起于善，善虽未为，而吉神已随之；或心起于恶，恶虽未为，而凶神已随之。其有曾行恶事，后自悔改，诸恶莫作，众善奉行。久久必获吉庆，所谓转祸为福也。故吉人语善、视善、行善，一日有三善，三年天必降之福；凶人语恶、视恶、行恶，一日有三恶，三年天必降之祸，胡不勉而行之。"

以"诸恶莫做，众善奉行"作结

《太上感应篇集注》云："太上者，道门至尊之称也，由此动彼谓之感，由彼答此谓之应，应善恶感动天地，必有报应也。"

所谓"感应"，即是善恶报应，由天地神鬼根据世上人们的所作所为，给以相应的奖惩。开篇以十六字"祸福无门，唯人自召，善恶之报，如影随形"为纲，宣扬"善有善报、恶有恶报"之因果观念。

接着指出人要长生多福，必须行善积德，并列举二十六条善行和一百七十条恶行，作为趋善避恶的标准，最后以此段话作结："诸恶莫作，众善奉行。久久必获吉庆，所谓转祸为福也。故吉人语善、视善、行善，一日有三善，三年天必降之福；凶人语恶、视恶、行恶，一日有三恶，三年天必降之祸，胡不勉而行之。"

《太上感应篇》提倡"积德累功，慈心于物"，强调"忠孝友悌，正己化人，矜孤恤寡，敬老怀幼"，体现了儒家伦理。

儒家学说，尤其强调五伦纲常，认为君臣、父子、夫妇之等级界限分明，而《太上感应篇》亦以"扰乱国政""违逆上命""用妻妾语""违父母训""男不忠良，女不柔顺，不和其事，不敬其夫"作为恶行准则。

可以说，《太上感应篇》实际上是以儒家道德规范和佛教因果为标准的立身处世准则建立起来的。人们的作为通过天地鬼神来裁决，当人非义而动、背理而行时，就会"大则夺纪、小则夺算"，而"算减则贫耗，多逢忧患”，最终“算尽则死”，人就离开了人世；如果死有余辜，还将殃及子孙。

所谓“是道则进，非道则退”，是认为若改恶从善，则将转祸为福，则“所谓善人，人皆敬之，天道佑之，福禄随之。众邪远之，神灵卫之，所作必成，神仙可冀”。所谓恶人，人皆恶之，刑祸随之，吉庆避之，恶星灾之，算尽则死。简言之，“积善天必降福，行恶天必降祸”。

《太上感应篇》之承负观念，虽然与佛教因果报应有些相似，但又与佛教观念有一定不同。佛教认为因果通前世、今世、后世三世，《太上感应篇》则更强调现世之蝴蝶效应，作恶有过的最直接后果，就是肉体的消亡。修身保生，是道教的哲学，现世生命形式的存在是根本，要更加重视现世，更加珍惜现实存在的生命。

所以“欲求长生者”，就必须回避大大小小“有数百事”的过错。而与避恶相统一的，是趋善，“善”能使人达到更高的人生境界：得道成仙。

因此，《太上感应篇》不同于一味要求人们凝神思道、清心静虑的心灵修炼术，而是具体、现实地提出了行善得道方式，这使得世俗道教从精神道教中分离出来，满足了人们渴望通过现实的生活方式也能达到得道成仙的人生境界的愿望。

比如，八仙是在民间信仰和全真道兴盛的宗教背景下产生的一个神仙群体。他们都是在救度贫困、扶助残弱等功德积累的基础上，证道成仙的。

有助于养成以慈善为荣的社会风气

作为一部道教经典，《太上感应篇》所阐扬的入世行善以求长生乃至成仙的理论，使积善成仙这一修持法门，得以广泛流行，从而便利民众修道。

该典籍含摄了儒、道两家之主流思想，最大限度地扩充社会行善群体，促进了人间善业之发展。

《太上感应篇》作为一本道德行为手册，加之其对“诸恶莫做、众善奉行”之提倡，更是对当今构建和谐社会之实践与完成，有积极明确的指导作用。

《太上感应篇》兼容了儒道思想，更是突出了传统宗法宗教思想——天道承负，大大缩小了宗教界限，得以劝化更多不同社会背景的群体，行善积德。

另外，《太上感应篇》流传非常之广，从帝王将相到渔樵耕夫，各阶级、各阶层，几乎都有其信奉者。一千多年来，此种慈善哲学之传播，也渐渐形成以慈善为荣的社会风气。

素有“古今第一善书”之称的《太上感应篇》，凭其持久而广泛影响力，对人间善业之兴起、发展、普及，功劳极大。“行善积德”，乃是化解一切社会不和谐因素的良方。倘若人人心存善念，人间之举皆善，人与人、人与自然、人与社会之间的关系，必然和谐。

《太上感应篇》首先宣劝二十六个善举，如“不履邪径，不欺暗室”“忠孝友悌，正人化己”“济人之急，救人之危”“不彰人短，不炫己长”“施恩不求报，与人不追悔”“昆虫草木，犹不可伤”“积功累德，慈心于物”，等等，实则教导人们树立善念，以慈善之心为人处世。

接着列示其所竭力主张去除的百七十恶行，涉及生活各层面，有关个人品行、家庭、经济、政治和对自然界的态度等，林林总总，面面俱到。

个人品行方面的恶行有：“以恶为能，忍作残害”“知过不改，知善不为”“讪谤圣贤，侵凌道德”“耗人货材，离人骨肉”“乘危迫胁，纵暴杀伤”“斗合争讼”“贪冒于财，欺罔其上”等。

家庭方面的恶行主要有：“抵触父兄”“用妻妾语，违父母训”“男不忠良，女不柔顺；不和其室，不敬其夫”“无行于妻子，失礼于舅姑”，等等。

经商方面的恶行有：“短尺狭度，轻称小升；以伪杂真，采取奸利”，等等。

为官方面的恶行有：“轻蔑天民，扰乱国政；赏及非义，刑及无辜；杀人取财，倾人取位；诛降戮服，贬正排贤；凌孤逼寡，弃法受赂”“妄逐朋党”，等等。

对待自然方面的恶行有：“用药杀树”“诃风骂雨”“无故杀龟打蛇”，等等。

诸恶不除，和谐社会永远只可能存于口头上，或在来世的彼岸里。当今社会，“惩恶除恶”必然是创造社会和谐的一大手段。

若人人都积极践行“诸恶莫做，众善奉行”，力除身上种种恶行，人与人、人与自然、人与社会之间之关系，则将逐渐趋于和谐。

综上所言，《太上感应篇》虽出产于古代社会，但对当今广大民众，对人间善业之发展，对和谐社会之构建，仍有非常重要的现实意义。

三、佛家慈善哲学

佛家慈善哲学，是研究中国慈善历史与理论不可或缺的重要内容。

作为慈善文化丰厚的精神资源之一，佛家在中国慈善事业史上，起着举足轻重的作用。

佛教诞生于古印度，西汉末年，始由西域传入我国。佛教在当时能够吸引信众、推广信仰之根源，就在于佛教寺院大兴济贫善举。

佛法东传后，受到中华传统伦理思想，特别是儒家思想之影响，佛家形成以善恶观、人生观为主要内容的中式伦理思想。

佛教虽然说人有命运，世界有天数，可他指出人是可以改造命运，不为天数所拘的，也就是儒家所谓“君子有造命之学”，命由我立。

由于佛教在中土发展中，一直伴随对现实生活中至善之追求，并与传统伦理不断融合，使得中国佛教善恶观及劝善理论特别丰富。如佛教宣扬“十善十恶”说、“三福、五戒、十善”等教义以止恶从善，避恶趋善，还宣扬多行善事必将得到回报等观念，劝导人们形成自利利他的慈善精神。

“救人一命，胜造七级浮屠”等说法，耳熟能详。佛教是慈悲之宗教，慈悲是佛教核心教义之一，也是佛教基本理念。

可以佛教之慈悲理念、福田思想、报恩思想和慈善经论等为基础，对佛教大力提倡慈善义举和广行诸善思想进行解读。

慈悲之道

“慈善”是佛教之优良传统，也是佛教立教之根本。慈悲观是佛教教义核心，同时也是佛教慈善渊源中最重要之内容。

谭嗣同在《仁学》中称：佛教“独高于群教之上”，其根本精神是救度众生，“救人之外无事功，即度众生之外无佛法”，将佛学普度众生的精神和他的救世思想结合在一起。

在梵文中，“慈”含有纯粹的友爱之情，“悲”为哀怜、同情之意。佛教所讲慈善，是以慈悲心为出发点，佛法行化之门，其源头乃是本自佛陀的出世情怀。慈善，不仅是对他人的帮助，更是一种自我修行的完善。

由佛教慈悲心发出的自觉行为，通过实践过程使慈悲心增长，人格得到完善，生命品质得到提升，体现佛教慈善理念的精神与践行，贯穿在整个佛教的发展历程。

佛陀是世界上最伟大的慈善家。佛陀“慈悲悯生”和“慈悲利他”之根本精神，是与众生一同获得智慧与解脱。

佛教行慈善之举，佛教慈善心有别于儒家慈善心。儒家基于政治抱负所提出的慈善，实际上是为了体现个人对家庭、社会与国家甚至君王的责任。

因此，不论在理念或效果上，儒家慈善无法认同佛教这种“人人平等”的平等观。儒家传统将“慈”表述为“慈者，爱出于心，恩被于物也”（《左传·文公十八年》“宣慈惠和”之孔颖达疏）。“亲爱利子之谓慈”，“恻隐怜人之谓慈”（《新书·道术》）。无非表达一种“由上对下、由强对弱或由多对少”这一类特殊之爱。这就是儒家慈善之心理基础。

对于奉佛信众来说，欲成圣佛，必须胸怀慈悲，以慈爱之心给予人幸福，以怜悯之心拔除人痛苦。佛门还进一步讲“大慈大悲”，把慈悲扩大到无限，扩大到一切众生。

《大度智论》云：“大慈与一切众生乐，大悲拔一切众生苦。大慈以喜乐因缘与众生，大悲以离苦因缘与众生。”《宝集经》云：“贫者给财，病者施药，无护作护，无归作归，无依作依。”

佛的此种视众生如己一体“同体共生”的慈悲思想，正如《大宝积经》里所说“慈爱众生如己身”，如同身受，“度一切苦厄”，由此而生成了“众生度尽方成正觉，地狱不空誓不成佛”之菩萨人格。

《观无量寿经》中云："佛心者大悲是。"慈悲表达了"四无量心"——慈、悲、喜、舍，四种自利利他圆融的心。而"上弘下化，饶益众生"的大乘佛教菩萨道思想，是佛教慈善与公益事业的重要基石。

果报论也称作"因缘业报说"

中国传统报应论与佛教因果报应说，存在一定区别。

佛教传入之前，中国已存在报应观念。《易·坤·文言》所谓"积善之家，必有余庆；积不善之家，必有余殃"等语，便是传统报应观之源头。

春秋人相信"天祚明德"，"神福仁而祸淫"，"长恶不悛，从自及也"，"圣人有明德者，若不当世，其后必有达人"。春秋报应观，只是宗教愿望和情绪之表达，缺乏理论上的逻辑论证。后经战国秦汉诸子宣扬，善恶报应观遂成为中国传统宗教思想的重要观念。

中国传统报应观，以世俗伦理道德为价值取向，而佛教则以教义戒律为标准。中国传统报应论，以人们言行的善恶为报应的"因"，评判善恶的标准，纯为世俗的伦理规范。从春秋的德礼、儒家五伦四德以及秦汉后的三纲五常，凡是符合伦理道德者为善，反之为恶。

对于佛教而言，凡是符合佛教教义者为善，反之为恶。遵守佛教戒律为善，违背则为恶。戒律是佛教因果报应之善恶准则，这与中国传统报应观迥然有别。

善恶是中华佛教文化中关于心性论的一对范畴。在印度佛教中，它原指心性之净染。

《大乘义章》卷十二有言："顺理为善，违理为恶。"

《成唯识论》卷五也说："能为此世他世顺益，故名为善。"反之，违损此世他世则恶。

由此看来，佛教最初的善恶观，是以能否契合佛理为标准，凭染净来作为善恶的尺度。具体而言，顺应佛法、佛理是善，心地清净无染是善；违背理法是恶，烦恼痴迷是恶。

"善恶是根，皆因心起。"于是佛教制定出一系列戒律，约束众徒，以断恶修善。佛门认为，只有不断改过，心地才能恢复清净，才能修成善果。

因此，佛门中有“十善十恶”之说。

所谓“十恶”，是指：“杀、盗、淫、妄言、绮语、两舌、恶口，乃至贪欲、瞋恚、愚痴，此名十恶。十善者，但不行十恶即是也”。

这样，佛教徒以十善十恶为准尺，明善辨恶并求改过积德，产生一种崇贤尚善的力量。佛法对于修行实践的佛教徒在修善方面，还有更高要求：即“修三福”“持五戒”。

修“三福”之具体内容有：一是奉事师长，慈心不杀，修十善业；二是受持众戒，不犯众仪；三是发菩提心，深信因果，读诵大乘，劝行善事。

“五戒”是指戒杀生，戒偷盗，戒邪淫，戒饮酒，戒妄语。这与“十善”颇有相通之处，只是佛门中人将其奉为戒律并身体力行视作功德无量。

此种佛教伦理道德观，推动了南北朝以来中国慈善活动之开展。后世人们，不杀生而行放生，建放生池、立放生会，不偷盗而行施舍，设善堂、建义局，凡此种种善行，就是佛教教义中“三福”“五戒”“十善”中所蕴含之慈善哲学外在的具体表现。

中国传统报应观的伦理性、家族性、现世性和功利性，归根结底是对现实利益之关注，和对家族后代生存状况之关切，任何东西都不能比这更容易诱发中华祖先之宗教情感。

可以说，关注现实利益和子孙之生存状况，是中华祖先信仰善恶报应之根本动机。佛教果报观的戒律性、个体性、出世性和精神性，其要义是对精神世界之热衷和个人理想之追求。

在佛教僧徒心中，除了涅槃境界，人世间一切功利，都难以激发起宗教激情。这大概与文化差异有关。古印度文化与中华家族本位不同，没有根深蒂固的宗法和家族意识，僧侣们修行之出发点，完全是为了个人精神寄托，而不是为家族利益。因此，更侧重个人价值和个人行为选择自由，表现出个人本位倾向。

耆那教创始人大雄和佛教创始人释迦牟尼，都在盛年时，弃父抛妻别子，追求真谛和个人解脱。中国传统报应观与佛教报应论的报应承担主体，具有个体性和家族性之别。中国报应论以行为者或其子孙为承受对象，相信己身不遭报应，则其后代子孙必定有人成为报应承担者。

佛教却认为，“父作不善，子不代受；子作不善，父亦不受”，以行为者为果报唯一承受主体，六道轮回，业果相续，均发生在作业者个人身上，完全没有父祖所作善恶会由子孙遭受报应之观点。

在佛教善恶观念基础上，佛教为实现劝善化俗之目的，提出果报论。佛教中“业”源于梵文“karma”，意思是造作。在佛教典籍中，业从印度传统宗教之“仪式行为”“祭祀”等具有巫觋文化色彩的语义，演化为“普遍的行为”。

业通常分身、口、意三个方面，而根据引发造作行为的意志动机以及行为之效果来划分，则又可分为善业、恶业、无记业（不善不恶业），业报有善、不善、无记三种，善得善报，不善得不善报，无记则不报；此即佛教所主张之必然业报法则。

于业报之中，决定个人贫富、寿夭、命运之业，称为满业。决定人之共性与共同物质生活条件之业，称为引业。又如受生为人、畜等果报之总相，称为总报；如虽同受生为人，然有贵贱、智愚、美丑等差别，则称为别报。

佛教的报应方式，是三界、三世、五道（或曰六道）之轮回。三界是有情众生存在的三种境界，即欲界、色界、无色界；三世，即过去、将来、现在三种众生之存在时间；五道指众生转生的趋向，即地狱、饿鬼、畜生、人、天，加上阿修罗为六道。

《大般涅槃经》言“善恶之报，如影随形，三世因果，循环不失”，众生的三世因果报应，都是在三界、六道的生死世界中，如车轮般循环不已。中国传统报应观认为，无论报应主体是行为者本人，还是其若干代之后的子孙，报应之世界，都是本人或子孙实实在在的现世人生，全无地狱、畜生之类概念。

三世因果报应中，过去者为因，现在者为果，现在者为因，未来者为果，此称为三世因果。佛教理论以过去的业力为因，招感现在之果，复以现在的业力为因，招感未来之果，如是因果相续，生死无穷，这就是迷界有情生死流转的因果。

三世因果，循环不失。此生空过，后悔无追。佛法彻底解决这个问题的办法，不是用神通和神鬼的力量来告诉你过去和未来，而是要你知道两句话："欲知前世因，今生受者是；欲知来世果，今生做者是。"

现在的今生，就是未来的过去；现在的未来，就是未来的现在；现在的过去，就是过去的现在。因此，只要你清楚地了解、掌握现在这一刻，那就已经包括了三世因果的现象。

否则，追求、追问、探知过去和未来，除了增加现在的困扰和浪费现在的时间之外，别无益处，既对于现在无补，对未来也无益。现在有好运，一定在过去曾有好的业因；现在有恶运，一定是由于过去所造成的恶业；未来的好运，一定是从过去的善业加上现在的努力；未来的恶运，一定是过去的恶业加上现在的懈怠和造恶。

命运掌握在自己的过去、现在和未来，但基于个人现在的善恶与勤惰，恶运可以改变，好运也会消失。

业报轮回思想，给人以这样的伦理承诺：德行必将得到奖赏以及与它相配称的福乐，恶行必将招致使自己痛苦的结果。

而这种承诺的基础，就是佛教的道德因果律以及多世报应的实现原则，也就是所谓的业报。有常当然就是指规律。这四个字可以理解为，平常做好事就有好报，做坏事就是恶报。

佛教果报论有其自身特点

佛教认为，善恶之报不是由上天来主宰的，而是被自身所造之业力而感召的，任何人自己的行为，必须对未来善恶果报负责。

其言曰："业有三报：一现报，现做善恶，现受苦乐。二生报，今生作业，来生受果。三后报，或今生受业，过百千生方受业。"

善恶行为的潜在力量，在时空中承续相沿，生起一种"业力"，它将带来或善或恶或苦或乐的因果报应，由前世引发至今世，并延伸至来世，便形成善业善果、恶业恶果的业报轮回。

此种业报轮回之说，给人以如下伦理启示：今生修善德，来世升入天界；今生造恶行，来世堕入地狱。由此看来，佛门之因缘业报说，有别于道教之“承负说”和儒家之“积德余庆，积恶余殃”思想。

“承负说”是一人作恶，殃及子孙；一人行善，惠及子孙，其范围为前后五世。儒家“积善余庆，积恶余殃”思想，属于单线报应论，局限于一个人的今生。

而佛教因缘业报说，是一个人的前世、今世和来世的业力轮回，其理论具有圆通性。佛教的这种业报轮回说，一经传入中国，便同中国早已有之的“积善余庆，积恶余殃”思想相融合，使善恶果报理论更加丰富。

“倾家财，发善意，其功德巍如嵩泰，悠悠如江海矣。怀善者应之以祚，挟恶者报之以殃，未有种稻而得麦，施祸而获福也。”

像这样的善恶果报之说，十分通俗，在佛教经卷中比比皆是，更容易为下层民众所接受，也便于行善。

不信因果之坏处

一个深信因果之人，绝对不会做出凶恶之事。因为他恐惧别人之指责和评论，也畏惧将来之报应和自食恶果。

可是不信因果之人，就没有这份敬畏和惭愧心。他既然不相信后世和因果，所以做起坏事来必然肆无忌惮。他只顾目前利益，而不考虑将来。甚至为了获取现在利益，不择手段，再凶狠的方法，他都敢冒险尝试。

杀人、抢劫、邪淫或欺骗的事情发生，很正常。干这种事的人，都不相信因果报应和因果法则，所以他们才敢铤而走险，以身试法。

厚黑思想越兴盛，社会风气越不正。不信因果的人越多，社会上问题就越复杂。不信因果的程度越强烈，社会上问题也就越严重。看某一个地方民俗好坏，只要看该区域民众是否深信因果就行了。

《涅槃经》上说：“真正明白善因产生善果，恶因产生恶果的人，就不会再做坏事情了。”

佛教因缘业报说，渗透到社会伦理生活中，唤醒众多人之道德自觉与自律，使人们意识到“善恶报应也，悉我自业焉”，并且认识到“思前因与后果，必修德行仁”。从某种意义上说，因缘业报说，更具威慑力地规范着人们的善恶行为，并进一步充实民间社会之伦理观念。

诸如“救人一命，胜造七级浮屠”“放下屠刀，立地成佛”等劝善嘉言，妇孺俱晓，童叟皆知。缘于对来世受苦受难的恐惧，人们注重对自身的修养，广结善缘，尽量地积善积德，踊跃参加修桥补路等活动，使民间慈善活动和社会公益事业持续不衰。

兴善止恶、改恶迁善为佛法之大端

综上而论，本土化了的中国佛教，实际上已经是一种劝导人们止恶从善、避恶趋善的伦理宗教了。

它以兴善止恶、改恶迁善为佛法之大端，要求断一切恶，修一切善。此即是在慈善的伦理价值层面上规范人们心理动机和行为倾向，敦促人们在社会生活和个人生活中内省律己，克服私欲，去恶从善，培养高尚人格情操。

在佛教慈善哲学和世俗道义影响下，佛门弟子以慈悲为首，以度人为念，愍念众生之苦，甘愿为十方人做桥，度脱一切。这样，佛教慈善伦理情怀与儒家仁爱之心、仁义之道就具有了相通之义。

或许正因如此，唐宋以来，即使在儒学居统治地位之盛世，佛教也能摄儒入佛得以发展，并实现儒佛交融。

民国有慈善家评论说：“儒学盛兴之极，乃有佛教，儒、释、道相互传衍，数千年来深入人心，成为风俗。”

由此，就不难理解明清时期之劝善书、功过格，往往是融汇儒佛道诸家的慈善哲学，大力地对普通民众宣讲积德行善，或进行劝募劝捐，以便形成仁风善俗。

福田思想与实践：修善行之方法

佛教自两汉之际传入中国，魏晋时期，社会动荡不安为佛教慈善哲学之形成，造就了良好的社会平台，佛教慈善事业得以在当时悄然兴起。

名为“无尽藏”的慈善性质金融机构

南北朝时期，汉传佛教界创立了名为“无尽藏”的慈善性质的金融机构，类似当今之慈善基金会。之后在隋唐时期，无尽藏慈善模式，得到完善和发展，演变为后来宋代“长生库”和元代“解典库”，东传日本后被命名为“无尽会社”。

另外，南齐佛教界设立六疾馆，梁武帝设立孤独园，让“孤独有归”，对应于近代慈善医院。武则天时期，唐朝出现名为“悲田养病坊”之慈善组织，是后来宋朝“福田院”之前身，类似于今天之福利院、养老院。

所谓福田，就是指行善有如农民播种于田，必有秋收之获，多行善事于前，将会受诸报于后。

“福田说”，即以此为譬，劝导世人多行善举，多积功德。这成为佛教教义中最有影响力之慈善哲学。唐宋悲田养病坊、福田院之名，就直接源于此。

悲田院，泛指官方举办之收容乞丐机构。唐开元时置病坊，收容乞丐；武宗时改为悲田养病坊。后泛称养济院为悲田院。俗讹作“卑田院”。

悲田，出自道教《海空经》。中华古代王朝之养老，不仅仅限于对老年人之优待与官吏之致仕，历代王朝还创建了许多养老救济机构，以国家力量对那些孤寡无依的老年人给予帮助。

此种措施，既是国家救济工作的重要方面，亦是孔子“老有所终，壮有所用，幼有所长，矜、寡、孤、独、废疾者皆有所养”之仁政思想的具体实现。

“孤独园”与“病坊”

南北朝时期，魏孝文帝太和二十一年（497），令将司州、洛阳两地贫病老者别坊居住，备有药物，给以衣食。

南朝梁武帝普通二年（521）正月，梁武帝萧衍下诏：“凡民有单老孤稚不能自存，主者郡县咸加收养，给衣食，每令周足，以终其身。又于京师置孤独园，孤幼有归，华发不匮。若终年命，厚加料理。”（《梁书·武

帝本纪》）

梁武帝创设“孤独园”，既收养无家可归的孤儿，也收养无人赡养的老年人，并且负责为收养的老年人料理后事。这与萧衍是一个既笃信道教、佛教，也提倡儒学的皇帝，有很大关系。自得到梁武帝提倡创立，就成为后世仿效之榜样。

唐代在长安、洛阳二京，设立悲田院，作为国家对贫苦无依老年人的救济机构。此种救济机构，始创于唐玄宗开元二十三年（735），起初称为“病坊”，专门收容无家可归的老年乞丐，后改名为悲田养病坊（马鉴《续事始·病坊》）。

为救济机构如此取名，是受佛教思想影响。佛家认为，供养父母为恩田，供佛为敬田，施贫为悲田。悲田院所需开支，由国家拨付，由僧人负责主持。

唐末武宗时，僧尼敛财实行寺庙经济，因此武宗下诏灭佛，勒令天下僧尼还俗，武宗还专门颁布诏令，规定长安、洛阳两京之悲田院，由国家拨给相当没收的寺院田产，作为赈济开支来源，地方各州府则分别拨给本地悲田院七顷到十顷田地，以供开支，并由各地长官选派年高德劭老年人一名，负责日常事务（《旧唐书·武宗纪》）。

因此，悲田院成为国家救济机构之代称。宋代著名诗人苏东坡有一次曾对弟子说：“我上可以陪玉皇大帝，下可以陪悲田院乞儿。在我眼中天下没有一个不是好人。”苏东坡能够平等对待悲田院中的贫苦老年人，在当时很难得。

北宋老年人救济收养机构发展最为完善

宋代继承前代设立国家救济机构之做法，在京城开封设立城东和城西两个福田院，负责收养鳏寡孤独的老年人与孤儿，以及城中衣食无着的饥民。

但由于需救济贫苦老年人的数量很多，嘉祐八年（1063），宋英宗增置城南、城北两个福田院，与以前设立的共为四院，成为专门的国家救济机构。

每当严冬来临、朔风吹号、寒雪纷飞之时，正是福田院最为忙碌之时。京城开封府的主管官吏，要到大街小巷巡行，把无依无靠或流浪街头的老年人、失去双亲的儿童以及乞食街头的饥民，一起收容到福田院中住宿。

福田院收养的人数，平时有定额限制，但在冬天则可以额外收养。每天由福田院负责官吏把收养人数上报中书省，由国家左藏库按规定拨给相应钱米。直到春回大地、天气转暖，老年人们可以自由行动时，才停止额外的收容钱米供给（《宋会要辑稿·食货六八·恩惠》）。

宋徽宗时期，北宋老年人救济收养机构发展最为完善，救济机构规模扩大。崇宁元年（1102）秋，徽宗下令在京城开封设立居养院，以收养鳏寡孤独老年人（《宋史·徽宗纪》）。以户绝无人继承而没官的财产充当经费。

崇宁四年（1105），徽宗再次下诏，敦促各地州府也建立类似养老机构。诏书说：国家实行仁政的首要大事之一，是对天下鳏寡孤独和贫而无靠的人给予救济和收养。现在京师虽然设立了福田院，但收养人数不多，每逢严冬盛暑，仍有许多无家可归和患病的老年人流离失所，他们都是令人同情和怜悯的。现在规定开封府和各地州府，都设置居养院，以专门收养鳏寡孤独的老年人（《宋会要辑稿·食货六八·恩惠》）。

一年以后，由于当时京西北路提举司的请求，各地福田院也都改名为居养院。这样，全国老年人救济和收养机构统一起来，任务也更为明确。

居养院收养标准，宋神宗时以六十岁以上老年人为限。但徽宗大观元年（1107）又重新下诏，把收养的老年人年龄降低到五十岁以上，条件更为宽大（《宋会要辑稿·食货六八·恩惠》）。

明清承袭宋代国家救济收养老人之传统

徽宗以后，居养院在全国各地纷纷设立，甚至普及县城。像江西吉州共有七县，七个县都已有居养院，唯独吉水县尚未创办，县丞黄闲引以为耻。于是请求县令及常平使者批准，在城南选择官屋十间，每年拨米五十斛，建立“安乐院”一所，使吉水孤寡老年人得以安度晚年（宋程珌《程端明公洛水集·吉水县创建居养院记》）。

有的居养院因为负责官吏重视，规模宏大，经营也井井有条。当然，宋代养济院也并非十全十美，许多主管官吏并不重视养老救济，对养济院的事务不予检查，甚至当拨的钱米也不按期拨付，致使流离失所的老年人死于冻饿。

也就是说，由于官吏的漠不关心和计划不周，许多应该收养的老年人被弃之门外，却把一些还可以自食其力的壮年人也收养进来。有的官吏贪污克扣应给老年人的钱粮，有的甚至虚立人数，以多吃空额，而官吏互相包庇，难以检查。

不过这样的弊端，是王朝官吏通病，并非养老院中所独有。明清承袭宋代国家救济收养老年人之传统，在京城和全国各地广泛设立养济院、资善堂、粥厂等机构。

布施、功德与命运

孔子曾说："不知命，无以为君子。"此"命"字，其实指的就是"因果"或"业力"。

对佛教而言，不知道三世因果，就无法了解命运之由来，就不能改变或创造命运，欲知吉凶祸福，先问自心念头善恶。人的行为，包括身、口、意三业，身业是所行，语业是所说，意业是所想。这些由所行、所说、所想构成的因果，贯穿着过去、现在、未来三世。

三世因果认定，我们所有做过、想过、说过的事，都会在内心留下痕迹，形成力量。此种力量，正是影响未来生命走向之因。因为心念会形成习惯，并逐步固定为心态，进而导致不同性格，导致不同人格。

不同人格形成不同命运。今日之因，必有明日之果。而明日之果，亦起于昔日之因。当我们哀叹命运不公时，一定是忘了自己在昨天之所作所为。想要明天变得更好，记得今天开始要多修行，多种善的种子。

修行之目的在改运

修行之目的，就是修正自己的不良品性，戒除恶习，从而改变自己的"运"。

身体不好，那么坚持良好的饮食生活习惯，不熬夜，不酗酒，身体健康就会慢慢好起来，这就是修行，通过戒掉或自律，改变了运。

婚姻不好，那么自己多找身上的问题，改掉一些不良脾性，多包容、理解，那么婚姻就会慢慢好起来，这就是修行，修正品行，改变婚姻的运。

当自己的每一个方面都有修行，事业婚姻健康都好起来了，你会发现你的命运，就开始变好了。

修行一定要信宗教吗？不一定。只是自己要自觉学习宗教的智慧，讲求真善美，并且慢慢来执行。

佛法说，每一个人都有佛性，只要你有心，就会自己醒悟并且作出改变。只是大部分的人，无法静心，很难去醒悟，所以本性难移，而接受宗教的指引，会有很大的帮助。

总之，一个人可以消除恶习困扰，让自己运势变得稳定，变好。不了解命运由来，就会怨天尤人，不能随过而安、视富贵如浮云。不能改造命运，再多的学问和知识又有何用？

陈希夷[①]《心相篇》云："心者貌之根，审心而善恶自见；行者心之表，观行而祸福可知。"心地是相貌的根本，审察一个人的心地，就可以了解他的善恶之性；行为是心性的外在表现，观察一个人的行为，就可以知道他的祸福吉凶。

相貌从内心产生，心里头有了善恶厚薄，相貌也可以看出；行为由内心引发，仔细观察一个人的行为，自然就可以知道吉凶祸福。心能造作一切善恶业，心地的好坏能产生各种不同的果报。

---

① 五代、北宋之间，"陈抟老祖"留下一篇传世之作，名《心相篇》。陈抟（871—989），字图南，号扶摇子，赐号希夷先生。老子故里亳州真源县（今河南鹿邑县太清宫镇陈竹园村）人。五代宋初著名道教学者、隐士。继承汉代以来之象数学传统，并把黄老清净无为思想、道教修炼方术和儒家修养汇归一流，影响宋代理学之方向。后人誉为"陈抟老祖""睡仙"、希夷祖师等。是传统神秘文化中富有传奇色彩的一代宗师。隐于武当山九室岩，移华山云台观，著述终身。名作《心相篇》，推崇道家承负思想，与江湖流传之相面术，不可同日而语，比曾国藩《冰鉴》更大气，颇能收止恶扬善之效。

附：陈抟（希夷）《心相篇》原文

心者貌之根，审心而善恶自见；行者心之表，观行而祸福可知。

出纳不公平，难得儿孙长育；语言多反复，应知心腹无依。

消沮闭藏，必是好贪之辈；披肝露胆，决为英杰之人。

心和气平，可卜孙荣兼子贵；才偏性执，不遭大祸必奇穷。

转眼无情，贫寒夭促；时谈念旧，富贵期颐。

重富欺贫，焉可托妻寄子；敬老慈幼，必然裕后光前。

轻口出违言，寿元短折；忘恩思小怨，科第难成。

小富小贵易盈，前程有限；大富大贵不动，厚福无疆。

欺蔽阴私，纵有荣华儿不享；公平正直，虽无子息死为神。

开口说轻生，临大节决然规避；逢人称知己，即深交究竟平常。

处大事不辞劳怨，堪为栋梁之材；遇小故辄避嫌疑，岂是腹心之寄。

与物难堪，不测亡身还害子；待人有地，无端福禄更延年。

迷花恋酒，阃中妻妾参商；利己损人，膝下儿孙悖逆。

贱买田园，决生败子；尊崇师傅，定产贤郎。

愚鲁人说话尖酸刻薄，既贫穷必损寿元；聪明子语言木讷优容，享安康且膺封诰。

患难中能守者，若读书可作朝廷柱石之臣；安乐中若忘者，纵低才岂非金榜青云之客。

鄙吝勤劳，亦有大富小康之别，宜观其量；奢侈靡丽，宁无奇人浪子之分，必视其才。

弗以见小为守成，惹祸破家难免；莫认惜福为悭吝，轻财仗义尽多。

处事迟而不急，大器晚成；己机决而能藏，高才早发。

有能吝教，己无成子亦无成；见过隐规，身可托家亦可托。

知足与自满不同，一则矜而受灾，一则谦而获福；大才与庸才自别，一则诞而多败，一则实而有成。

忮求念胜，图名利，到底逊人；恻隐心多，遇艰难，中途获救。

不分德怨，料难至乎遐年；较量锱铢，岂足期乎大受。

过刚者图谋易就，灾伤岂保全无；太柔者作事难成，平福亦能安受。

乐处生悲，一生辛苦；怒时反笑，至老奸邪。

好矜己善，弗再望乎功名；乐摘人非，最足伤乎性命。

责人重而责己轻，弗与同谋共事；功归人而过归己，侭堪救患扶灾。

处家孝悌无亏，簪缨奕世；与世吉凶同患，血食千年。

曲意周全知有后；任情激搏必凶亡。

易变脸，薄福之人奚较；耐久朋，能容之士可宗。

好与人争，滋培浅而前程有限；必求自反，蓄积厚而事业能伸。

少年飞扬浮动，颜子之限难过；壮岁冒昧昏迷，不惑之期怎免。

喜怒不择轻重，一事无成；笑骂不审是非，知交断绝。

济急拯危，亦有时乎贫乏，福自天来；解纷排难，恐亦涉乎囹圄，神必佑之。

饿死岂在纹描，抛衣撒饭；瘟亡不由运数，骂地咒天。

甘受人欺，有子自然大发；常思退步，一身终得安闲。

举止不失其常，非贵亦须大富，寿更可知；喜怒不形于色，成名还立大功，奸亦有之。

无事失措仓皇，光如闪电；有难怡然不动，安若泰山。

积功累仁，百年必报；大出小入，数世其昌。

人事可凭，天道不爽。

如何餐刀饮剑？君子刚愎自用，小人行险侥幸。

如何短折亡身？出薄言、做薄事、存薄心，种种皆薄。

如何凶灾恶死？多阴毒、积阴私、有阴行，事事皆阴。

如何暴疾而殁？纵欲奢情。

如何毒疮而终？肥甘凝腻。

如何老后无嗣？性情孤洁。

如何盛年丧子？心地欺瞒。

如何多遭火盗？刻剥民财。

如何时犯官府？强梁作胆。

何知端揆首辅？常怀济物之心。

何知拜将封侯？独挟盖世之气。

何知玉堂金马？动容清丽。

何知建牙拥节？气概凌霄。

何知丞簿下吏？量平胆薄。

何知明经教职？志近行拘。

何知苗而不秀？非惟愚蠢更荒唐；何知秀而不实？盖谓自贤兼短行。

若论妇人，先须静默，从来淑女不贵才能。

有威严，当膺一品之封；少修饰，能掌万金之重。

多言好胜，纵然有嗣必伤身；尽孝兼慈，不特助夫还旺子。

贫苦中毫无怨詈，两国褒封；富贵时常惜衣粮，满堂荣庆。

奴婢成群，定是宽宏待下；赀财盈筐，决然勤俭持家。

悍妇多因性妒，老后无归；奚婆定是情乖，少年浪走。

为甚欺夫？显然淫行；缘何无子？暗里伤人。

信乎骨格步位，相辅而行；允矣血气精神，由之而显。

知其善而守之，锦上添花；知其恶而弗为，祸转为福！

佛家扭转命运之方法

佛家认为，鬼神虽然有神通，能够知道人的寿命、罪福，但不能生人、杀人，不能使人富贵或贫贱、夭折或长寿，因为今生的贫富、贵贱、夭寿，都是众生自己过去世的善恶业所造成的。（详见《譬喻经》）

所以《书经》上说：并非上苍使某一个人短命，短命是他自己的恶业造成的。《阿难问事佛吉凶经》说：行善的人自然得福报。这福报并不是鬼神给他的。

一些人不明白这个道理，遇到苦难不忏悔业障，不种善因，反而去求神问卜，这样做本身就是本末倒置，缘木求鱼。所以《尚书·太甲》曰："天作孽，犹可违；自作孽，不可逭。"

佛家讲求布施天下，利益众生。佛家泛称念佛、诵经、布施、持戒、了生死、度众生等一切善事，为功德。佛教徒求成佛，须行善业，由此生出种种善行，方能积聚功德，求得来世福田或最终成佛。有功德则有福报，即福利之果报也。

什么叫布施？布施就是捐献自己所拥有的财力、物力，甚至时间、智慧，乃至自己各式各样的资源去帮助别人，救助别人。真正的布施是无私奉献，心中不求回报，也没有任何贪心，这才能达到智慧圆满，福德圆满的境地，就像佛菩萨那样。

佛教慈善通过“布施”的方式来惠及社会，布施也是功德之一。此处所讲，作为佛门对社会回报的布施，就是以自己所有，施舍于人。此种“布施”，并非仅仅指“财施”，即物质上对社会的赈救，更主要的还有“法施”。

所谓“法施”，就是佛教向凡夫讲解人情与事理之真谛的行为。佛教将此视为“大善”。大乘佛教认为，“以己财事分与他，名之为布；己惠人，名之为施”。它还将布施分为财布施、法布施和无畏布施、同喜施四种。

财布施——就是能够舍得财物济贫救穷。作为修持者还要乐于向寺院、僧人布施财物，以供养佛子，弘布佛法，可以积累功德，获得福报。中华历史上，信佛的历代帝王，都曾慷慨地向佛门布施，梁武帝、清顺治帝都是要舍身奉佛。当然作为小民百姓，财力有限，但只要有这份心即可，礼轻情意重。

出家人也要向社会作财布施，曾有一钱姓居士在春节，好不容易筹集了一百块大洋，供奉给慈航法师，法师却随手分给了在座的所有同修。这就是出家人的一种伟大的喜舍精神。

法布施——就是要弘扬佛法，用正法劝化人修善断恶，佛门有八万四千方便法门，应机说法，广度众生。我们平常开讲座、设法会、出佛刊等，都是法布施，有无上功德。

无畏施——趋利避害，贪生怕死是众生的本能，在遇到危急灾难时，不免生种种恐惧，能用自己的力量去解除他人的畏惧，这也是布施，如称颂观世音菩萨可闻声救难，等等。

同喜施——为他人的好事而感到高兴，共同分享成功的喜悦。比如，同事升职加薪了，我虽然没有加到，但也为同事高兴。同修有证果，我虽然未有验证，但也为之高兴。这也是体现大乘菩萨的广大慈悲心，这正可对治时下社会中的那些“红眼病”、嫉妒、使坏、拆台等不良行为和心态。

佛门的行善布施，并不是对众生的单向恩施，而是一种义务，一种还报。佛门受了布施，也是要还报的，这叫取之于世，还之于世。

佛家报四恩之说

佛家有报四恩之说，即父母恩、众生恩、国主恩、三宝恩或师长恩、施主恩。佛家此种自利利他、自觉觉人的精神，不仅对出家僧尼和在家居士有着向引意义，且对广大群众，也有一种世俗伦理和舆论习尚的约束力，使人们慈心向善，慈心行善。

久而久之，乐善好施、济人贫苦，就成为一种社会风尚，成为中华民族传统美德的重要内容。

除去以上几种布施外，还有几种平常人都可以做到的布施，也跟日常生活紧密结合。其实日常生活才是修炼心性、修福积德的主要途径。比如：

或问佛：我为什么这么穷？

佛：因为你没有学会给予别人。

或问：我什么都没有，如何给予？

佛：一个人即使没有钱，也可以给予人五样东西：一是颜施，即微笑处事。二是言施，多说鼓励赞美和安慰的话。三是心施，敞开心扉对人诚恳。四是眼施，用善意的眼光给予别人。五是身施，以行动帮助别人。

印光大师对“心地和命运”之关系，也有精辟见解，其《心命歌》云：

心好命又好，富贵直到老。
命好心不好，福变为祸兆。
心好命不好，祸转为福报。
心命俱不好，遭殃且贫夭。

心可挽乎命，最好存仁道。
命实造于心，吉凶惟人召。
信命不修心，阴阳恐虚矫。
修心一听命，天地自相保。

有西人说：“基督教是穷人的救星，佛教才是富人的救星。”

此话怎讲？原因就在于，佛教之社会功能，趋向于劝善化俗之道，以通俗的教化劝导人们止恶从善，避恶趋善。其“行善积德”的功德论中“福报”“修福”等慈善哲学，深深吸引社会富绅纷纷解囊捐助做善事。

历代以来，佛教界积极倡导放生造林和修桥补路等慈善活动。放生造林包括两个方面：一是护生止杀，爱护生命，类似于当今保护动物、关怀生命之社会运动；二是功德林，类似于今日义务植树活动。

修桥补路的慈善

修桥补路的慈善，类似于现代公共设施建设，如修桥补路、造船义渡等行动。佛教主要注重文教事业，以佛法义理救度众生心灵，这也是最根本的慈善事业。

佛典中传播着慈悲助人、护生救苦的优秀思想，“慈悲为怀”精神指引着后世人积极从善。

佛陀于过去生中舍身饲虎、割肉喂鹰，于现世为彻底解决众生生老病死苦，出家证道，弘化十方；

阿弥陀佛四十八愿度众生；

药师佛为众生除病消灾；

观音菩萨救苦救难；

地藏菩萨教化地狱等。

“不为自己求安乐，但愿众生得离苦。”

——诸佛菩萨以其慈悲愿力深深影响着佛教之慈善事业。

附：名人论佛家慈善哲学

佛学之博大精微，至于言语道断，心行处绝，虽有圣哲，无所措手，其所包容，尤为深远。——康有为

佛教之信仰，乃智信而非迷信，乃兼善而非独善，乃入世而非厌世。——梁启超

吾常见迷信者流，叩以微妙最上之理，辄曰：“是造化主之所知，非吾侪所能及也。”是何异专制君主之法律，不可以与民共见也。佛教不然，佛教之最大纲领曰“悲智双修”，自初发心以迄成佛，恒以转迷成悟为一大事业。——梁启超

有放万丈光焰于历史上者焉，则佛教是也。六朝至唐数百年中，志行高洁、学识渊博之士，悉相率入于佛教之范围。——梁启超

佛法与其称为宗教，不如称为哲学的实证者。佛教的理论，使上智人不能不信；佛教的戒律，使下愚者不能不信。通彻上下，这是最可用的。——章太炎

佛法之广大精深，余所素信不疑者也。——陈独秀

佛教乃救世之仁，佛教是哲学之母，研究佛学可佐科学之偏。国民不可无宗教思想，盖教有辅政之功，政有护教之力；政以治身，教以治心，相得益彰，并行不悖。——孙中山

释迦牟尼真是大哲！我平常对人生有许多难以解决的问题，而佛教居然大部分早已经明白启示了，真是大哲。——鲁迅

佛教是世界上最伟大的宗教之一，两千多年前传入中国之后，对中国文化产生了深远的影响。——杨振宁

我认为佛教对于中国美学的贡献，无论在普遍性还是在高深度上都是无与伦比的。佛教以风景之美、佛像之美映照出佛理佛法之美、佛教人格之美，这是一种健全的美学系统。因此我要说，佛教其实是一种美丽的宗教。——余秋雨

佛教是历史上唯一真正实证的宗教。它视善良和慈悲为促进健康，不可以仇止仇。——德国哲学家尼采

如果有任何能够应付现代科学需求的宗教，那必定是佛教。——爱

因斯坦

没有科学的宗教是瘸子，没有宗教的科学是瞎子。——爱因斯坦

空间、时间和物质，是人类认识的错觉。——爱因斯坦

未来的宗教将是宇宙的宗教。它应当超越个人化的神，避免教条和神学，涵盖自然和精神两方面。它的根基，应建立在某种宗教意识之上，这种宗教意识的来源，是在把所有自然的和精神的事物作为一个有意义的整体来经历时所得到的体验。佛教正是符合以上所描述的那种宗教。——爱因斯坦

多种宗教中，我所赞成的是佛教。我觉得不论是智慧还是人格，佛陀都超过一切圣贤。——英国哲学家伯特兰·罗素

世界所有的宗教中，我最感兴趣的是佛教。——比尔·盖茨

佛比起所有的学说和教条显得更加伟大，千百年来，他的启示一直震撼着人类。历史上大概没有比现在正身处苦难与心烦意乱之中的人类更需要他的和平的启示了。——印度政治家尼赫鲁

四、劝善书中之慈善哲学

儒道释三教之劝善理论，经过经书劝善与实践行善二者配合，发挥了很好的社会作用，吸引并劝化了众多善男信女。

人们在听讲经籍和践行善念当中，渐渐受到劝善理论之熏染，播下善种，长成善根。从某种意义上讲，劝善理论，是三教对慈善哲学的宣传，是一种入世行善的功德论。

《文昌帝君阴骘文》

与《太上感应篇》同时，道教的另一部重要劝善书《文昌帝君阴骘文》也刊行于世，民间行善之举蔚然成风。

《文昌帝君阴骘文》，简称《阴骘文》，是道教劝善书之一种，以通俗形式劝人行善积阴德，久久必将得到神灵赐福。

《阴骘文》的慈善哲学认为，人的道德行为与人生的命运有必然因果关系，种善因必得善果，种恶因必得恶果。

如果说《感应篇》是以反面惩罚为主，那么《阴骘文》则以正面劝诱宣化为主。

可以说，两宋时期慈善活动之普及与盛行，与《太上感应篇》《文昌帝君阴骘文》等道教早期劝善书之流行，有紧密之联系。及至明清，诸种劝善书风靡，其源亦应溯于此，可见其影响之长久。

“阴骘”就是“暗中提拔”。文昌君，就是文曲星，是古代乃至现在读书人之偶像。在《阴骘文》中，“阴骘 ”具有天人感应之含义，要求自己多积阴德阴功，就是说行善做好事不要到处张扬，只是悄悄地去做。

即使在个人独处而别人不知晓的情况下，也不做坏事，以此为条件，洞察一切的文昌帝君就会暗暗保佑你，赐给你福禄寿。

文昌帝君虽然被列入道家神仙系统，可他并不是传播道术者。他主要是劝导世间人，广行阴德，做善事。

通篇以真人真事教人止恶修善

《阴骘文》通篇都是教我们止恶修善，不仅是在行为上要断恶修善，更要在我们心地上，在暗室漏屋当中，懂得规范自己，不可产生恶的念头。

《阴骘文》最大之特点，就是排除空洞理论说教，结合历史上真人真事，进行教化规劝。

如“于公治狱，大兴驷马之门”“窦氏济人，高折五枝之桂”“救蚁，中状元之选”“埋蛇，享宰相之荣”“正直代天行化”“慈祥为国救民”“施棺椁免尸骸之暴露”“施茶水以解渴烦”等，讲的都是真人真事。

里面讲到的窦禹钧、范纯仁、郭元振、孙叔、程一德等，皆是被载入史册的人物。这些人物，为什么能够科场中意、仕途无限呢?

《阴骘文》是这样解释的：凡人不见得通过轰轰烈烈的场面来表现自己，只要心地善良，从一点一滴的善事做起，便可以得到报应。当然这种报应是上天的答复，善良的结果。近一点报在自身，远一点报在儿孙身上，只是时间早迟问题。

如以宋代程一德为例。程一德粗知文字，孜孜为善，每遇到嘉言善行就刊刻施人，夜梦文昌帝君对他说，你刻善书的事已经报达天庭，上帝许诺昌扬你的后代。果然他的子孙俱少年高第，南宋程明道、程伊川两位大理学家也是其后裔。

《阴骘文》对挽救道德危机，缓和阶级对立情绪，维护社会正常秩序，有着极为深刻的影响。尤其是“吾一十七世为士大夫身，未尝虐酷民吏”“慈祥为国救民”“勿倚权势而辱善良”“见先哲于羹墙，慎独知于衾影”等，在今天仍具有很强的现实意义。

《阴骘文》白话释读

帝君曰：吾一十七世为士大夫身，未尝虐民酷吏。救人之难，济人之急，悯人之孤，容人之过。广行阴骘，上格苍穹。人能如我存心，天必赐汝以福。

于是训于人曰：

昔于公治狱，大兴驷马之门。窦氏济人，高折五枝之桂。救蚁，中状元之选。埋蛇，享宰相之荣。

欲广福田，须凭心地。行时时之方便，作种种之阴功。利物利人，修善修福。正直代天行化，慈祥为国救民。

存平等心，扩宽大量。忠主孝亲，敬兄信友。和睦夫妇，教训子孙。

毋慢师长，毋侮圣言。或奉真朝斗，或拜佛念经。报答四恩，广行三教。

谈道义而化奸顽，讲经史而晓愚昧。济急如济涸辙之鱼，救危如救密罗之雀。

矜孤恤寡，敬老怜贫，举善荐贤，饶人责己。

措衣食，周道路之饥寒；施棺椁，免尸骸之暴露。

造漏泽之仁园，兴启蒙之义塾。家富，提携亲戚；岁饥，赈济邻朋。

斗秤须要公平，不可轻出重入；奴仆待之宽恕，岂宜备责苛求。

印造经文，创修寺院。

舍药材以拯疾苦；施茶水以解渴烦；点夜灯以照人行；造河船以济人渡。

或买物而放生，或持斋而戒杀。举步常看虫蚁，禁火莫烧山林。

勿登山而网禽鸟，勿临水而毒鱼虾。勿宰耕牛，勿弃字纸。

勿谋人之财产；勿妒人之技能；勿淫人之妻女；勿唆人之争讼。

勿坏人之名利；勿破人之婚姻。

勿因私仇，使人兄弟不和；勿因小利，使人父子不睦。

勿倚权势而辱善良，勿恃富豪而欺穷困。依本分而致谦恭，守规矩而遵法度。

谐和宗族，解释冤怨。

善人则亲近之，助德行于身心；恶人则远避之，杜灾殃于眉睫。

常须隐恶扬善，不可口是心非。恒记有益之语，罔谈非礼之言。

剪碍道之荆榛，除当途之瓦石。修数百年崎岖之路，造千万人来往之桥。

垂训以格人非，捐资以成人美。作事须循天理，出言要顺人心。

见先哲于羹墙，慎独知于衾影。诸恶莫作，众善奉行。

永无恶曜加临，常有吉神拥护。近报则在自己，远报则在儿孙。

百福骈臻，千祥云集，岂不从阴骘中得来者哉。

文昌帝君说：我第十七世时做一个地方的父母官，从没有做过对不起群众和下属的事，时常帮助别人度过困难，接济别人一时的贫困，怜悯别人的孤儿，容忍、宽恕别人的过失，广泛地行善积德，上合天心。有人如果像我这样有好心肠，上天必定赐福于他！

于是文昌帝君就训劝世人说：汉朝时的东海人于公，做地方官时，审案量刑公平合理，昭雪冤屈，民众允服。曾经修理家门，就造了一道能容纳四匹马经过的大门。有人问何必修那么大？他说，他做官多积阴德，从未冤枉好人，后代必定兴旺发达，省得以后再改建了。后来他的儿子果然做了丞相，孙子也做了御史大夫。

五代时的燕山人窦禹钧，三十多岁时还没有儿子，有一次他梦见他祖父对他说，你不但没有儿子，而且还很短命，宜快点多积阴德来挽回天命。窦禹钧于是力行善事，救济别人，广积阴功。数年以后，连生五子，五子都聪明俊伟，而且高中科举，五个儿子都做了官，他本人也活到八十有二。

宋朝有两兄弟宋郊、宋祁，在读书的时候，有个道士替他们看相，说弟弟会考中状元，大哥也会榜上有名。十几年后考完春闱，又遇到那个道士，他对大哥宋郊说，你风采奕奕，精神饱满，更胜往昔，必定曾经救活数百万的生命，这次考试，弟弟宋祁固然可以考上状元，然而你的功名也不在他之下。

原来宋郊在十多天前，在厅堂下见到蚂蚁穴被大雨冲毁，于是编了竹片，使蚂蚁渡水而活。同一年殿试，哪能有两个状元？宋郊心中很是疑惑。等到放榜，宋祁第一名，宋郊第三。然而当朝太后认为弟弟不可在哥哥之前，于是就擢升宋郊为状元了。

楚国的孙叔敖，有一次出游，遇到一条两头蛇，他就杀死并掩埋了。回家后，他愁得连饭也吃不下。他母亲问他发生了什么事，孙叔敖哭着说，听人说如果见到了两头蛇就会死亡，我已经见到了，害怕离你而死。他母亲问，那条蛇在哪里？孙叔敖说，恐怕其他人看见，已经杀死并掩埋了。他母亲说，不要害怕，听人说有阴德的人必定有善报，你必会在楚国出人头地！后来孙叔敖果然做了楚国的宰相。

由此可见，想增广你的福气，必须要心地好，时刻方便别人，积累种种阴德，利益他人，多做善行而积累福分，就像以正直的德行教化世人，心地慈祥，爱国为民；宽宏大量，平等待人；忠诚守信，孝敬双亲；尊敬兄长，待友诚信；夫妻和睦，教育子孙；不得对老师、长辈傲慢无礼；不得讥谤圣贤教诲；或者敬奉天仙，朝礼北斗、星宿；或者拜祖念经，早晚打坐悟道；报答天地恩、父母恩、国家恩、师友恩，尊奉儒、全真、正一三教。

谈道理教化奸诈的人，讲经史开解愚昧的人；救急就像挽救快干死的鱼一样，救危就像挽救被网住的鸟一样；矜哀孤儿，抚恤寡妇；尊敬老人，怜悯贫穷；尊崇善人，推荐贤能；对人恕，对己忍；布施衣服、食物，周济在道路两旁饥寒交迫的人；布施棺材，掩埋无主尸骸，避免尸骸暴露；给无家可归的兴建房舍，为辍学儿童兴办学校；家里富有就提携亲戚朋友，遇到饥荒就赈济邻居和亲朋；用来称东西的秤准确公平，不可短斤缺两。

宽恕对待雇用的工人，不可尖酸刻薄，责备苛求；出钱、出力捐印经书和善书，修建或修葺寺庙；施舍药方来医治别人的疾病，布施茶水使路人解渴去燥；在道路旁放置灯火方便行人，在河流里设置船只供人渡水；或者经常买生物来放生，或者常常吃斋持戒避免杀生；走路时常常留意，不要踩到虫子和蚂蚁。

严禁烟火，不火烧山林；不在山上捕捉飞禽走兽，不到河溪边毒杀鱼虾；不宰杀耕牛，不随便丢弃字纸书籍；不谋夺别人的财产，不嫉妒别人的技艺才能；不奸淫别人的妻子女儿，不要唆使别人互相争斗及怂恿别人诉讼；不破坏别人的名誉，不破坏别人的婚姻家庭；不因为个人私仇而使别人兄弟不和，不因为小小利益而使别人父子疏远；不倚仗有权有势而欺辱善良的人，不仗着富有而欺凌穷困的人；依本分，谦虚谨慎，守规矩，遵纪守法；同宗同族互相和谐，有怨有仇互谅互解。

亲近善人，有助于身心德行；远避恶人，杜绝灾殃；经常赞叹别人的善事，不宣扬别人的恶事；不口是心非，讲一套做一套；把有教益的言论牢记于心，时时自勉，不要有出乎于礼义廉耻的言论，祸从口出，言为心声，要养心慎言。剪除阻碍道路的荆棘，搬走障碍道路的瓦石；修整几百年来崎岖不平的道路，建造人们来往的桥梁。

留传训言供后人鉴别是非善恶，捐赠钱财成全别人的好事善事；做人做事遵循天理，说话合乎公道人心；吃穿住行，时刻想念圣贤教诲；独行独卧，始终慎如众目睽睽。

不造作种种恶事，身体力行去做种种善事，这样就永远没有灾星加祸，常常会有吉神照耀护佑，总而言之，近报自己得福，远报子孙受益。百福临门，万事吉祥如意，难道不是从积累阴德中得来的吗？

《阴骘文》教化的对象以官僚士大夫为主

《阴骘文》和《感应篇》以社会各阶层为劝善对象不同，《阴骘文》教化的对象主要以官僚士大夫为主。

文昌帝君是天上的文曲星，主管人间，尤其是士大夫之功名富贵，对官僚士大夫道德修养，提出并寄予厚望，反映了下层士人和民众的愿望。

《阴骘文》开篇即让文昌帝君现身说法，自我介绍一番后向人们许愿，只要人人都效法他行事，保证福祥不浅。帝君说："吾一十七世为士大夫身，未尝虐民酷吏，济人之难，救人之急，悯人之孤，容人之过，广行阴骘，上格苍穹，人能如我存心，天必赐汝以福。"

针对士子们求功名心切和人们渴望幸福的心理，《阴骘文》要大家都以帝君为榜样，多积阴德，就会像他那样世世为士大夫身，中状元，做宰相。

人积阴德，天必赐人福禄寿；于是人更加感奋，更加众善奉行，诸恶不作，于是天还将把千祥百福降临于人的子孙后代身上，这叫"近报则在自己，远报则在儿孙"。

积阴德阴功，用不着求人知晓，招摇过市，在天知并暗中保佑你的情况下，善即是福，善又能招致福，生生不息，善无量福也无量，这叫"百福骈臻，千祥云集，岂不从阴骘中得来者哉"。

但是，社会现象中往往出现善恶无报，行善者不得福，为恶者未遭祸之情况，有识之士常对报应论持怀疑批评的态度。《阴骘文》以"近报在身，远报儿孙"的道理作答，告诉人们善恶有时虽无相当的报应，甚至行善反而命运不好，作恶反倒官运亨通，但说到底终究是善有善报，恶有恶报，近一点报在你自身，远一点报在你儿孙身上，只是时间早迟问题。

中国历来以儒家礼教立国，宋明理学之产生，更加巩固了礼教神圣不可动摇之地位，但演变到后来，也已人心日下，世风不古，四书五经口读而心不信，口称而身不从，以致敢于为恶，不可救药。

对此，"帝君悯之，故神道设教，飞鸾行化，使人知神明昭布，森列于上，善恶吉凶之报，确然不爽，冀其信畏悔悟，以自拔于陷阱也”。

这表明，《阴骘文》一类道教劝善书以宣传礼教内容为主，但又起着正统礼教所起不到的功用，它们在社会上流行，也正是道德危机出现的需要，急需“神道设教”，借助神的力量加强名教统治。

这种道德危机，也出现于统治者内部，官僚士大夫往往日言善身行恶，天天要人做好事，自己却暗中大做坏事，贪污贿赂，请客送礼，吃喝拉扯，男盗女娼，无恶不作。这对统治者的根本利益显然是有害的，也激起了一些下层知识分子和老百姓的不满。《阴骘文》中某些地方曲折地体现了下层士人和“穷困善人”的愿望，他们希望官僚们不要制造冤狱，少用大刑，“正直代天行化，慈祥为国救民”，“勿倚权势而辱善良”。

他们劝告富豪“家富提携亲戚，岁饥账济邻朋，斗称须要公平，不可轻出重入，奴仆待之宽恕，岂宜备责苛求”，“勿恃富豪而欺穷困”。当时社会矛盾尖锐，官僚横行不法，豪强欺压百姓，鱼肉乡里，迫使人民成为“涸辙之鱼”“密罗之雀”的黑暗现实已跃然纸上。这些社会矛盾不解决势必引起社会危机，危及统治者安全，故统治者对《阴骘文》一类劝善书采取赞许态度。

《阴骘文》劝说官僚富豪的主要内容，还是以忠孝为核心的传统道德。

中华宗教道德，往往来源于中华传统道德。《阴骘文》强调“忠主孝亲，敬兄信友”“报答四恩”“勿因私仇使人兄弟不和，勿因小利使人父子不睦”，都和中华传统道德重视血缘关系的特点一致。

西欧则刚好相反。西欧中世纪，许多道德信条来自宗教教义和戒律。领主和教会紧紧结合在一块，民族道德，主要是宗教道德，如西方中世纪人们道德观念的中心——“爱”，就是得之于基督教，充满了宗教精神。

“帝君以忠孝为本”

与《感应篇》一样，它强调家族关系，从孝和忠出发去修身、齐家、治国、平天下，确如注家们所说：“帝君以忠孝为本。”

在《阴骘文》中，作为官吏，不论你有何不法勾当或有违背道德伦常的行为，但报答天地君亲师的恩典，在家为孝，入朝尽忠，是万万不能背离的根本道德信条。

做到这点，自然福禄寿降临门楣，科场中意，官场走运，财气大盛，儿孙满堂，世代家道不衰。

《阴骘文》告诫“禁火莫烧山林”，“勿登山而网禽鸟，勿临水而毒鱼虾，勿宰耕牛”，因为诸如此类都是善与恶的分界线，都和人的福祸相关联。

早在《礼记》中，对此已有规定，反映了古代中国人的生态平衡观念，但保护生物和动物是在“礼”的名义下宣传的，和道德行为有关，不在法制范围内。

以道德劝化宣传环境保护、生态平衡

此种古老生态平衡思想流传下来，直到《阴骘文》等劝善书将其作为劝善的内容，用各种道德信条约束人们保护生物，维持生态环境平衡。

换个视角或坐标看，《阴骘文》也反映出当时社会人口膨胀，土地不够，大面积毁林开荒，生态平衡遭到破坏之现实。面对神的警告，人对自然的伤害，不能不有所顾虑。

《阴骘文》以道德劝化宣传环境保护、生态平衡，强化了人们的环保意识。

很多修善行的人都照《阴骘文》所说行事，“剪碍道之荆榛，除当途之瓦石，修数百年崎岖之路，造千万人来往之桥”，“点夜灯以照人行，造河船以济人渡”，等等。

“修桥通道，为善有盛名。”这类事情虽然细小，但也是善心所在，可以远扬祖烈，后昭来世，万世其昌。他们在修桥造路以后，勒碑铭记，通常把这些内容写进去，态度毕恭毕敬。

明清话本小说，形象地描绘出帝君阴骘在各阶层人们头脑中的烙印。

《拍案惊奇》卷二十载：刺史刘元普，“感上天佑庇，一发修桥砌路，广行阴德”。洛阳百姓编顺口溜云：“刺史生来有奇骨，为人专好积阴骘。”刘元普遇见全真道士，手执“风鉴通神”招牌，请他相面。道士相曰：“自古道：富者怨之丛。使君广有家私，岂能一一综理？彼任事者只顾肥家，不存公道，大斗小称，侵剥百端，以致小民愁怨。使君纵然行善，只好功过相酬耳，恐不能获福也。使君但当悉杜其弊，益广仁慈，多福、多寿、多男，特易易耳。”元普闻言，默然听受，暗中努力行善，后来添子增寿，子孙出仕贵显，藩衍不绝，咸曰此皆“阴德之报也”。

全真道士所讲，基本上就是《阴骘文》原话，而刘元普对此深信不疑，照办不误，最后居然获阴骘福报。冯梦龙所编“三言”中，有一回名“施润泽滩阙遇友”，以诗歌形式反复咏叹阴骘善恶：“从来阴骘能回福，举念须知有鬼神。”然后写主人公施复捡到银子还给失主朱恩，旁观百姓说：“这人积此阴德，后来必有好处。”以后施复出门做生意，因偶然遇到朱恩，免遭大难，要谢朱恩，朱说：“此皆大哥平昔好善之报，与我何干！”小说结尾叙曰：“施复因免了两次大难，又得了这注财产，愈加好善。”

《水浒后传》第二回写水泊好汉杀毛孔目一家，邻居或曰：“祖宗该积德，做些好样子与后人看便好。那毛太公一味强赖，遭了毒手。那孙子又逞威风，自然有此显报。”生意中人、市井百姓，脑袋中装满帝君教导，潜移默化，以此评人论事。

从这些小说的描绘中可以看出，人们日常生活一举一动，看待人生，思考人生问题的方式，对健康长寿、衣锦富贵、儿孙满堂等之追求，都充满着善恶报应之阴骘观念。

总之，《阴骘文》之社会导向作用，非常明显，它劝人行善积阴德，并以文昌帝君口气承诺，一旦你广行善事，多积阴功，你的人生就会充满光明与幸福，而且泽及子孙后代。

《阴骘文》反复申明：人的道德行为与人生命运有必然因果关系，种善因，必得善果，种恶因，必得恶果；此种善恶行为，不是做做表面文章，不是公开行善、暗地为恶，而是不论人前人后，都在做善事，尤其要做到行善做好事不为人知。只有这样，文昌帝君才会庇佑你以及你子孙后代享有福禄寿。

把生命的幸福与否、长寿与否，同人的善恶联系起来，可以说《阴骘文》的伦理观，是典型的生命伦理观，有利于维护社会稳定，净化世道人心。

功过格意在劝勉世人改过向善

“功过格”，亦名“善恶簿”，为明朝云谷禅师所传，袁了凡先生所承，意在劝勉世人改过向善。

“功过格”，原是记录日常行为善恶之手册，又称“劝善书”或“戒律书”。发源于宋，兴起于晚明，盛行于清，直至20世纪初叶，仍然在一部分地区流行。

从时间上说，从12世纪开始出现，直到20世纪初，贯穿宋元明清四朝。它作为一种道德劝善书，在民间社会及士人阶层，广为流传，影响深远。

起初，程朱理学家们逐日登记行为善恶，以自勉自省，自成簿格，后由僧道推行流行于民间，泛指用分数来计量行为善恶程度、使行善戒恶得到具体指导的一类善书。

具体做法是：书中分别列出功格（善行）和过格（恶行）两项，并用正负数字标示。奉行者每夜自省，将每天行为对照相关项目，给各善行打上正分，恶行打上负分，只记其数，不记其事，分别记入功格或过格。月底作一小计，每月一篇，装订成本。每月如此进行，年底再将功过加以总计。功过相抵，累积之功或过，转入下月或下年，以期勤修不已。

根据有关记载，自记善恶功过之事，始于宋儒。

据宋叶梦得《避暑录话》，赵中岁常置黄黑两种豆子于几案间，以黄豆记善，黑豆记恶，每兴一善念，则投一黄豆于器皿中，反之则投黑豆。此可谓功过格之滥觞。

清石成金《传家宝》称，范仲淹、苏洵等人均备有簿册，记录功过，以鞭策自己，行善去恶。据传，经明袁了凡大力倡导，遂大行于世。

道士自记功过，当是仿效宋儒而来。

《太微仙君功过格·序》云：“修真之士，明书日月，自记功过，一月一小比，一年一大比，自知功过多寡。”功多者得福，过多者得咎。道教以此作为道士自我约束言行、积功行善的修养方法。托名古仙或祖师撰述的有关“功过格”的小册子甚多。较著者有成书于金大定十一年（1171）的净明派

《太微仙君功过格》《警世功过格》，托名吕洞宾的《十诫功过格》等。

会通三教，修心为本

《太微仙君功过格》立功格三十六条，过律三十九条。各分四门。

其中，功格有救济门十二条，教典门七条，焚修门五条，用事门十二条。过律有不仁门十五条，不善门八条，不义门十条，不轨门六条。

要求“受持之道常于寝室床室，置笔砚簿籍”，“临卧之时，记终日所为善恶”。

《十诫功过格》吸收宋明理学家之修养内容，称“学道乃身心性命之事”，“以十戒定功过”。十戒指的是戒“杀、盗、淫、口恶、口舌、绮语、妄语、贪、嗔、痴”。

《警世功过格》认为儒正心，道存心，佛明心，会通三教，修心为本。因此称“变化气质，归于纯粹”为一千功，而“心怀阴险”为五百过。功过格的各种功和过的规定，其特征就是仁民爱物、忠君孝亲、崇信三宝（道、经、师）。它是道教伦理思想的体现，也是宋明以后中华古代道德价值标准的反映。

君子之过也，如日月之食焉

古人云：“君子以见善则迁，有过则改。”一个人必须要每天知道自己的过失，才能天天改过，若是一天不知道自己的过失，就一天修行没有进步而虚度光阴。

如果每天都无过可改，就是每天都没有进步。天底下聪明俊秀的人不少，然而他们道德上不肯用功去修，事业不能用功去做，就只为了因循两个字，得过且过，不想前进，所以才耽搁了他们的一生。

将每天所做的事，不论是善是恶，都记录在“善恶登记册”上，这本小小的登记册，便成为修正自己行为的检测器，作为自己行善、改过之标尺，久而久之，便会趋善避恶、趋吉避凶。

要改过向善，首先须多读圣贤之书，详知善恶之区别及改过迁善之法。既学以后，须常常自己省察，所有一言一动，若为恶者，即当痛改。

除时时注意改过之外，又于每日临睡时，再将一日所行之事，详细记于“善恶登记册”中，于此不断省察。省察以后，若知是过，即力改之。

子贡云：“君子之过也，如日月之食焉；过也，人皆见之，更也，人皆仰之。”古人云：“过而能知，可以谓明。知而能改，可以即圣。”均中国慈善哲学之要言。

第二章　中国慈善哲学之命运论背景

附《了凡四训》第一篇《立命之学》

余童年丧父，老母命弃举业学医，谓可以养生，可以济人，且习一艺以成名，尔父夙心也。

后余在慈云寺，遇一老者，修髯伟貌，飘飘若仙，余敬礼之。语余曰：子仕路中人也，明年即进学，何不读书？

余告以故，并叩老者姓氏里居。曰：吾姓孔，云南人也。得邵子皇极数正传，数该传汝。余引之归，告母。母曰：善待之。试其数，纤悉皆验。

余遂起读书之念，谋之表兄沈称，言：郁海谷先生，在沈友夫家开馆，我送汝寄学甚便。余遂礼郁为师。

孔为余起数：县考童生，当十四名；府考七十一名，提学考第九名。明年赴考，三处名数皆合。

复为卜终身休咎，言：某年考第几名，某年当补廪，某年当贡，贡后某年，当选四川一大尹，在任三年半，即宜告归。五十三岁八月十四日丑时，当终于正寝，惜无子。余备录而谨记之。

自此以后，凡遇考校，其名数先后，皆不出孔公所悬定者。独算余食廪米九十一石五斗当出贡；及食米七十余石，屠宗师即批准补贡，余窃疑之。

后，果为署印杨公所驳，直至丁卯年，殷秋溟宗师见余场中备卷，叹曰：五策，即五篇奏议也，岂可使博洽淹贯之儒，老于窗下乎！遂依县申文准贡，连前食米计之，实九十一石五斗也。

余因此益信进退有命，迟速有时，澹然无求矣。

贡入燕都，留京一年，终日静坐，不阅文字。己巳归，游南雍，未入监，先访云谷会禅师于栖霞山中，对坐一室，凡三昼夜不瞑目。

云谷问曰：凡人所以不得作圣者，只为妄念相缠耳。汝坐三日，不见起一妄念，何也？

余曰：吾为孔先生算定，荣辱生死，皆有定数，即要妄想，亦无可妄想。

云谷笑曰：我待汝是豪杰，原来只是凡夫。

问其故？曰：人未能无心，终为阴阳所缚，安得无数？但惟凡人有数；极善之人，数固拘他不定；极恶之人，数亦拘他不定。汝二十年来，被他算定，不曾转动一毫，岂非是凡夫？

余问曰：然则数可逃乎？曰：命由我作，福自己求。诗书所称，的为明训。我教典中说：求富贵得富贵，求男女得男女，求长寿得长寿。夫妄语乃释迦大戒，诸佛菩萨，岂诳语欺人？

余进曰：孟子言：求则得之，是求在我者也。道德仁义，可以力求；功名富贵，如何求得？

云谷曰：孟子之言不错，汝自错解耳。汝不见六祖说：一切福田，不离方寸；从心而觅，感无不通。求在我，不独得道德仁义，亦得功名富贵；内外双得，是求有益于得也。

若不反躬内省，而徒向外驰求，则求之有道，而得之有命矣，内外双失，故无益。

因问：孔公算汝终身若何？余以实告。云谷曰：汝自揣应得科第否？应生子否？

余追省良久，曰：不应也。科第中人，类有福相，余福薄，又不能积功累行，以基厚福；兼不耐烦剧，不能容人；时或以才智盖人，直心直行，轻言妄谈。凡此皆薄福之相也，岂宜科第哉。

地之秽者多生物，水之清者常无鱼；余好洁，宜无子者一；和气能育万物，余善怒，宜无子者二；爱为生生之本，忍为不育之根；余矜惜名节，常不能舍己救人，宜无子者三；多言耗气，宜无子者四；喜饮铄精，宜无子者五；好彻夜长坐，而不知葆元毓神，宜无子者六。其余过恶尚多，不能悉数。

云谷曰：岂惟科第哉。世间享千金之产者，定是千金人物；享百金之产者，定是百金人物；应饿死者，定是饿死人物；天不过因材而笃，几曾加纤毫意思。

即如生子，有百世之德者，定有百世子孙保之；有十世之德者，定有十世子孙保之；有三世二世之德者，定有三世二世子孙保之；其斩焉无后者，德至薄也。

汝今既知非。将向来不发科第，及不生子相，尽情改刷；务要积德，务要包荒，务要和爱，务要惜精神。从前种种，譬如昨日死；从后种种，譬如今日生；此义理再生之身也。

夫血肉之身，尚然有数；义理之身，岂不能格天。太甲曰：天作孽，犹可违；自作孽，不可活。诗云：永言配命，自求多福。孔先生算汝不登科第，不生子者，此天作之孽，犹可得而违；汝今扩充德行，力行善事，多积阴德，此自己所作之福也，安得而不受享乎？

易为君子谋，趋吉避凶；若言天命有常，吉何可趋，凶何可避？开章第一义，便说：积善之家，必有余庆。汝信得及否？

余信其言，拜而受教。因将往日之罪，佛前尽情发露，为疏一通，先求登科；誓行善事三千条，以报天地祖宗之德。

云谷出功过格示余，令所行之事，逐日登记；善则记数，恶则退除，且教持准提咒，以期必验。

语余曰：符箓家有云：不会书符，被鬼神笑；此有秘传，只是不动念也。执笔书符，先把万缘放下，一尘不起。从此念头不动处，下一点，谓之混沌开基。由此而一笔挥成，更无思虑，此符便灵。凡祈天立命，都要从无思无虑处感格。

孟子论立命之学，而曰：夭寿不贰。夫夭与寿，至贰者也。当其不动念时，孰为夭，孰为寿？细分之，丰歉不贰，然后可立贫富之命；穷通不贰，然后可立贵贱之命；夭寿不贰，然后可立生死之命。人生世间，惟死生为重，曰夭寿，则一切顺逆皆该之矣。

至修身以俟之，乃积德祈天之事。曰修，则身有过恶，皆当治而去之；曰俟，则一毫觊觎，一毫将迎，皆当斩绝之矣。到此地位，直造先天之境，即此便是实学。

汝未能无心，但能持准提咒，无记无数，不令间断，持得纯熟，于持中不持，于不持中持。到得念头不动，则灵验矣。

余初号学海，是日改号了凡；盖悟立命之说，而不欲落凡夫窠臼也。从此而后，终日兢兢，便觉与前不同。前日只是悠悠放任，到此自有战兢惕厉景象，在暗室屋漏中，常恐得罪天地鬼神；遇人憎我毁我，自能恬然容受。

到明年礼部考科举，孔先生算该第三，忽考第一；其言不验，而秋闱中式矣。

然行义未纯，检身多误；或见善而行之不勇，或救人而心常自疑；或身勉为善，而口有过言；或醒时操持，而醉后放逸；以过折功，日常虚度。自己巳岁发愿，直至己卯岁，历十余年，而三千善行始完。

时方从李渐庵入关，未及回向。庚辰南还。始请性空、慧空诸上人，就东塔禅堂回向。遂起求子愿，亦许行三千善事。辛巳、生男天启。

余行一事，随以笔记；汝母不能书，每行一事，辄用鹅毛管，印一朱圈于历日之上。或施食贫人，或买放生命，一日有多至十余圈者。至癸未八月，三千之数已满。复请性空辈，就家庭回向。九月十三日，复起求中进士愿，许行善事一万条，丙戌登第，授宝坻知县。

余置空格一册，名曰治心编。晨起坐堂，家人携付门役，置案上，所行善恶，纤悉必记。夜则设桌于庭，效赵阅道焚香告帝。

汝母见所行不多，辄颦蹙曰：我前在家，相助为善，故三千之数得完；今许一万，衙中无事可行，何时得圆满乎？

夜间偶梦见一神人，余言善事难完之故。神曰：只减粮一节，万行俱完矣。盖宝坻之田，每亩二分三厘七毫。余为区处，减至一分四厘六毫，委有此事，心颇惊疑。适幻余禅师自五台来，余以梦告之，且问此事宜信否？

师曰：善心真切，即一行可当万善，况合县减粮、万民受福乎？吾即捐俸银，请其就五台山斋僧一万而回向之。

孔公算予五十三岁有厄，余未尝祈寿，是岁竟无恙，今六十九矣。书曰：天难谌，命靡常。又云：惟命不于常，皆非诳语。吾于是而知，凡称祸福自己求之者，乃圣贤之言。若谓祸福惟天所命，则世俗之论矣。

汝之命，未知若何？即命当荣显，常作落寞想；即时当顺利，当作拂逆想；即眼前足食，常作贫窭想；即人相爱敬，常作恐惧想；即家世望重，常作卑下想；即学问颇优，常作浅陋想。

远思扬祖宗之德，近思盖父母之愆；上思报国之恩，下思造家之福；外思济人之急，内思闲己之邪。

务要日日知非，日日改过；一日不知非，即一日安于自是；一日无过可改，即一日无步可进；天下聪明俊秀不少，所以德不加修、业不加广者，只为因循二字，耽搁一生。

云谷禅师所授立命之说，乃至精至邃、至真至正之理，其熟玩而勉行之，毋自旷也。

一、命运论三款六式及其批评

“慈善”与“命运”之关系，早已是现实生活中人们之常规话题：如追问：“心底慈善的人为啥命运不好”、“让慈善改变命运”有无可能、“慈善和命运有没有必然联系”，或者直接说“慈善改变命运，希望改变人生”“慈善最大的意义是改变命运”“慈善最大的意义并不是获得感激，而是能够改变一个人的命运”“命运不是慈善，没有挑剔的余地，只有屈服”，等等。

其实，“慈善”与“命运”关系这一主题，古人不比我们讨论得少。也许，他们比我们讨论得更多，也讨论得更深刻。

古今中外一切谈命言论，均不外三款六式：一曰直款，含定命与宿命两式；二曰不款，含符命与造命两式；三曰绕款，含随命与俟命两式。不能归入以上六式者，均只是其中二者或三者之综合。

“定命论”（Destinism）与“宿命论”（Contigencism）

定命是命运之一种，有关定命的言论，可称为“定命论”（Destinism）。定命观念，实际是彻底决定论的观念，此种观念对人类心灵来说，是根深蒂固的。

不管是什么样的决定论，是环境决定论还是制度决定论，是因果决定论还是统计决定论，只要一沾上决定论的边，就多少带上“定命论”色彩，尽管完全、彻底、绝对之“定命论”很少见。

此处所说定命，自然是绝对意义上的；但此种绝对意义上的定命，只是理论抽象，落实到现实中，落实到具体思想家头上，难免会打些折扣。但不管打多少折扣，其基本观点总体固定。这就是，一种命观，当且仅当①认为命运决定人生一切；②认为命运之决定无可更改，奋斗与努力只能助成命运之实现；③认为每个人均有其独一无二的、无可替代的命运轨道，这种命观才是“决定论”的。不符合这些条件，便不能视之为定命。

著者对“定命论”之批评，主要有三条：①“定命论”不区分人之命运之必然性与外部物理世界之必然性，从而认为命运无人称，是不对的；②“定命论”把“命运”概念建立在无穷之因果链条上，从而认定人之生活的两端，有无穷的时间与空间以及支配、控制吾人生活的无穷因子，是不对的；③“定命论”无限扩大“命运”一词之外延，认为吾人不仅可以知晓“一阶必然性”，而且可以知晓“二阶必然性”之内容，不仅可以知晓“第一顺序的秩序与安排”，而且可以知晓“第二顺序的秩序与安排”，是不对的。

宿命是定命之反面，“宿命论”（Contigencism）是与“定命论”正相反对之一种命观。如果说定命是一种绝对的必然性，那么宿命便是一种绝对的偶然性；如果说“定命论”是一种彻底的决定论，那么“宿命论”便是一种彻底的非决定论。

“宿命论”之基本观点是：①认为人生一切均为偶然所支配；②认为

人对于此种偶然无能为力。

肯定定命的人，有不承认宿命的，亦有承认宿命的，认为人生一切是注定的，同时又是极偶然的。换一个角度说，肯定宿命的人，虽多数不承认定命，但其理论推至极端，也就自然地变成为定命。当宿命论者坚持到最后，认定生命中一切偶然的遭遇亦是注定时，他不就转换成典型的定命论者了吗？

所以定命与宿命，并不是截然不相干的，在很多情形下，它们是可以相互转换的。现实生活中的具体的个人，他相信命运，常常是时而相信定命（注定），时而相信宿命（偶然）；也许他自己也弄不清，他心目中的命运，到底是哪一种。

著者对“宿命论”之批评，主要有两条：①“宿命论”不区分人之命运之偶然性与外部物理世界之偶然性，从而认定人之命运之偶然性完全与人之行为无关，是不对的；②“宿命论”把人从“定命论”的樊篱中解放出来，却又不给人以起码的自由、起码的选择权与决定权，是不对的。

“符命论”（Symbolism of Fate）与“造命论”（Creationism of Fate）

符命之观念，由来已久，“符命论”（Symbolism of Fate）的影响因而也极其深远。不论是东方还是西方，符命思想均普遍存在。

“符命论”认为，人可以通过某种东西，如骨相、灾异、时辰、星象、文字等，察知命运之种种信息；依靠此信息，人一步步设计自己、完成自己，富贵的得享富贵，贫贱的担当贫贱；人事上的努力落实了命运，但并不能改变命运。

符命只是一个人命运的指路牌，它可以告诉你向东行还是向西走，让你少费一些周折，少走一些弯路；但它并不能传授你改变命运的秘方，你生来是个劳碌的命，它无法使你得享安逸。所以“符命论”只是一些原则上的指示，并不能对于人的实际生活，构成决定性的影响。

从中国思想之发展的脉络去考察，符命最初是针对帝王而言的，谓帝王受命，必有符应。后来含义泛化，亦可适用于一般民众，谓民众之于家事、人事，一如帝王之于国事、天下事，同样亦有灾异祥瑞示之，不是隐而不彰的。就此层言，骨相与验符等，对帝王是重要的，对一般民众同样亦是重要的。

符命内部，在准确性上，又有高下层次之分，如骨相之准确性高于八字，八字之准确性高于灾异祥瑞，等等。

谈到“符命论”的意义，只能说，它可以给人生以指导，让人在现实中少走弯路；同样的，它亦可以让贪婪者减少其贪婪，让极欲者压低其欲念，从而减少纷争与埋怨、战争与人祸；尤其重要的是，它可以给人事一个地位，在承认命运的同时，亦承认人有事可做，人并非完全在于其命运。这一点是“定命论”和“宿命论”无法做到的。

总之符命之说，看似玄妙无稽，好像只是一通“迷信”，实际仍有其价值。

著者对于“符命论”之批评，主要有两条：①“符命论”把命运放到人之行为的前头或开端，认为吾人随时随地可以完全知晓自身之命运，从而认定人事努力只是落实命运之手段，是不对的；②“符命论”认为吾人不仅可以通过某些征兆察知命运之“大势所趋”，而且可以经此察知命运之具体内容，从而认定命运之“黑箱”完全可以大白于天下，是根本错误的。

造命之说，在所有命观中，是最为积极的，即是说，“造命论”（Creationism of Fate）乃是把人放到最积极位置上的一种命学理论。

说它“最积极”，并不是说它“最先进”“最革命”，只是说它最看重人事。真正“先进”、真正“革命”之头脑，是不承认命运的，他们之命观，可以称之为“无命论”。

但“造命论”不是“无命论”，“无命论”不承认命运，“造命论”却无论如何不能离开命运。否则它就无命可造。所以“造命论”的存在，是以承认命运的存在为前提的。也正因为如此，吾人所说造命，就不可能是现实上之造命，而只可能是逻辑上之造命；因为现实上可造者，已经不是命，是命的，根本就无法造。

所以中外思想史上之“造命论”，大都只讲到“逻辑地造命”为止，它承认命运存在，同时承认人可以“不谓命”；它承认命运存在，同时又不把“命”中一切归罪于外界。它教导众生，面对命运，面对自身之局限，吾人可以以超越胸怀对待之，而视命运为不足畏，视局限为无局限；面对命运，面对受命之不足，吾人可以将不足充而为足，将天命之未至推致至必至。有了如此胸怀，有了如此信念，吾人对于命运，难道还有怕惧吗？

著者对于“造命论”基本表示赞同，所不同意者，只有两条：①“造命论”没有明确指出“造命”之造是“逻辑上的造”，还是“事实上的造”，从而无以准确界定“造命”之特定内涵；②“造命论”只号召吾人“不怕命”，却没能指示吾人“不畏命”，从而无以向吾人澄明“存在”之最高真理。

“随命论”（Theory of Kismet）与“俟命论”（Determinism）

随命观念，也有极广大市场。有关此种命运之言论或理论，可称为“随命论”（Theory of Kismet）。“随命论”之基本主张是：人之命运的好坏，取决于人之行为的善恶；行善者必得福吉，为恶者必遭祸凶。

与此相关的，还有所谓随命、遭命与正命之区分：行善得福，为恶遭祸，是谓随命；行善遭祸，为恶得福，是谓遭命；不假操行，而福吉自至，是谓正命。本书不作过细区分，而以“随命”一语统称一切与行为善恶有关之命运。

“随命论”并非一种已经得到证实的理论；恰恰相反，在人类历史长河中，在人类生存竞争的舞台上，支持“随命论”的证据与否定“随命论”的证据，是相等的，甚至否定的证据，还要更多一些。我们看到，伟大作品中记载的，常常是好人得不到幸福，坏人却能获得最高的享受。但这并不意味着“随命论”失去了价值。不是这样的。不管否定的证据有多少，“随命论”始终是有其价值的，至少它表达了这样一个强烈的愿望：积善得福、积不善获凶应当成为强有力的、共同遵守的准则，行善者都能得到报偿，为恶者无一能逃脱惩罚；这样整个社会才会向着趋善去恶的方向走，才会少一点冤屈，多一些公平。

著者对于“随命论”之批评，主要有三条：①“随命论”把人之行为的伦理性质同命之性质联系到一起，从而认定行善者可以得福，为恶者必遭祸殃，是根本不通的，根本错误的；②“随命论”为保证其“福善祸淫”之目标的实现，引进“天”之观念，让“天”成为担保人与执法官，干预人事，并把“天”设定为至善至德、全知全能之天，是根本行不通的；③“随命论”认为自己之学说完全与“定命论”不相干，从而认定行为之善恶与命运之吉凶一律不为先定，是缺乏理论根据的。

俟命之观念，对于人类思想，也有极深远影响。俟命即是“听候命运”，亦即是听候命运之安排。在什么前提下听候命运安排呢？在向一个终极目标无限努力前提下，听候命运之安排。为什么在这样的前提下要听候命运安排？因为终极目标是不能放弃的，不管是在顺境还是在逆境中，不管是在超越还是在沉沦中，均不能放弃，均无法放弃。

正是基于这样的前提，“俟命论”（Determinism）主张：人生有一个终极目的，人当向此终极目的作无限极之努力，而不管命运待他如何；人能控制的只是其行为，他会遭遇如何结局，他管不着，他听候命运的安排。

就“终极目标”而言，这个目标可以是道德，也可以是金钱或权力。为了道德之提升、为了修善进德而作无限极之努力，不管命运待他如何，这叫“正向俟命论”；为了金钱之获得、为了权力之独断而作无限极之努力，不管命运待他如何，这叫“逆向俟命论”。

就性质或方向上说，“俟命论”大体上是“随命论”与“遭命论”之间的一个中道，就是既不完全相信行善得福、为恶遭祸之理，亦不完全相信行善遭祸、为恶得福之理；而是相信并希望，在大多数情况下，善者总会要得福、不善者总会要遭殃的；相信并希望，善者不得福、不善者不遭殃，只是例外，只是偶然与反常，不是常规。但这只是愿望，愿望实现与否，对俟命论者是无关紧要的。只要“终极目标”能够实现，祸福无足轻重，死生夭寿无足轻重，得失毁誉无足轻重，一切的一切，均是无足轻重的。

著者对于“俟命论”之批评，主要有两条：①“俟命论”虽不完全相信“随命论”，但却基本相信并希望善者在大多数情况下要得福、不善者在大多数情况下要遭殃，是有问题的；②“俟命论”将人生之最近目的上升为终极目的，认为为此终极目的（或是忠孝仁义，或是荣耀财富）之实现，人可以放弃一切、牺牲一切，是根本错误的，是其最大之缺陷。

附运命与杂命

运命与杂命，不在三款六式之中，在有关命运之著述中，可作为附录留存。

运命观念，至少对于中国人和印度人，同样是根深蒂固的。

“运命论”（Fatalism）认为：①吾人这一生，不过是前生行为的一个结果，亦不过是来世祸福的一个原因；②吾人此生之贫与富、贵与贱，此辈子命运之好与坏，无足轻重，因为它只是生生世世无限轮回之一环；③吾人此生不曾拥有的，来世会拥有，来世不能拥有，来来世甚或来来来世总会拥有，所以此生的不幸应当忍耐，并当无条件地去承受。

中国运命观念，是从印度输入的；佛教传入中华以前，在中国典籍中，我们找不到此等观念。“运命论”可以和“随命论”调和，亦可以与“随命论”无干。与“随命论”调和，主张行为善恶影响命运变迁者，可称为“有人称运命论”；与“随命论”无干，认为行为善恶不足影响命运变迁者，可称为“无人称运命论”。

按时间划分，“运命论”有现世的，亦有超现世的，前者关涉一世，可称为“一阶运命论”；后者关涉二世或三世，可称为“二阶运命论”。按空间划分，“运命论”有收敛式，亦有扩散式，前者表现为有限轮回，后者表现为无限伸展。

“运命论”的主要理论形态，有“死后世界说”（The world after death）、“轮回说”（Samsara）、“终始说”（Transmigration）及“安命论”等。

著者对于“运命论”之批评，主要有三条：①“运命论”中之“死后世界”说和“轮回”说，均以“随命论”或“报应说”为基础，从而均认定命运之变迁与人之行为之善恶，有密切关联，是不对的；②“运命论”中之“轮回”说设定一个来生，但却把此来生推到百世、千世以至无限量世，从而把未竟事业之完成、今生缺憾之弥补，亦推到无限遥远之未来，是不现实的，亦是不道德的；③“运命论”任意扩大命运之外延，认为今生之不幸导源于前世之作恶，今生之善恶又决定来世之祸福，从而根本不给人一个清白而公平的起跑线，根本使人永远与平等绝缘，是极其残忍的。

杂命只是有关命运之“众人语”或“百家言”，不是一种单独命观，可不单列。

附：著者命运哲学之梗概

著者对于命运，亦有一些最基本的看法。这些看法虽未必成熟，但其作为命观之一种而存于世，亦当无害大局。

著者对于命运的基本看法是：命运是命主本人通过自己的存在去落实的局限。详言之，命运是一种局限，但此局限是命主本人而非他人去落实的；命运是一种局限，但此局限是命主本人通过自己的存在而不是通过其他方式去落实的；命运是一种局限，但此局限是命主本人通过自己的存在去落实而不是去创造、改造的；命运是命主本人通过自己的存在去落实的，其所落实的必定是局限而不是无限，是缺乏而不是圆满。

命运应当具备如下特点：①它是内在于吾人存在之中，因而与吾人行为紧密相连的；②它是取决于吾人行为之强度，而不是取决于吾人行为之伦理性质的；③它是只关涉今生今世、此时此地，而与前世、来生无干的；④其具体内容与详尽细节，吾人事先无法知晓、无法预料，因而它是只存在于吾人行为终点的；⑤它在事实上是不可“造”的，它“不可怕”，但它依然是“可畏”的。

吾人最真实的命运只能是这样的：吾人生于此世，不得不从负面出发走向正面，从遮蔽出发走向澄明，从沉沦出发走向本真；吾人生于此世，不得不在人生之负面里去实现正面价值，在人生之遮蔽里去实现生存澄明，在生命之沉沦里去完成生命本真；吾人生于此世，离开负面更无以达于正面，离开遮蔽更无以达于澄明，离开沉沦更无以达于本真。吾人之最真实的命运，就是这样的。

班固等人对命之分类相当粗糙

班固（32—92），东汉著名史学家、文学家，字孟坚，扶风安陵（今陕西咸阳东北）人。出身儒学世家，父班彪，伯父班嗣，皆为当时著名学者。建武三十年（54）班彪过世后，班固开始在班彪《史记后传》基础上，撰写《汉书》，历时二十余年而成，入史学家之列；又为辞赋家，系“汉赋四大家”之一；又为经学理论家，编撰《白虎通义》而集当时经学之大成。

考察思想史，最早对命及命观做初步分类的，恐怕就是班固等人议定、班固执笔整理之《白虎通义》。该书“寿命”篇说：

命者，何谓也？人之寿也，天命已使生者也。命有三科以记验：有寿命以保度，有遭命以遇暴，有随命以应行。寿命者，上命也。……随命者，随行为命，……。……遭命者，逢世残贼，若上逢乱君，下必灾变暴至，夭积人命。

此处是将命运分为三类，一为“寿命”，决定人之寿数；二为“遭命”，决定遭受祸患；三为“随命”，对人行为之善恶作相应报答。这恐怕是最早对命进行分类的企图。在此之前，孟子虽也有“尽其道而死者，正命也；桎梏死者，非正命也”（《孟子·尽心上》）之说法，但它毕竟不是对命及命观的有意识分类，所以算不得最早。

班固等人对命的分类，是相当粗糙的。“寿命”其实不能算是命运之一种，它指的是“生命”，而不是“命运”（古人福寿并举，视寿为命运之一种，当然亦未尝不可，但吾人今天不能这样看）；“遭命”和“随命”亦可以合并，统称“随命”，因为“遭命”不过是“随命”之一种状态而已；如果其所说的“遭命”，与人之行为的善恶无关，当然又是另一回事情。

王充讲三命

王充（26—97），东汉哲学家，无神论者。字仲任，会稽上虞（今浙江绍兴）人。少孤，孝母。后到京城，入太学，拜班彪为师。以道家自然无为为立论宗旨，以“天”为天道观最高范畴，以“气”为核心范畴，彰显道家特质。《论衡》为其代表作。

与班固差不多同时，王充亦对命运作了分类。其代表著作《论衡》之“命义”篇云：

> 传曰：说命有三：一曰正命，二曰随命，三曰遭命。正命，谓本禀之自得吉也，性然骨善，故不假操行以求福而吉自至，故曰正命。随命者，勠力操行而吉福至，纵情施欲而凶祸到，故曰随命。遭命者，行善得恶，非所冀望，逢遭于外而得凶祸，故曰遭命。

三命之说法，见于《礼记》之“祭法”篇（引《纬书·孝经·援神契》而来）及《白虎通义》之“寿命”篇，原初意思，即如上文所述。此处王充作了全新解释。他改“寿命”为“正命”，视其为“不假操行以求福而吉自至”之命，便完全摆脱了“寿命”之“生命”义，而将其转换成“命运”之一种。这确是王充一个创举。他将“遭命”明确地定义为“行善得恶”之命，谓其与行为之善恶有关联，亦是一个不小进步。

但其分类依然不甚精准，不足为学者楷模。其视“随命”为“勠力操行而吉福至，纵情施欲而凶祸到”之命，是包含“行善得福、行恶获凶”两种状态的；相应地，“遭命”亦当包含“行善得凶、行恶获福”两种状态，而他只提到了其中一种。很明显，其分类之标准，依然尚欠周全。

王国维只讲“定命论”与“定业论”

王国维（1877—1927），近代中华学问研究上少有之大家，享有国际声誉之著名学者。初名国桢，字静安，亦字伯隅，初号礼堂，晚号观堂，又号永观，谥忠悫。浙江省海宁人。把西欧哲学、美学思想与中国古典哲学、美学相融合，形成自己独特之美学思想体系，精史学、古文字学、考古学、教育、哲学、文学、戏曲、美学等。

他在史学、文学、文字学诸领域，均有深刻而独到之见解。但其对于命学，却似乎研究不深。

他有一篇论命文字，叫《原命》，谓中国哲学上之“命”只有二义，一曰“定命论”（Fatalism），言祸福寿夭之有命；二曰“定业论”（Determinism），言善恶贤不肖之有命，而一切动作皆由前定。并谓所有中国哲学家，除墨子外，皆为“定命论者”。

此种见解实在过于武断：第一，他没有指明“定命论”与“定业论”之根本区别；第二，他不明白中国哲学上之“命”绝不止此两层含义；第三，他不知道中国哲学家，除墨子外，绝不都是“定命论者”。

王国维先生定义“定业论”说：

> 定业论者之说曰：吾人之行为，皆为动机所决定。……故吉人行为之善恶，皆必然的。因之吾人品性之善恶，亦必然的，而非吾人自由所为也。（《王国维遗书·原命》，上海古籍书店，1983 年）

显然，其所谓“定业论”，即是“意志自由论”之反面，即是“决定论”，亦即是著者所谓“定命论”。此等“定业论”，与其所谓“言祸福寿夭之有命”的“定命论”，没有任何区别，完全没有必要用两个名词去表示。

在著者看来，王国维先生所谓“定命论”（Fatalism）与“定业论”（Determinism），其实是同一种命观，即著者所谓“定命论”（Destinism）。王国维先生对此似亦有所觉察，故在文中又说：“我国之言命者，不外定命论与非定命论二种。”（同上）并说：“二者于哲学上非有重大之兴味，故可不论。”（同上）

是又不然。中国之言命者，有言定命论者，但没有言非定命论者，且中国之言命者，绝不止定命论与非定命论两种；再说中国哲学所言之命，并非没有重大兴味，可不论，恰恰相反，而是具有特大兴味，不可不论。著者以为，不明了中国哲学所言之“命”，便无以明了中国思想之“全体大用”。

傅斯年提出“五命说”

傅斯年（1896—1950），历史学家，“中央研究院”历史语言研究所创办者。曾任北京大学代理校长、台湾大学校长。字孟真，山东聊城人。祖籍江西永丰。先祖傅以渐生于山东聊城，是清代顺治年间首任状元。在史学研究方面，主张“上穷碧落下黄泉，动手动脚找材料”，重视考古材料在历史研究中的作用，同时注意将语言学等其他学科之观点方法，运用到历史研究中，取得较高学术成就，在现代史学上具有很高的地位。

主要著作有《东北史纲》第一卷、《性命古训辩证》《民族与古代中国史（稿本）》《古代文学史（稿本）》等。发表论文百余篇，主要有《夷夏东西说》《论孔子学说所以适应于秦汉以来的社会的缘故》《评秦汉统一之由来和战国人对于世界之想象》等。遗有《傅孟真先生集》六册。

傅先生对先秦之命学有独到见解。1940 年，他撰成《性命古训辩证》一书，以多半篇幅专门研究秦以前中国命学思想之发展。他认为东周命学，大略有五种趋势：“一曰命定论，二曰命正论，三曰俟命论，四曰命运论，五曰非命论，……。”（《性命古训辩证》中卷第三章，上海商务印书馆，1940 年）他分疏说：

> 命定论者，以天命为固定，不可改易者也。……命正论者，谓天眷无常，依人之行事以降祸福，周诰中周公召公所谆谆言之者，皆此义也。……俟命论者，谓上天之意在大体上是福善而祸淫，然亦有不齐者焉，贤者不必寿，不仁者不必不禄也。……命运论者，自命定论出，为命定论作繁复而整齐之系统者也。其所以异于命定者，则以命定论仍有“谆谆命之”之形色，命运论则以为命之转换在潜行默换中有其必然之公式。……非命论者，墨子书为其明切之代表，其说亦自命正论出，乃变本加厉，并命之一词亦否认之。（同上）

从其意义判定，傅斯年先生所言“命定论”，即著者所谓“定命论”；其所言“命正论”，大体相当著者所谓“随命论”；其所言“俟命论”，与著者所谓“俟命论”有关联，但意义大有不同；其所言“命运论”，与著者所谓“运命论”亦有关涉，但内容及含义出入很大。

傅斯年先生此段话之明显缺点是：

（1）所拟名词不仅不能准确表达先秦命学之特定内涵，更无以涵盖先秦及秦以后中外命学思想之总体发展；

（2）以“俟命论”而去表达“随命论”（他称为“命正论”）之一部分内涵，不突出“俟命”之终极目标，甚不合儒家及其他“俟命论者”之根本精神；

（3）以为“运命论”（他称为“命运论”）倡导“必然之公式”，且以为“运命”必与“随命”有关联，甚为不妥；

（4）视“非命论”亦为命观之一种，甚为不当，“非命论”既然“并命之一词亦否认之”，便不得视为一种命观。

依著者之命观分类，定命、随命、俟命、运命四种，傅斯年先生是大体说到了；但宿命、运命中之死后世界、轮回等，以及符命、造命，傅先生根本没有提及。可见其分类不当之一斑。

唐君毅亦讲“五命”

唐君毅（1909—1978），中国现代学者，哲学家、哲学史家，现代新儒家代表人物之一。四川宜宾人。1958 年与徐复观、牟宗三、张君劢联名发表现代新儒家纲领性文章《为中国文化敬告世界人士宣言》。1963 年香港中文大学成立，受聘为该校首任文学院院长和哲学讲座教授，1967 年任新亚研究所所长。

一生驰骋于东西哲学领域中，著作数量惊人，主要分为“泛论人生文化道德理性之关系之著”“评论中西文化、重建人文精神人文学术，以疏通当前时代之社会政治问题之一般性论文”之合集“专论中国哲学史中之哲学问题，如心、理、性命、天道、人道之著”“表示个人对哲学信念之理解及对中西哲学之评论之著”四类。此外还有《中西哲学思想之比较论文集》（1943）、《爱情之福音》（1945）、《青年与学问》（1960）、《说中华民族之花果飘零》（1974）、《病里乾坤》等。

其撰写的《中国哲学原论》之巨著，对中国数千年言命思想之发展，亦多有研究，并以“上命”“内命”“中命”“外命”“下命”五命之名，分类标示之。

“上命”大致是指天自上而下降命于人而人自下而上承当此命之命；

“内命”大致是指内在于人与人不可分割之命；

“中命”大致是指位于内外之交、来自外亦兼制自内之命；

“外命”大致是指外在于人之纯粹偶然性；

“下命”大致是指上命之翻转，视在天之上命即流行于人心之下命，视上天之指令即人实际之生存。

以上之解释，是著者对唐先生所言五命之理解，不一定十分准确；唐先生本人并未对五命之确切含义，明加界定。故其五命之说，除“外命”相当著者所谓“宿命”，含义较为确定外，其他各命均内涵、外延不明，无法以其作为命及命观分类之标准，更无法以其统贯中外命学思想之全体。

二、随命论支持慈善哲学

支撑中国慈善哲学之第一种命运哲学，就是随命论。

“随命论”（Theory of Kismet）是这样一种主张，它认为人之命运的好坏，取决于人之行为的善恶，行善者当得吉福，行恶者必遭凶祸，这是上天安排的，不得有误的。

又因为“随命论”这种命运观在大多数人心目中，尤其是在中国祖先心目中，是应然，是正途，故又可称为“正命论”。

“随命论”表达了这样一个愿望：积善得福、积不善获凶应当成为一种强有力的、共同遵守的准则，行善者都能得到报偿，为恶者无一能逃脱惩罚。这样整个社会就会向着趋善去恶的方向走，就会少一点冤屈，多一些公平。

墨子天定之说实际就是“随命论”

墨子（约前468—前376，一说前489—前406或前403），战国初著名思想家、政治家、军事家、社会活动家、自然科学家，墨家学派创始人。姓墨，名翟。有《墨子》一书传世，其中《尚贤》《尚同》《兼爱》《非攻》《节用》《节葬》《天志》《明鬼》《非乐》《非命》诸篇，是其弟子或再传弟子对他的思想言论之记录。主张“兼爱”“非攻”“尚贤”“尚同”等，反对强凌弱。在中国哲学史上产生过重大影响。作为鲁国“工匠”哲学家，史书描绘他“以裘褐为衣、以屐屩为服，日夜不休，以自苦为极”。

他一方面反对言“命”，另一方面又把“天”放到“命”的位置上去，让“天”来行使“命”的职权。把“命”赶走，是为了给人事留一点地盘；用“天”来取代“命”，证明他依然承认人事之有限。“天”可说就是“无人称之命”。

“天”与“命”不同之处，只有两点：①“天”比“命”离人更遥远；②“天”对人的支配只在大政方针层面，而“命”则对人的某些具体行动亦不放弃行使权力。

总之，墨子之“天”归根结底只是一个被推远、被放大的“命”，这样的天定之说，实际上就是随命论。

墨子不承认命运

墨子不承认命运，他认为贫富、贵贱、寿夭、治乱等，都是人自己可以去改变的。他举例说：从前三代圣王，禹汤文武治理天下的时候，说务必要表扬孝子，劝人事亲，尊重贤良之人，教人为善。所以他们出政令，施教化，必以赏善罚暴为主。这样天下的混乱得到治理，社稷的危险得到安定。

从前桀弄乱了的，汤给他治好；纣弄乱了的，武王给他治好。世界未变，人民未换，上面政策一变，人民也就跟着把风俗改了。同样的天下，到桀、纣手中就乱，到汤、武手中便治。其乱，是桀、纣之罪过所致；其治，是汤、武之力量所为。

安危治乱之关键，全在当政者之政治措施，怎么可以说是命呢？禹汤文武治理天下，扬名于世，怎么可以说是命呢？实在是由于他们力量所致！当今贤人君子，尊贤而爱好道术，上得到王公大人奖赏，下得到人民赞美，于是扬名天下，这也算得上是命吗？也不过是他们的力量而已。

推而言之，一国之治乱、一个人能否扬名于世，都不是取决于命，而是取决于人自己，前者取决于君主之智愚，后者取决于此人行为之善恶。墨子在不承认命运的基础上，进一步认定，“命”这东西是暴王创造出来、疲弱不肖的穷人传播开来的。

他继续举例说：禹汤文武能治理天下、声名远播，是由于他们的行为是善的，同样，桀纣幽厉丧失国家，臭名远扬，也是由他们之行为决定的。他们贵为天子，富有天下，不能矫正耳目私欲，放纵心里邪念，在外驰马射猎禽兽，在内沉溺于饮酒作乐，不顾国家百姓疾苦，做无用之事，暴虐百姓，以致丧失了他们的国家。他们不肯承认自己疲弱不肖，办事不力，而定要说“我命中本来是要失掉的”。

从前三代那些疲弱不肖的老百姓也是如此，他们不好好事奉父母和君长，憎恶恭俭，喜欢简易，贪嗜饮食，懒得做事，以致缺乏衣食之财，身受饥寒冻饿之忧。但是他们一定不肯说“我疲弱不肖，做事不勤勉”，必定要说“我命中注定要穷”。所以“命”这个东西，是暴王创造出来，疲弱不肖的穷人传开来的。

天比天子更高贵、更聪明

既然命运不存在，那么人能按照他自己意志去做一切他想做的事情，完成一切他欲完成的伟业吗？墨子又说不能，他觉得人的意志不是无上的。他解释说，老百姓竭力做事，不能任凭自己的意思去做，有士匡正他；士竭力做事，也不能任意去做，有公卿大夫匡正他；公卿大夫竭力做事，也不能任意去做，有三公和诸侯匡正他；三公诸侯竭力做事，也不能任意去做，有天子匡正他；天子也不能任意去做，还有天来匡正他。天下士君子知道天子管理三公诸侯士庶人，天下百姓恐怕还不明白天管理天子呢。

也就是说，人的意志不是无上的，但天的意志却是无上的。天支配天子，而不为其他东西所支配；天是最后的支配者，天比天子更高贵、更聪明。

对此，墨子特别阐述道：天子行善，天能赏赐他，天子若暴戾，天也能处罚他；天子若有疾病灾祸，必须要斋戒沐浴，准备洁净丰盛的酒饭，去祭祀天与鬼神，天就能除去其病灾。但却从来不曾听说天向天子祈福之事。先王书籍上也赫然写着“聪明圣哲的，就是天，将它的光明照临天下”，可见天的贵与智，是在天子之上的。

天的意志是无上的，并不是说天可以按照自己的意志去做一切事情。墨子认为，天并不做什么其他事情，天只做一件事，就是赏善罚恶。它自己就是至善至德的化身。天是全知全能的，人若有罪，是无论如何逃不脱天之惩罚的。历史上这样的事情有很多。

他举例说：得到赏赐的，有禹汤文武，因为他们上尊敬天，中祭祀鬼神，下爱护人民，人爱的，他们兼而爱之，人利的，他们兼而利之。遭到惩罚的有桀纣幽厉，因为他们上诟骂天，中诬蔑鬼神，下贼害人民，人爱的，他们别而恶之，人利的，他们交而贼之。天让禹汤文武贵为天子，富有天下，子孙世代不绝；而让桀纣幽厉不得善终，后嗣不继，让人们唾骂厌弃他们。这就是天的意志。

天乃是行善得福吉、作恶遭祸凶之担保人

墨子在前面否认命运，说禹汤文武与桀纣幽厉遭遇的不同，是由他们各自之行为造成的，而不是命运使然，现在这里却又说，是天赏赐了他们或者惩罚了他们，所以他们才有不同的结局。

这两者之间可以一致起来吗？墨子的回答是“可以”，他解释道：天乃是行善昔必得福吉、作恶者必遭祸凶的一个担保人。行善修德之事，是禹汤文武自己完成的，而其得扬名善终，则是天给的；作恶暴民之事，是桀纣幽厉自己完成的，而其得遭唾骂、不得好死，则是天施加的。

天有自己之标准，这就是义。符合义的，就让它生存，不符合义的，就让它灭亡；符合义的，就让它富足，不符合义的，就让它穷困；符合义

的，就让它得到治理，不符合义的，就让它陷入混乱。天是没有任何偏私的。

定命论者说，人的高贵、贫贱、寿夭是命决定的，墨子说不是命，而是天决定了这一切。那么，命定与天定有什么根本的不同吗？

墨子没有明确地说两者之间有根本不同，但他指出两者之间存在显而易见之区别。

首先，他觉得只有暴者或不正直之人才言命，对于圣王或正直之人来说，只有天，没有命。他毫不客气地批评命定者：主张有命的人说，上面所罚，是命中注定的，并不是因暴而罚的。像这样，为君即不义，为臣即不忠，为父即不慈，为子即不孝，为兄即不良，为弟即不悌，他们硬说这是由于命，简直就是恶言之来源，“暴人”所持之道理了。不正直之“穷民”，贪逸懒惰，致使衣食不足、饥寒交迫，他们不承认这是自己用力不够所致，硬说是命中注定，无非是自己找个托词而已。

其次，与命定不同，墨子认为天定并没有否定人之行为的意义，恰恰相反，天并不乱点鸳鸯谱，只根据人之行为的好坏加以奖或施罚。

最后，命定论者认为人之贫富忧乐与生俱来，后天任何努力都不能改变它。而墨子天定说，则认为这一切都出现于人的行为之后，不是与生俱来的。

天定之说在《诗》《书》中早已存在

实际上，墨子所倡导天定之说，在《诗》《书》中早已存在。可以说，天定之说乃是中国祖先对于命运最早的，也是最为普遍之见解。

当中人喊“天”时，他心中之“天”，也正是此“天定”层面上之“天”。此种天定之说，包含了几个基本要点：

（1）天没有偏私，它既不独属某一民族，也不独属某一特定个人。就是说，它不会把某一命运永远安置在某个人或某个民族身上。《诗经》上说“帝命不时”“天命靡常”（《诗经·大雅·文王》），就是这个意思。天未尝预定谁居王位，它随时可以降下新的命令，让另一人为王。同样，它也可以把一份不好命运从一个人身上拿走，而放置到另一个也许原来命运很好的人身上去。

（2）命运在某个人身上逗留之时间，可以通过这个人自身之行为而延长或缩短。天降好命于有德之人，有德之人受命以后，若是更加顾命敬德，其命就可以延长。因为人愈是敬德，天愈是降命于他，天愈是降命于他，他愈是会顾命敬德。如是推演，此人当能自永其命，而天降之命愈能继续不已。所以《诗》《书》中常有“人当修德以永命”等说法。人王若不能以修德以自永其命，天就只好授命于他人，以完成自身之“于穆不已”。

（3）天并没有给人预定未来，因为天之降命是后于人之修德，而不是先于人之修德的。人自己之未来，是人自己去建设的，天只是给人匡正方向，让人朝着“德”、朝着“善”的层面走。《诗经·大雅·文王》说文王“厥德不回，以受方国”，《书经·康诰》说天之所以降命于文王，是因为他“克明德慎罚，不敢侮鳏寡，庸庸，祇祇，威威，显民”，其修德在先，受命在后。

既然天没有给人预定一个未来，人在受命前与受命后，都会有事可做。受命前，人以自己之努力祈求好命来到自己身上；受命后，当更为勤勉，以使这份命运不要离自己而去。所以天降命于人，不仅是对此人过去行为之报偿，更是给此人带来了修德不已之责任。人之受命，是过去生活之终点，更是新的生活之开端。

此等天定之说，实际上就是“随命论”。此种“随命论”主张，在中国源远流长。它好像是大多数中国人深信不疑的一种命运，深刻影响到中国慈善哲学之构建。

王充以“定命论”反驳“随命论”

对墨子所持此等天定之说，王充采取毫不犹豫的否定态度。他依然用其一贯坚持的“定命论”，来反驳“随命论”。

他说：人之贫富贵贱，跟人之寿命长短一样，都会在身体面貌上表现出来。人之寿命长短，皆禀于天；人之骨相善恶，皆可见于体。命当夭折者，即使具有与众不同之良好操行，终不得长；命当贫贱者，即使具有善行，也终究得不到富贵。项羽临死前对周围人说：我的失败是由于命，不是由于用兵错误。这话是对的。为什么这样说呢？因为项羽用兵，实际上要超出高祖一等，高祖能够取胜，实是由于天。

也就是说，在王充看来，人之成败、吉凶、祸福，是与人操行之善恶，没有必然联系的。这与古书上提到的“不假操行以求福而吉自至”之“正命”，有不谋而合之处。

王充不同意“随命”与“遭命”之说

基此，对于古书上提到的另外两种命，即“随命”和“遭命”，王充当然不敢苟同。这两种命运，都跟人之操行善恶有关联，前者是“勠力操行而吉福至，纵情施欲而凶祸到”之命，后者是行善得凶祸，作恶获吉福之命。

王充说：人之命运的吉凶，在父母交合时，就已经定下来了。要知道性跟命是两个东西，有时性善之人命凶，性恶之人反而命吉。人之操行善恶是性，人之祸福吉凶是命。行善之人得祸，是因为他性善而命凶；行恶之人得福，是因为他性恶而命吉。性之善恶是一回事，命主吉凶又是另一回事。

命吉之人，即使他不行善，也不一定无福；命凶之人，即使他努力修养操行，也不一定无祸。孟子：有些东西可以去追求，但能否得到却是命决定的。性之善可以去追求，命之吉却是可得而不可求的。性善命凶，就是求之而不能得之例。如果说做了坏事，灾祸便一定到来，盗跖、庄蹻横行天下，聚党数千，攻夺财物，断斩人身，残暴到了极点，是应当遭祸的，但他们却以寿终。碰到这种情况，“随命”之说怎么能够成立呢？

“遭命”是说行善于内、遭凶于外，像颜渊、伯牛等人，为什么会遭到凶祸呢？颜渊、伯牛都是行善之人，依“随命”之说，当得福佑，为什么反而遭凶？颜渊读书劳累过度，丧失了性命；伯牛老老实实待在家里，得了不治之症。至于屈原、伍子胥，他们尽忠辅上，竭尽臣子之力，前者被楚流放，后者被吴烹尸。行善之人当得随命得福，为什么反而陷入遭命之祸呢？

所以王充认为讲“随命”，就不能讲“遭命”，讲“遭命”就无法讲“随命”，所谓“遭命”“随命”之说，是没有根据的。他认为命在人一出生时，就已经固定，表现在骨相体貌上了。现在人们说命随操行而变化，是把命放到人出生以后，没有抓住命运之根本。富贵贫贱，都是决定于最初禀气时，不是在人长大后随着操行善恶才有的。

既然决定人之吉凶祸福的，不是操行之善恶，那又是什么呢？王充认为是禀气之厚薄。至于修智进德，他认为这并不是很重要的事情。

人有命、运、遭、遇、幸、偶等种种变故

按照王充说法，人生在世，有吉凶之性命，有盛衰之祸福，再加上可能碰到的遭、遇、幸、偶之种种变故，要想能正常地度过一生，始终保持自己之操行，实现自己胸中抱负，是非常非常困难的。

坎坷身世在王充心中投下的阴影，并不轻。人们常说“积善之家必有余庆，积不善之家必有余殃”，又说“天道无私，常与善人”，这些倡导“随命论”的话，成为圣人达士之格言、世世代代之行为准则。它表示人们自己完成某些善行，福吉就可随之到来，做了某些坏事，就有东西来惩罚他。

这样说来，既然圣人之行为，是无往不善的，把他的善积累起来，其门庭当历代不衰；那些不做任何好事、专干坏事之恶人，其门庭亦当百世衰微。这样福善便固定在圣人一方，祸淫便固定在恶人一方，后世之修善进德，还有什么用呢？

另外，我们常可见到那些严于律己、勤奋努力、遵守道德规范、言语和行为并没有伤害别人之人，遭到天罚人骂；而那些坏事做尽、任性恣情、肆行暴虐之徒，反而得享荣华富贵、子孙繁炽之福。这样看来，说积善就能得到好报，究竟有什么根据呢？

戴逵质疑“积善积恶”之说

戴逵（326—396，一说？—395），东晋著名美术家、雕塑家，字安道，谯郡铚县（今安徽濉溪）人。居会稽剡县（今浙江绍兴嵊州市）人。

终身不仕，初就学于名儒范宣，博学多才，善鼓琴，工人物、山水。首创中国式佛像，并且创造夹纻漆像做法，把漆工艺技术运用到雕塑方面，是今天仍流行的脱胎漆器之创始者。其在南京瓦官寺所做五躯佛像，与顾恺之《维摩诘像》及狮子国（锡兰岛）玉像，合称“瓦官寺三绝”。

著有《竹林七贤论》二卷、《戴逵集》九卷，均已佚失。仅存论述积善积恶问题之《释疑论》（载于《广弘明集》卷二十）以及其他短篇文字若干篇，收于《艺文类聚》《全晋文》等书中。

“积善积恶”之说没有现实而充分之根据

司马迁说过，天之报施，怎么会只给善人呢？荀悦也说，那些诡计多端、狡诈奸佞之人，安安稳稳过完一生，而那些品行端正、遵循事理之人，却不能免于饥寒之患。他们两人早已对上面的说法提出过疑问，只是后人没有仔细分析。

东晋文学家戴逵，多才多艺，性格刚烈，对“积善积恶”之说，有自己的解答。他指出，“积善积恶”之说，没有现实而充分的根据，只不过是圣人为了劝勉人们向善去恶设立的某种教导。

在《释疑论》中，戴逵说：大概人唯有依资善恶之性才能生长，禀受五常之气才能发育，性有长短之期，故有长寿与夭折之殊，气有精粗不同，故有贤明与愚钝之别，这都是很自然的道理，无法改变的。颜回大贤，却早夭绝嗣；商纣极恶，却平安发达；夷叔至仁，饿死穷山；盗跖肆虐，富乐自终；比干忠正，死于非命；张汤酷吏，七世昌盛。凡此种种，不可胜数。圣贤尚且如此，常人又能如何。

所以他认为，贤愚善恶、修短穷达，大概都各有命定，不是后来行为引致的。天地那么辽远，阴阳那么广大，人在其中，简直比梯米之在太仓、毫末之在马体还不如！一个人每一个行为，其习惯，其善恶，都决定于冥冥之中，欲改变自然之长寿与夭折，欲更易天生之愚钝与贤明，是绝没有可能的。但是人们又经常说起“积善积恶”之类的话，这大概是为了劝勉教化别人吧。

为什么这样说呢？戴逵解释说：人生而静，这是天性，感物而动，这是本来欲念。欲念一出现，就会产生很多问题，为了解决这些问题，圣人便根据神道来设教，来理顺、引导或者抑制这些欲念，让它停留在某种适度范围里。他们又设礼乐，来启发人们之智慧；设名法，来约束人们之行为。贤者依靠这些东西成其志，不肖者希望达到这些标准而免其过，使孝友之恩深、君臣之义笃、长幼之礼序、朋执之好著。

违背这些准则，便成了失道之人，别人就会讥讽议论他；遵守这些准则，则成为名教之士，别人就会称赞嘉奖他。这样一来，人们做事想问题，就一刻也不会忘记善了，又何必把圣人设立的那些东西当成实际存在者，时时想着得到报应呢？如果能够体会圣人设教之良忠用心，懂得善恶穷达各有分命之理，就可豁然开朗、心情通畅，不祈求有什么报应了。

“随命”之状态并非实际存在

换言之，戴逵的意思是，我们不能把“随命论”当成一种实际存在的状况，只能把它当成一种理想，一种圣人设立的教导。

一般说来，劝教之设一定得笃实而直率，为训之方，不可偏于一端而忽略另一端，那么圣人怎么可以将那些空洞不实而又偏执一端的言论设为教导呢？

对此戴逵亦有回答，他说：“积善积恶”之说也许是空洞偏执的，但却是根据天理人心的，因为善恶就是由天理而来，是非就是由人心而出。所以圣人这样设教，可说是因了天理、顺了人心。幽怀体仁者，把这当成本来就有的东西而高兴；肆情出轨者，会顾及这种教导而有所收敛。圣人这样做是可以的。

戴逵承认“随命论”尽管可以用来劝勉教化，但却不太真实，由此可以推论出，根本不存在所谓支配人间善恶的冥司。戴逵用应然状态和实然状态的对照来说明这一点，他说：如果真有一个冥司，这冥司之所作所为，就应当像治理国家一样，像当一个家的家长一样，对善行无微而不赏，对恶行无细而不罚，使修行者保持其朴素品德，使极坏之人受到严厉制裁。这样一来，积善之家才能被余庆于万世，积不善之家才能遭祸殃于永久。

现在情况不是这样，有时是恶深而莫诛，有时是积善而祸臻，有时是履仁义而亡身，有时是行肆虐而降福，岂不是没有冥司而自有分命吗？人一生下来，性情命运就已固定，善者自善，不是他出生后行善才得到善；恶者自恶，不是他本没有恶，长大后行恶才招致恶。

所以戴逵认为，穷达善恶、愚智寿夭，无非分命；分命在一开始就固定下来，人的行为又怎么能够改变它们呢？正因为如此，他才说“积善积恶”之说只是劝教之言。

“随命论”可以表达一个美好愿望

根据戴逵的见解，可以推出如下结论：

（1）“随命论”只是表达了人们的一个美好愿望，就是自己做了一件好事时，有人能发现他、夸奖他、报偿他；别人做了一件坏事时，也希望冥冥中有个支配者去纠正他、教训他、惩罚他。

这种愿望的背后躲藏着很大的功利心理和唯我主义。一方面是自己，做了好事最好有报偿，做了坏事最好不要让人发现，更不要遭到惩罚；另一方面是他人，做了好事最好别人不知道，做了坏事最好让大家都知道，当这种坏事是冲“我”而来而“我”又无力抵抗的时候，最好有个“冥刊”站类似的执法官帮助“我”。所以“随命论”之潜在出发点是自我。

（2）即使不是如此，“随命论”也只是表达了这样一个愿望：希望积善得福、积不善获凶成为一种强有力的、共同遵守的准则，自我和他人、大事和小事、有人知道的行为和无人知晓的行为，都处于这一准则的约束之下，做好事的人都能得到报偿，做坏事无一能逃脱惩罚。这样整个社会就会向着趋善去恶的方向走，就会少一点冤屈、多一点公平。

（3）戴逵说：“积善之家必有余庆、积不善之家必有余殃”只是一种理想的状态，不是一种实际存在的状态，就是说，“随命论”在现实生活里并没有充分的根据。那么实际存在的状态是什么呢？是“遭命”吗？好像也不是，因为并不是每个行善之人都遭凶祸，也并不是每个积恶之人都享福吉。是“随命”与“遭命”之间的某种中间状态吗？好像也很难说得通，因为这等于说某些善行得报偿、某些恶行遭惩罚，这跟没说没什么两样。因为这样的状态是我们经常见到的，我们的目的不是描述这种状态，而是提出一种理论去说明这种状态。

那我们又该如何“随命论”呢？这种学说若不能成立，那它为什么在人们心里如此根深蒂固？它究竟错在哪里？若是它可以成立，为什么又有那么多人反驳它，认为它没有现实根据？

我们现在必须更进一步，要问，即使它是有根据的，它是否就能够真正完全地成立？即使如戴逵所说，它只是圣人设立的劝教之言，我们只把它当成劝教之言去看待，这样一来，我们是否就不能再对它有所指摘？

荀子讲“天”不支配人间吉凶祸福

在前文，墨子就已说过，“随命论”要能成立，必须有“天”作担保，如果“天”不存在，它便无法实现它那一整套理论。这个“天”是洞察一切、公正无私的裁判官和执法者，正是因为有了这个“天”，行善之人才能享受福吉，作恶之人才有可能遭受惩罚。

现在的问题是，这个至德至善、全知全能的“天”存在吗？若是存在，它又在哪里呢？

赵国的荀子对“天”的问题作出了解释。

荀子（约前313—前238，一说约前336—前236），著名思想家、文学家、政治家，尊称“荀卿”。名况，字卿，战国末期赵国人。西汉时避汉宣帝刘询讳，又称孙卿。曾三次出任齐国稷下学宫祭酒，后为楚兰陵（今山东兰陵县）令。对儒家思想有所发展，主张人性有恶，否认天赋道德观念，强调后天环境和教育对人的影响。

荀子才华出众，饱经风霜，所著《天论》，讲“天”是在人之外，不以人的意志为转移的，认为“天”不会因为人们怕冷就停止冬天的来临，地也不会因为人们怕辽远而不再广阔，就像君子不会因为小人的闲言碎语而停止他的善行一样。“天”有它固定不变的规律，地有它固定不变的理数，君子有他固定不变的体验。

而且他心中之“天”，亦是不能支配人间吉凶祸福的。人之吉凶、贫富、祸福，不是“天”造成的，而是人自己通过自己行为造成的，他说：

天有它自己的运行规则，人不能影响它，它也不能影响人。人以治来应对它，就是吉，以乱来应对它，就是凶。增加生产，减少消费，天不能使之贫；养生周备、动作适时，天无法使之病。修养德行，始终如一，天无法祸害他；如果情况相反，不事生产，奢侈浪费，天不能使他富。养生过于简略，又很少运动，天无法保证他的健康；违背道义，胡作非为，天没法使他吉祥。吉凶、贫富、福祸，以及病与不病，都不能归之于天。天和人是分开的，懂得这个道理的人，可以说是“至人”了。

这意味着，并不是“天”主动来赏罚人之行为，而是以自己行为去应对“天”，与“天”相合的，就是吉福，与“天”相违的，便遭凶祸。

随命论者说，人之吉凶祸福是“天”行使其赏善罚恶权力以后才有的，人之行为的善恶，是其获遭福祸的原因和根据。荀子却说，人之吉凶祸福，是人自己造成的，“天”并不干预人事，人事合乎天道时就有吉有福，人事违背天道便有凶有祸。

“天道”一词，是荀子“天”论的一个关键概念，有其特殊内涵，“天情”“天官”等一系列概念，均与此有关。

荀子首先对与“天道”有关的这一系列概念，进行了特殊界定：好恶喜怒哀乐是天赋予人的，所以叫它“天情”；眼耳鼻舌身各有各的任务，不能相互替代，是规定好了的，所以叫作“天官”；天又让心来统管这五种官能，所以心又叫“天君”；人利用其他的动植物来养活自己，这是天规定好了的，故叫“天养”；顺着天的条理法则就能得福，违背天的条理法则便要遭祸，这种情况叫“天政”。暗了“天君”，乱了“天官”，丢弃“天养”，违反“天政”，背离“天情”，因而丧失“天功”，这就叫作“大凶”。

荀子所说“天道”之内容，主要就是他上面所说的“天情”“天官”“天君”“天养”“天政”等，亦就是自然赋予人的最基本东西。他说圣人对这些东西很清楚，所以能正确地清其天君、正其天官、备其天养、顺其天政、养其天情、成其天功，这样圣人就能够知道哪些是可以做的，哪些是做不得的。违背“天道”，就好像用眼睛吃饭说话，用嘴巴看东西，那就离凶祸不远了。

总之，荀子认为，“天”是存在的，只是它并不干预人事，它跟人事分离，它没有赏善罚恶的权力。君子与小人的不同，正是取决于他们对“天”的态度，对此荀子说：天是在外者，人事是在己者。所以君子常常是敬其在己者，而不慕其在天者，小人则是弃其在己者，而慕其在天者。敬在己者，不慕在天者的人，每天都有进步；弃在己者，慕在天者的人，每天都在退步。君子之每天进步，与小人之每天退步，道理是一样的。

既然一切都在人事，那古代国君，为何遇到日食月食，就恐惧修省，振新吏治；遇到天旱不雨时，就雩祭祷神，为民求雨；有大事不能决定时，就谋之蓍龟，决于卜筮？荀子回答说，这一切都只不过是政事之文饰，不过是做表面文章，用以安定人心、掩人耳目罢了。

值得一提的是，虽然荀子一直坚持认为，人不能违背天道，如此才能得福吉，但他的“天论”发展到最后，却走向了自己观点的反面，变成了要去控制天道，甚至改变天道。

荀子不能保证顺应天道的人，尽得福吉，违背天道的人，全遭祸凶，所以他又觉得光是顺应天道是不够的，还必须有更为大胆之举措。那就是：

与其以天为尊大而思慕它，不如把天当成一物看待去制裁它；与其跟在天后面对它歌功颂德，不如控制天命去利用它；与其观望等待，不如适应春夏秋冬的气候而使四时为我们所用；与其让物自然繁殖，不如采取一些人工手段增加它的产量……

附《荀子·天论》原文

天行有常，不为尧存，不为桀亡。应之以治则吉，应之以乱则凶。强本而节用，则天不能贫；养备而动时，则天不能病；修道而不贰，则天不能祸。故水旱不能使之饥渴，寒暑不能使之疾，妖怪不能使之凶。本荒而用侈，则天不能使之富；养略而动罕，则天不能使之全；倍道而妄行，则天不能使之吉。故水旱未至而饥，寒暑未薄而疾，袄怪未至而凶。受时与治世同，而殃祸与治世异，不可以怨天，其道然也。故明于天人之分，则可谓至人矣。

……

治乱，天邪？曰：日月星辰瑞历，是禹、桀之所同也；禹以治，桀以乱，治乱非天也。时邪？曰：繁启蕃长于春夏，畜积收臧于秋冬，是又禹、桀之所同也；禹以治，桀以乱，治乱非时也。地邪？曰：得地则生，失地则死，是又禹、桀之所同也；禹以治，桀以乱，治乱非地也。……

天不为人之恶寒也辍冬，地不为人之恶辽远也辍广，君子不为小人之匈匈也辍行。天有常道矣，地有常数矣，君子有常体矣。君子道其常，而小人计其功。诗曰："礼义之不愆，何恤人之言兮！"此之谓也。

楚王后车千乘，非知也；君子啜菽饮水，非愚也；是节然也。若夫志意修，德行厚，知虑明，生于今而志乎古，则是其在我者也。故君子敬其在己者，而不慕其在天者；小人错其在己者，而慕其在天者。君子敬其在己者，而不慕其在天者，是以日进也；小人错其在己者，而慕其在天者，是以日退也。故君子之所以日进，与小人之所以日退，一也。君子小人之所以相县者，在此耳。

星队木鸣，国人皆恐。曰：是何也？曰：无何也。是天地之变，阴阳之化，物之罕至者也。怪之可也，而畏之非也。夫日月之有蚀，风雨之不时，怪星之常见，是无世而不常有之。上明而政平，则是虽并世起，无伤也。上暗而政险，则是虽无一至者，无益也。夫星之队，木之鸣，是天地之变，阴阳之化，物之罕至者也。怪之可也，而畏之非也。

……

雩而雨，何也？曰：无何也，犹不雩而雨也。日月食而救之，天旱而雩，卜筮然后决大事，非以为得求也，以文之也。故君子以为文，而百姓以为神。以为文则吉，以为神则凶也。

在天者莫明于日月，在地者莫明于水火，在物者莫明于珠玉，在人者莫明于礼义。故日月不高，则光晖不赫；水火不积，则晖润不博；珠玉不睹乎外，则王公不以为宝；礼义不加于国家，则功名不白。故人之命在天，国之命在礼。君人者，隆礼尊贤而王，重法爱民而霸，好利多诈而危，权谋倾覆幽险而尽亡矣。

大天而思之，孰与物畜而制之？从天而颂之，孰与制天命而用之？望时而待之，孰与应时而使之？因物而多之，孰与骋能而化之？思物而物之，孰与理物而勿失之也？愿于物之所以生，孰与有物之所以成？故错人而思天，则失万物之情。……

三、俟命论支持慈善哲学

支撑中国慈善哲学之第二种命运哲学，就是俟命论。

俟命论（Determinism）这样来看待命运：人生有一个终极目的，人应当向此终极目的作无限极之努力，而不管命运待他如何；人管得着的，是他的行为，他会遭遇一个怎样结局，他管不着，他听候命运安排。

俟命论之成立，应当是基于这样一个基本信念：相信善者在大多数情况下，是要得福的，不善者在大多数情况下，是要遭殃的；善者不得福、不善者不遭殃，只是极为例外之情况，只是偶然出现的某种反常。

也就是相信，以统计学上讲，善者得福、不善者遭殃所占百分比，要比善者遭殃、不善者得福所占百分比，大得多，至少不会是平分秋色。

此等基本信念，是在“随命论”（谓善者一定得福，不善者一定遭殃）和“遭命伦”（谓善者一定遭殃，不善者一定得福）均遭到怀疑和批判的基础上出现的。它在现实和理想之间，作了常人所能接受的调和。

孟子是彻底“俟命论”者

谈到俟命论，首先应该提及的是邹国的孟子，孟子一生，其实不过就是俟命论之一个实践。

孟子有理想，有抱负，至死都不愿放弃自己之“仁政”理想。为了这“仁政”，他环游邹、梁、齐、燕、薛、滕、鲁七国，肯求，失败，再肯求，再失败，劳累奔波十多年，直到六十三岁高龄，才在无可奈何情形中，依依惜别他寄予很大希望的齐王和齐国，回到自己的故里。

他几乎耗尽一生中最宝贵的光阴于政治，到头来除了那方圆不足五十里的小小滕国，除了面对强国无能为力的滕文公，勉强接受其主张以外，几乎没有哪一国是真心欢迎他，没有哪一个君主是真心依据其说教去做的。

孟子一生，可以说是历代文人命运之缩影。

孟子所倡导的俟命论，用他自己的话简单概括，就是："求则得之，舍则失之，是求有益于得也，求在我者也。求之有道，得之有命，是求无益于得也，求在外者也。"

人一生中，有很多东西是追求不到的，因为人生有诸多局限。是不是去追求，取决于我们自己；但能不能得到，只能归诸命运。

孟子所言追求，当然是指修善进德和追求仁义。他相信真正的"志士仁人"，即使追求仁义会招致祸患，舍弃仁义反可以得享富贵，他们仍然会选择追求仁义，因为他认为真正的"志士仁义"，是只管耕耘，不计较收获的。

他比喻说，修善进德、追求仁义，就如比赛射箭，你端正姿势，把箭发出去，竟然没有中靶，这就只能怨你自己的命运了。你端正姿势，这是你做的；是不是中靶，这是命安排的。

他认为对待仁义之追求，应该有一个正确的态度，这就是要做到得志时，就和老百姓一同前进，不得志时，就独自实践所守之正道。"富贵不能淫，贫贱不能移，威武不能屈"，他觉得这样的人才是真正的人，真正的大丈夫。

孟子的意思很明确，这就是：一个人，不管命运待他如何，不管等待着他的是什么，也许是祸、是凶、是穷、是贱，他都得去修善进德，都应该去追求仁义。

哪些东西可求而不可得，哪些东西可得而不可求，孟子对此有明确之所指。他说：仁义礼智，是完全可以追求得到的，因为它们就内在于我们的本性中；而富贵声色，却是不可强求的，它只能被人"得"或者不被人"得"。

正因为仁义礼智内在于我们的本性，可以追求得到，所以君子不把他们归诸命运；正因为富贵声色可得而不可求，所以，尽管它们是人的天性之所需，君子却并不把它们当成内在于人之本性的东西，而只把它们归诸命运。

易言之，孟子认为有两类东西，一类是仁义礼智，一类是富贵贫贱。前者是必须去强求的，它强求得到；后者是不可强求的，它也强求不到。前者属于人力范围，后者属于命的范围。

但孟子又表示，不能说前者与命运就没有一点关联，因为每一个修善进德者，都不希望自己得到痛苦，都希望自己幸福。就是说，尽管我们不是为着幸福吉祥才去追求仁义的，但我们在追求仁义时，却希望得到幸福吉祥，希望自己走好运。

福吉不是我们行为之目的，但却是我们所期望的，孟子把期望藏在心里，把结局归诸命运，却把追求过程留给自己。他说：我们悼念死者哭得很悲伤，不是做给活人看的；我们依道行事不违背礼节，不是为了谋求官职；说话讲求诚实，不是为了让别人知道自己行为端正；同样，君子追求仁义，依法度行事，也不是为了什么外在的目的。他管得着的，是他的行为，他会遭遇一个怎样结局，他管不着，他只得听候命运安排。这就是他所谓“俟命”。

只有修善进德者所接受之命才是“正命”

依照孟子的俟命之说，就出现了两种情况，一种是修善进德之结局，一种是不修善进德者之结局。

修善进德者若得福吉，我们说他命好；若是反遭祸殃，我们说他命不好。不修善进德者若得福吉，我们也说他命好；若是他恰好遭了祸殃，我们视之为理所应当。

就“命好”而言，孟子认为，修善进德者之命好，与不修善进德之命好，是不一样的，不具有同等价值。他认为，只有修善进德者所接受之命，才是“正命”。他说：尽管他们都是命好，但修善进德者走的是正道，是顺理而行，所以他们所接受的命是“正命”；不修善进德者走的是邪道，是不仁不义，尽管他们得享富贵，但他们所接受的命却是“非正命”。

这就正如两个死者，一个是为追求仁义而死，一个是因为犯罪而死，这两种死是不能有同等价值的。

同样，孟子认为，修善进德者之命不好，与不修善进德者之命不好，也有根本区别。他解释道：修善进德者尽管没有得享福贵，但其行为却是人对待命运之正确方法；不修善进德者尽管得享富贵，但其所作所为却不是对待命运之正途。

保持本心，培养本性，这是对待“天”之方法；无论寿命长短，都不三心二意，一心只是修善进德，听候命运安排，这乃是安身立命之方法。

一个人，应当全心全意地修善进德，不管命运待他如何，这就是孟子所谓“俟命”。这样的一个人，当然是令人尊敬的。但设身处地地想一想，这样的一个人，命运待他好，我们不说什么；若是命运待他不好，我们又该怎么说呢？我们可以感慨天老爷瞎眼，埋怨天志闭塞、天心摇落吗？

天志不会闭塞，天心也不会摇落

孟子是既不感慨，也不埋怨。他认为天志不会闭塞，天心也不会摇落，天终究会给一份正当生活予善人。即使天暂时做不到这一点，也没有关系。顺境与逆境、好运与背运，均是人“安身立命”的好场所。

所以孟子告慰世人，没有哪一种生活纯属多余的，人在一切境遇里都可以成就自己。天志不闭塞，天心不摇落，因为我们之任何行为，都是在体现天道，“天”原本就不是在我们之外的。

我们顺利时，因修善进德而得福；我们不顺利时，天以这不顺利昭示我们，对于某些东西我们当有所不为。只要我们诚心尽道，夭寿、生死、穷达、得失，无一不是我们理想之活动场所，我们所遭遇的一切，好的和坏的、顺的和逆的，无一不是天、不是命。

我们遭遇逆境，遭遇道之不行之时代，原本由不得我们自己；我们遭遇逆境，遭遇道之不行之时代，原本由不得我们自己。我们或如武王周公之以文王为父，或如舜之以瞽叟为父；或如周公召公之以武王为君，或如比干之以纣为君，这一切原本也不取决于我们。在这时候，我们诚然是被限制的，我们感受到自身之局限，但我们依然不能埋怨天志闭塞、天心摇落，因为道不行于外，却仍在于内。

当道不行于外时，我们或杀身成仁，或隐居求志，而且不怨天尤人，这本身也是在彰显天道，也是天命之所在。我们在环境逼迫下求而不得时，并不枉道求得以违义，而是安于此限制、此逼迫，这也是天命之要求。我自之命者，即天之命我者。

当我们这样去理解我们的生活时，天命便永无断绝之日。因为天命是否断绝，并不在于此道是否行于外，而是在于我们自己是否愿意去担负此道。我们若去担负它，则人道立天道亦立，人命立天命亦立。所以天命、天道，不仅不会断绝晦盲，而且会因我们自己之努力，因这人道之无极限，而更加彰显其无限而永恒之在。

人之无限极的努力，使天之命更加彰显于世，孟子把这叫作“立命”。

李康倡导“道不可屈，名不可夺”

人以无限极之努力，去修善进德，而不管命运待他如何，孟子此种“俟命论”（Determinism）理想，是无上高远而伟大的。人以一己之有限、短暂而有缺失之存在，通过这无限极努力，使天命更加彰明于世，此一“立命”壮举，更给人添加了“茫茫宇宙唯我独尊”之豪迈。

但人之一生终究为何，人活一辈子仅仅是为了追求仁义礼智、追求良操善行吗，人之修善进德可以作为人这一生之最终目的吗？

如果答案是肯定的，那么为什么几乎每个人都去追求荣华富贵；如果答案是否定的，那又有什么东西可以作为人生之最终目的。

人类之奔波劳碌，人类之一切创造和发明，为了什么，不就是为了人自己生活得更好、为了人自己得享幸福平安吗？不管这一目的最终能不能达到，人类一切行为之最初动因肯定是这样的。人类是为了幸福平安才去劳作的，这劳作或许最终并不能招致幸福平安降临，但一开始人肯定是这样想的。

但是孟子却说幸福平安，是次要的，追求仁义礼智、无限极地修善进德，才是主要的，才是人类追求之最终目标。孟子此等看法，有根据吗？符合人类本性吗？

现在让我们来看一看三国时魏国李康对此问题之解答。

李康区分“运”“命”与“时”

李康，三国魏文学家，字萧远，中山（今河北定州市）人。性狷介，不能和俗。曾作《游山九吟》，魏明帝异之。初仕浔阳长，有政绩。魏末晋初病逝。旧有文集二卷，佚。存《运命论》一篇，入载《文选》《艺文类聚》等著名文集。

李康作《运命论》，探讨国家治乱与士人个人出处之间之关系问题。他从“五德更运”观点出发，认为各朝代按五行更始，以次相代。此种“运”，不是杰出人物靠个人努力所能改变的。个人出处穷达贵贱，又受个人命运之“命”与时代命运之“时”摆布。

他列举历史上正反面人物与事件，力图证明上述推论。其文特别重对士人出处问题之探究，强调“圣人所以为圣者，盖在乎乐天知命矣”，“是以圣人处穷达如一也”。但又强调，虽然“木秀于林，风必摧之；堆出于岸，流必湍之；行高于人，众必非之”，然志士仁人“蹈之而弗悔”，是为了“遂志而成名”。

他首先区分“运”“命”与“时”，认为社会之治乱、个人之穷达贵贱，不是人自己可以掌握的。他有理有据地说：治乱取决于运，运到来时，一定会出现圣明之君，圣明之君一定有忠贤之臣，他们之相遇，是不求自合的，他们之亲近，是不介自亲的。君说什么话，臣必和之；君出什么主意，臣必从之；上上下下，配合默契。得失不能动摇他们之志向，谗言不能疏离他们之交情，这样他们就达到治理天下之目的。

此种情况之出现，难道是人事所能成的吗？不是，它是天授予的，神告诫的，运促成的。

穷达取决于命，贵贱取决于时。他举仲尼为例。以仲尼之才，而器不周于鲁卫；以仲尼之辩，而言不行于定哀；以仲尼之谦，而见忌于子西；以仲尼之仁，而取仇于桓魋；以仲尼之智，而屈膝于陈蔡；以仲尼之行，而招毁于叔孙。仲尼之道理，足以济天下，却得不到人们赏识；仲尼之言论，足以经万世，却得不到人们信赖；仲尼之行为，足以应合神明，却不能在世上流行传播。

他应聘七十国，没有一个国主赏识他；他奔波于蛮夏之域，在公卿门下受尽屈辱。他的遭遇，是如此之惨。而到他孙子子思，很多君主请他，他都不去，他得到封地，有优厚待遇，势力上也不比国君差多少。他游历到一地，诸侯没有不赶着四套马车，登门拜访的；就是登门拜访的人，也不一定都能见到他。

仲尼弟子子夏，是一个虽升堂而并未入室的人，根本不能算是仲尼正宗，他却退老于家，魏文侯以他为师，西河之人都对他肃然起敬，归宗于他，把他和仲尼相提并论，没有谁敢不听他的。所以说个人穷达，是命中注定的，贵贱，是时代决定的。后来一些君子，区区于一主，叹息于一朝，屈原以此沉湘，贾谊以此发愤，不是太过分了吗，有什么必要呢？

应该牢记圣人“道不可屈，名不可夺”之至理

尽管穷达贵贱，是由命与时决定的，由不得我们自己，但李康认为，我们坐等命运安排，却是不对的。

他认为，我们应该牢记圣人“道不可屈，名不可夺”之至理，做到处穷达如一，履贵贱如一，不顾一切地去修善进德。他说，圣人之所以是圣人，大概正在于他们能够乐天知命，碰到这样的情况不埋怨，处于这样的境地不三心二意。他们的身可以被压抑下去，但他们的道，却是不可屈服的；他们的位置可以被排挤掉，他们的名分，却是不可强夺的。

就跟水一样，通达时流为大川，堵塞时聚为深渊，升到云端，则化为雨露，沉入地下，则滋润土地；以清纯之体洗刷万物，不因浊流而乱，即使为了救济万物而被污染，也不会伤害本来之清纯。这就是圣人能处穷达如一之道理。

忠直之人，得罪君主，独立之人，不合时俗，这是理势使然，没有办法。所以尽管人们知道“木秀于林，风必摧之；堆出于岸，流必湍之；行高于人，众必非之”，尽管人们知道既有前车之鉴，又有覆车继轨，但志士仁人却依然不顾一切地这样去做，从不后悔，不顾一切地去进善修德，不敢有丝毫怠慢。他们为什么要这样呢？因为只有这样，他们才能遂志，可以冒风波于险途；为了成其名，可以历论议于当时。他们之所以这样

做，是有他们的打算的。

他确信立德并不以富贵权势为前提

李康倡导“道不可屈，名不可夺”的圣人之理，其心可嘉。但事实上，明知得不到富贵，依然不顾一切地去修善进德，此等志士仁人，毕竟是很少的。尘世大多数人，都是为了追求富贵名利才去忙碌的。先求得富贵名利，再去修善进德，不是更好吗？有富贵名利作基础、作前提，有富贵名利垫底，不是更有条件修善进德吗？

李康不承认此种说法，他确信立德，并不以富贵权势为前提。他反驳说：如果立德必以贵为前提，那么幽厉贵为天子，其立德为何不如作为陪臣之仲尼；如果立德必以势为前提，那么王莽董贤势为三公，其立德为何不如作为门客之扬雄、董仲舒；如果立德必以富为前提，那么齐景公富有千驷，其立德为何不如布衣破履的颜回、原宪。

富贵权势不是立德之前提和基础，你希望从富贵权势出发去立德，是说不通的。

李康认为，从富贵权势没有一条通向立德的路，获得富贵权势者，不可能自然地朝着立德方向走。这当然与管仲所谓“仓廪实而知礼节，衣食足而知荣辱”不一致。李康说：从富贵权势没有一条通向立德的路，这二者之间没有任何必然关联。情形常常是这样，当一个人穷困潦倒时，是一个有德之人，而当他一旦拥有富贵权势，他便变成为一个不知廉耻者，更不用说去立德了。富贵权势之得否，取决于命，取决于时；立德与否，却取决于我们自己。

立德不以也不应以求名求利为动机

同理，立德不以，也不应以求名求利为动机。李康对此解释道：如果他是为了求利，他就没有必要那么不顾一切。因为拿着勺子到河里喝水的人，不过喝满肚子，跑到室外淋雨的人，所湿不过一身。需要很有限。超过这个限度，他便不需要了。

如果他是为了求名，那么善恶书于史册，毁誉流于千载，赏罚悬于天道，吉凶灼乎鬼神，固然是可怕的，但这些东西又能值几个钱呢，能拿这些东西来娱耳目、乐心意吗？所以君子若是为了名利才去立德的，他就没有必要那么认真了。

天地之大德曰生，圣人之大宝曰位，守位之工具叫作仁，正人之东西叫作义。古代圣王，可以一人治天下，却不以天下奉一人；古代仕者，可利用官职去行义，却不以利亵渎其官职；古代君子，可以以得天下而没能治天下为耻，却不以能治天下而没能得天下为耻。

这一切，都是源于天人之本性，据于邪正之分岭，都是很自然的事情，不是再明显不过了吗？

附李康《运命论》原文

夫治乱，运也；穷达，命也；贵贱，时也。故运之将降，必生圣明之君；圣明之君，必有忠贤之臣。其所以相遇也，不求而自合；其所以相亲也，不介而自亲。唱之而必和，谋之而必从；道合玄同，曲折合符；得失不能疑其志，谗构不能离其交；然后得成功也。其所以得然者，岂徒人事哉？授之者天也，告之者神也，成之者运也！

夫黄河清而圣人生，里社鸣而圣人出，群龙见而圣人用。故伊尹，有莘氏之媵臣也，而阿衡于商；太公，渭滨之贱老也，而尚父于周。百里奚在虞而虞亡，在秦而秦霸，非不才于虞而才于秦也。张良受黄石之符，诵三略之说，以游于群雄，其言也，如以水投石，莫之受也；及其遭汉祖，其言也如以石投水，莫之逆也，非张良之拙说于陈项，而巧言于沛公也。然则张良之言一也，不识其所以合离。合离之由，神明之道也。

故彼四贤者，名载于箓图，事应乎天人，其可格之贤愚哉？孔子曰：清明在躬，气志如神；嗜欲将至，有开必先；天降时雨，山川出云。《诗》云：惟岳降神，生甫及申；惟申及甫，惟周之翰。运命之谓也。岂惟兴主，乱亡者亦如之焉。幽王之惑褒女也，袄始于夏庭；曹伯阳之获公孙强也，征发于社宫；叔孙豹之昵竖牛也，祸成于庚宗。吉凶成败，各以数至，咸皆不求而自合，不介而自亲矣。

昔者圣人受命河洛曰：以文命者，七九而衰；以武兴者，六八而谋。

及成王定鼎于郏鄏，卜世三十，卜年七百，天所命也。故自幽、厉之间，周道大坏。二霸之后，礼乐陵迟。文薄之弊，渐于灵景。辩诈之伪，成于七国。酷烈之极，积于亡秦。文章之贵，弃于汉祖。虽仲尼至圣，颜冉大贤，揖让于规矩之内，于洙泗之上，不能遏其端。孟轲、孙卿，体二希圣，从容正道，不能维其末，天下卒至于溺而不可援。

夫以仲尼之才也，而器不周于鲁卫；以仲尼之辩也，而言不行于定哀；以仲尼之谦也，而见忌于子西；以仲尼之仁也，而取仇于桓，以仲尼之智也，而屈厄于陈蔡；以仲尼之行也，而招毁于叔孙。夫道足以济天下，而不得贵于人；言足以经万世，而不见信于时；行足以应神明，而不能弥纶于俗；应聘七十国，而不一获其主。驱骤于蛮夏之域，屈辱于公卿之门，其不遇也如此！及其孙子思，希圣备体，而未之至，封已养高，势动人主。

其所游历，诸侯莫不结驷而造门；虽造门，犹有不得宾者焉。其徒子夏，升堂而未入于室者也。退老于家，魏文侯师之，西河之人，肃然归德，比之于夫子，而莫敢间其言。故曰：治乱，运也；穷达，命也；贵贱，时也。而后之君子，区区于一主，叹息于一朝。屈原以之沉湘，贾谊以之发愤，不亦过乎？

然则圣人所以为圣者，盖在乎乐天知命矣，故遇之而不怨，居之而不疑也。其身可抑，而道不可屈；其位可排，而名不可夺。譬如水也，通之斯为川焉，塞之斯为渊焉；升之于云则雨施，沉之于地则土润；体清以洗物，不乱于浊；受浊以济物，不伤于清。是以圣人处穷达如一也。

夫忠直之迕于主，独立之负于俗，理势然也。故木秀于林，风必摧之；堆出于岸，流必湍之；行高于人，众必非之。前监不远，覆车继轨。然而志士仁人，犹蹈之而弗悔，操之而弗失，何哉？将以遂志而成名也。求遂其志而冒风波于险途，求成其名而历谤议于当时，彼所以处之，盖有算矣。子夏曰：死生有命，富贵在天。故道之将行也。命之将贵也。则伊尹、吕尚之兴于商、周，百里、子房之用于秦汉，不求而自得，不徼而自遇矣。道之将废也，命之将贱也。岂独君子耻之而弗为乎？盖亦知为之而弗得矣。

凡希世苟合之士，蘧蒢戚施之人，俯仰尊贵之颜，逶迤势利之间，意无是非，赞之如流；言无可否，应之如响；以窥看为精神，以向背为变通；势之所集，从之如归市；势之所去，弃之如脱遗。其言曰：名与身孰亲也？得与失孰贤也？荣与辱孰珍也？

故遂洁其衣服，矜其车徒，冒其货贿，淫其声色，脉脉然自以为得矣。盖见龙逢、比干之亡其身，而不惟飞廉、恶来之灭其族也；盖知伍子胥之属镂于吴，而不戒费无忌之诛夷于楚也；盖讥汲黯之白首于王爵，而不惩张汤牛车之祸也；盖笑萧望之跋踬于前，而不惧石显之绞缢于后也。故夫达者之算也。亦各有尽矣。曰：凡人之所以奔竞于富贵，何为者哉？

若夫立德必须贵乎？而幽厉之为天子，不如仲尼之为陪臣也；必须势乎，则王莽、董贤之为三公，不如扬雄、仲舒之阒其门也；必须富乎，则齐景之千驷，不如颜回、原宪之约其身也。其为实乎？则执杓而饮河者，不过满腹，弃室而洒雨者，不过濡身。过此以往，弗能受也；其为名乎？则善恶书于史册，毁誉流于千载，赏罚悬于天道，吉凶灼乎鬼神，固可畏也。将以娱耳目乐心意乎？

譬命驾而游五都之市，则天下之货毕陈矣；褰裳而涉汶阳之丘，则天下之稼如云矣；椎紒而守敖庾海陵之仓，则山坻之积在前矣；披衽而登钟山蓝田之上，则夜光玙璠之珍可观矣。夫如是也，为物甚众，为己甚寡，不爱其身，而啬其神，风惊尘起，散而不止，六疾待其前，五刑随其后，利害生其左，攻夺出其右，而自以为见身名之亲疏，分荣辱之客主哉！

天地之大德曰生，圣人之大宝曰位，何以守位曰仁，何以正人曰义。故古之王者，盖以一人治天下，不以天下奉一人也；古之仕者，盖以官行其义，不以利冒其官也。古之君子，盖耻得之而弗能治也。不耻能治而弗得也。

原乎天人之性，核乎邪正之分，权乎祸福之门，终乎荣辱之算，其昭然矣。故君子舍彼取此，若夫出处不违其时，默语不失其人。

天动星回，而长极犹居其所；玑旋轮转，而衡轴犹执其中。既明且哲，以保其身；贻厥孙谋，以燕翼子者，昔吾先友尝从事于斯矣。（《文选》，《艺文类聚》二十一）

刘峻讲君子不是为了得享福吉才去行仁为善

孟子说，立德之人不一定命好；李康说，命好之人不一定能立德。即使命不好，立德之人照样去立德，而且更有“杀身成仁”“舍生取义”之精神，这便是所谓“俟命”。

在这里，人之生活被分为两截，一是立德之事，二是命运好坏。立德之事在于人，命运好坏归于天。人究竟能做什么，天究竟又能支配哪些，这个问题，该由南朝梁博学多才的刘峻来回答了。

刘峻（463—521，一说463—522），南朝梁学者，文学家。本名法武，字孝标。平原（今山东德州平原县）人。以注释刘义庆等编撰之《世说新语》而名世，其《世说新语注》引证丰富，世人重之。文章亦擅美当时。《隋书经籍志》著录其诗文集六卷，佚。明人张溥辑有《刘户曹集》，收入《汉魏六朝百三家集》。诗存四首，以写景见长。今上海古籍出版社编有《刘孝标集校注》。

幼时故乡被北魏占领，八岁与家人失散，被人口贩子卖给中小富人刘实（一作刘宝）。齐永明年间出都游学，遍求异书，人称“书淫”。终身落魄不遇，然不屈服于命运，开始由己及人、由今及古思索有关“命运”之大课题。

刘峻偶然听到梁武帝萧衍有关管辂“有奇才而位不达”之议论，接过话题，洋洋洒洒写成《辩命论》一篇，认为前人之辩命，存在诸多不足，如王充论其末却“蔽其原”，司马迁辩惑而终为惑所蔽，李康“论其本而不畅其源”，郭象能“语其流而未详其本”。于是本“仕而不易，则谓之命。命也者，自天之命也”之旨，一一辨析之。《辩命论》讲哲学，然用华丽骈俪文体写成，音节精壮，辞彩飞扬，辩锋犀利，情致淋漓，较之李康、郭象等前人之作，显现出另一番慷慨激越之色。

命好与不好由“天”来决定

刘峻一生也是命运多舛。少时即在青州被人掳掠，卖到中山，后又随买主迁到桑乾。流浪辗转，寄人篱下，许多年之后才有机会从北魏回到南方家园。

在故土，他的命运似乎也没有多少改变。竟陵王萧子良召学士，别人都有所仕进，唯独他被吏部徐（孝嗣）尚书抑而不许。梁武帝博招文学之士，有高才者多被引进，唯独他被拒之门外。

以刘峻之横溢才华，却不能在官场飞黄腾达，对于此等人生，刘峻只能释读为冥冥之中有一个东西，在支配着他，控制着他。冥冥之中的这个东西，在刘峻命运观里，就是“天”。一个人命好与不好，就是由“天”来决定的。

他说“天”就是支配着我们、控制着我们，我们又无法真正知道、真正了解的那个东西，正是这个东西，构成了各人不同的命运。

虽然命是如此不可更改，命由“天”而来，定于冥兆，终然不变，鬼神莫能预，圣哲不能谋，触山之力无以抗，倒日之诚弗能感，至德未能逾，上智所不免，但刘峻并不因此就认为天命可以支配一切，他觉得人还是有他可做的事情。天命与人之间，还是有一个合理分工。他说：愚智善恶这四样东西，是人可以做的；死生、贵贱、贫富、治乱、祸福这十样东西，是人不可以做的，是天命支配的。

为了证明愚智善恶，确实取决于人，死生贵贱、贫富祸福，确实取决于命，刘峻又举例说：正因为愚智善恶取决于人，所以季路才到仲尼那里去求学，历尽风霜洗礼；楚穆公才到潘崇那里去求谋，终成杀逆之祸。商臣作恶多端，他的权势却能荫被后世；仲尼一生为善，却处处遭受挫折。所以善恶邪正取决于人自己，吉凶却取决于命。

既然愚智善恶取决于人，死生贵贱、贫富祸福取决于命，那么正善之人就不一定能得福吉，行仁之人也不一定能得到报偿。既如此，为什么君子还要自强不息呢？为什么人们还要修善立名呢？

刘峻之回答很坚定：君子并不是为了得享福吉才去行仁为善的，君子这样做是本性使然。

任何情况下不放弃立德行仁正乃“慈善哲学”之核心价值观

真正君子，像他自己那样，知道什么是应该焦急的，对什么应该乐天知命。他说：如果认为君子是为了得享福吉才去行仁行善，那是不对的。食稻当粱、进刍豢、衣狐貉、袭冰纨、观幻眇之奇舞、听云和之琴瑟，这是一班俗人所焦急的，并不是为了得到什么才去这样做。修道德、习仁义、敦孝悌、立忠贞、渐礼乐之叟润、蹈先王之盛则，这是君子所焦急的，也并非为了得到什么才去做这些。

君子的可贵处，在其居正体道、乐天知命，懂得吉凶祸福无可奈何，知道这一切不取决于智与力。对此一切，逝而不召，来而不拒，生而不喜，死而不惑；瑶台夏屋，不能悦其神，土室编蓬，未足忧其患；不允诎于富贵，不遑遑于所欲。能够做到这一步，还哪里有史公董相哀叹命运不济之章呢？

刘峻思想，透着悲哀、无奈和凄凉。历代文人受“俟命论”影响的确太深了，无论其命运多么坎坷，无论其遭受过并还在遭受怎样之打击和磨难，依然不放弃立德行仁，依然不放弃“蹈先王之盛则”之伟大思想。

我们不知道这是一件好事呢，还是一件坏事。但却深刻阐明了“慈善哲学”之核心价值观。

附刘峻《辩命论》原文

主上尝与诸名贤言及管辂。叹其有奇才而位不达。时有在赤墀之下豫闻斯议，归以告余。余谓士之穷通，无非命也。故谨述天旨，因言其致云。

臣观管辂天才英伟，珪璋特秀，实海内之名杰，岂日者卜祝之流乎？而官止少府丞，年终四十八。天之报施，何其寡欤？然则高才而无贵仕，饕餮而居大位，自古所叹，焉独公明而已哉！故性命之道，穷通之数，天阏纷纶，莫知其辩。仲任蔽其源，子长阐其惑。至于鹖冠瓮牖，必以悬天有期；鼎贵高门，则曰唯人所召。哓哓哗咋，异端斯起。萧远论其本而不畅其流，子玄（指郭象）语其流而未详其本。尝试之曰：

夫道生万物，则谓之道；生而无主，谓之自然。自然者，物见其然，不知所以然，同焉皆得，不知所以得。鼓动陶铸而不为功，庶类混成而非其力。生之无亭毒之心，死之岂虔刘之志。坠之渊泉非其怒，升之霄汉非其悦。荡乎大乎，万宝以之化；确乎纯乎，一化而不易。化而不易，则谓之命。

命也者，自天之命也。定于冥兆，终然不变。鬼神莫能预，圣哲不能谋，触山之力无以抗，倒日之诚弗能感。短则不可缓之于寸阴，长则不可急之于箭漏。至德未能逾，上智所不免。是以放勋之世，浩浩襄陵；天乙之时，焦金流石。文公疐其尾，宣尼绝其粮。颜回败其丛兰，冉耕歌其芣苡。夷叔毙淑媛之言，子舆困臧仓之诉。圣贤且犹若此，而况庸庸者乎？至乃伍员浮尸于江流，三闾沉骸于湘渚。贾大夫沮志于长沙，冯都尉皓发于郎署。君山鸿渐，铩羽仪于高云；敬通凤起，摧迅翮于风穴。此岂才不足而行有遗哉？

近世有沛国刘瓛，瓛弟琎，并一时之秀士也。瓛则关西孔子，通涉六经，循循善诱，服膺儒行；琎则志烈秋霜，心贞昆玉，亭亭高竦，不杂风尘。皆毓德于衡门，并驰声于天地。而官有微于侍郎，位不登于执戟，相次殂落，宗祀无飨。因斯两贤以言古，则昔之玉质金相，英髦秀达，皆摈斥于当年，韫奇才而莫用。徼草木以共雕，与麋鹿而同死，膏涂平原，骨填川谷，堙灭而无闻者，岂可胜道哉！此则宰衡之与皂隶，容彭之与殇子，猗顿之与黔娄，阳文之与敦洽，咸得之于自然，不假道于才智。故曰："死生有命，富贵在天。"其斯之谓矣。

然命体周流，变化非一，或先号后笑，或始吉终凶，或不召自来，或因人以济。交错纠纷，回还倚伏，非可以一理征，非可以一途验。而其道密微，寂寥忽慌，无形可以见，无声可以闻，必御物以效灵，亦凭人而成象，譬天王之冕旒，任百官以司职。而或者睹汤武之龙跃，谓龛乱在神功，闻孔墨之挺生，谓英睿擅奇响，视彭韩之豹变，谓鸷猛致人爵，见张桓之朱绂，谓明经拾青紫。岂知有力者运之而趋乎？而非命，有六蔽焉尔。请陈其梗：

夫靡颜腻理，哆嗝顣頞，形之异也。朝秀晨终，龟鹄千岁，年之殊也。闻言如响，智昏菽麦，神之辨也。固知三者，定乎造化，荣辱之境，独曰由人，是知二五而未识于十，其蔽一也。

龙犀日角，帝王之表，河目龟文，公侯之相。抚镜知其将刑，压纽显其膺录。星虹枢电，昭圣德之符；夜哭聚云，郁兴王之瑞。皆兆发于前期，涣汗于后叶。若谓驱貔虎，奋尺剑，入紫微，升帝道，则未达窅冥之情，未测神明之数，其蔽二也。

空桑之里，变成洪川；历阳之都，化为鱼鳖。楚师屠汉卒，睢河鲠其流；秦人坑赵士，沸声若雷震。火炎昆岳，砾石与琬琰俱焚；严霜夜零，萧艾与芝兰共尽。虽游夏之英才，伊颜之殆庶，焉能抗之哉，其蔽三也。

或曰，明月之珠，不能无颣；夏后之璜，不能无考。故亭伯死于县长，相如卒于园令。才非不杰也，主非不明也，而碎结绿之鸿辉，残悬黎之夜色，抑尺之量有短哉？若然者，主父偃、公孙弘，对策不升第，历说而不入，牧豕淄原，见弃州部，设令忽如过隙，溘死霜露，其为诟耻，岂崔马之流乎？及至开东阁，列五鼎，电照风行，声驰海外，宁前愚而后智，先非而终是？将荣悴有定数，天命有至极。而谬生妍蚩，其蔽四也。

夫虎啸风驰，龙兴云属，故重华立而元凯升，辛受生而飞廉进。然则天下善人少，恶人多，暗主众，明君寡。而薰莸不同器，枭鸾不接翼，是使浑敦、梼杌，踵武于云台之上；仲容、庭坚，耕耘于岩石之下。横谓废兴在我，无系于天。其蔽五也。

彼戎狄者，人面兽心，宴安鸩毒，以诛杀为道德，以蒸报为仁义。虽大风立于青丘，凿齿奋于华野，比于狼戾，曾何足喻？自金行不竞，天地板荡，左带沸唇，乘间电发。遂覆瀍洛，倾五都。居先王之桑梓，窃名号于中县，与三皇竞其萌黎，五帝角其区宇。种落繁炽，充仞神州。呜呼！福善祸淫，徒虚言耳！岂非否泰相倾，盈缩递运，而汩之以人？其蔽六也。

然所谓命者，死生焉，贵贱焉，贫富焉，治乱焉，祸福焉，此十者，天之所赋也。愚智善恶，此四者，人之所行也。夫神非舜禹，心异朱均，才絓中庸，在于所习。是以素丝无恒，玄黄代起，鲍鱼芳兰，入而自变。故季路学于仲尼，厉风霜之节；楚穆谋于潘崇，成杀逆之祸。而商臣之恶，盛业光于后嗣；仲由之善，不能息其结缨。斯则邪正由于人，吉凶在乎命。

或以鬼神害盈，皇天辅德。故宋公一言，法星三徙，殷帝自翦，千里来云。若使善恶无征，未洽斯义。且于公高门以待封，严母扫墓以望丧，此君子所以自强不息也。如使仁而无报，奚为修善立名乎？斯径廷之辞也。夫圣人之言，显而晦，微而婉，幽远而难闻，河汉而不测。或立教以进庸怠，或言命以穷性灵，积善余庆，立教也；凤鸟不至，言命也。今以其片言辩其要趣，何异乎夕死之类而论春秋之变哉？且荆昭德音，丹云不卷；周宣祈雨，珪璧斯罄。于叟种德，不逮勋华之高；延年残犷，未甚东陵之酷。为善一，为恶均，而祸福异其流，废兴殊其迹，荡荡上帝，岂如是乎？《诗》云："风雨如晦，鸡鸣不已。"故善人为善，焉有息哉？

夫食稻粱，进刍豢，衣狐貉，袭冰纨，观窈眇之奇舞，听云和之琴瑟，此生人之所急，非有求而为也。修道德，习仁义，敦孝悌，立忠贞，渐礼乐之腴润，蹈先王之盛则，此君子之所急，非有求而为也。然则君子居正体道，乐天知命，明其无可奈何，识其不由智力，逝而不召，来而不距，生而不喜，死而不戚。瑶台夏屋，不能悦其神；土室编蓬，未足忧其虑。不充诎于富贵，不遑遑于所欲。岂有史公、董相《不遇》之文乎？

马基雅维里有"俟命论"思想

按照中国干支纪年法，六十年"甲子"重现，完成一个轮回。不知道"六十甲子"之说，如何起源，始于何时，反正它好像与人之生命息息相关。

很多人都是在六十岁刚刚到来或者即将到来时，离开人世的。洛阳郭象郭子玄，死于六十岁；平原刘峻刘孝标，死时实岁六十，虚岁六十一；横渠张载张子厚死时实岁五十七，虚岁五十八；法国巴黎彭加勒（Jules Henri Poincaré），也是死于五十八岁那一年。六十岁，对生命来说，也许是一个非常重要之关口，很多人都过不了这一关。

"俟命论"者尼科洛·马基雅维里（Niccolo Machiavelli，1469—1527）在病痛忧郁中死去时，也是刚满五十八岁，进五十九岁。

命运观与人生大起大落

马基雅维里对于“命运”之看法，可说与其生活有着密切之关联。这生活也许来自他本人，也许来自他看到、听到、读到的那些人。这些生活经历，不管是他本人的，还是他人的，铸成了马基雅维里之独特视角。

马氏个人生活经历了几次大起大落。1498年6月9日，佛罗伦萨城邦大元老院正式任命二十九岁的他为佛罗伦萨共和国的副总理，主管行政通信与外交事务，他迈着大步走入政坛。1512年9月2日，随着西班牙军队入侵佛罗伦萨，麦迪锡家族（Medici Family）重返佛罗伦萨掌握政权，马氏被解除总理院职务（1512年11月7日），并被禁止在佛罗伦萨境内自由活动一年，同时交出一千佛琳（Florin）币的巨额保证金。第二年又被人怀疑参与了反叛麦迪锡政权的阴谋团体，被囚禁、拷打，又被迫付出数目巨大的罚金。

这是他第一次的大起大落。

但为了落而再起，他又不顾一切讨好麦迪锡家族，进呈《君主论》（The Prince），以“证明自己是最忠实的臣民”（《君主论》卷首“献辞”），这是1513年他被“麦迪锡领主”囚禁、拷打时候之事。他重登政坛之心情，迫切到如此程度，以致“为麦迪锡家族所用，即使他们一开始只让我做像滚石头那么微末的事”也行（1513年12月，给维托里的信）。

但“麦迪锡领主”并不理睬他，他就只好归隐桑卡斯西安诺，“进入古人的古宫廷里”，“跟他们高谈，询问他们行动的种种道理”。直到七年后，1520年11月，才在一个偶然机会里进入麦迪锡宫廷，“领主”正式请他入宫撰述佛罗伦萨的历史，他终于落而复起。

但好景不长，六年后，1527年5月6日罗马沦陷，教皇克莱门七世被迫出亡。丧失教皇的支持，本来渐失民心的佛罗伦萨迪锡政府，立即土崩瓦解。5月16日城邦元老院宣布恢复共和政体，第二天一早，年轻的麦迪锡君主逃离佛罗伦萨，流亡国外。尼科洛因为这六年间一直服务于麦迪锡暴君政府，被新起一代共和政体拥护者视为前期遗老，视为一个年老、力衰、毫无用处之人。

马氏在理论上，是拥护共和政体的，并希望重新在共和政体中获得第二总理院职位，但这个反麦迪锡的新政府，是不可能给他任何机会了。这颇具讽刺意味的事件，终于使他一病不起。一个月后，他在家人与朋友的关照中与世长辞，葬于圣塔克罗斯（Santa Croce）。

这是他一生中最后一次的大起大落。

由偶然支配的命运只是我们一半行为之主宰

马氏生活中这几次的大起大落，好像都是纯粹偶然原因造成的，所以对于“俟命论”者一般都相信“定命论”，马氏坚决予以反驳。他说：

> 生活中一件事情的成败是非常偶然的。人人都追求富贵，但有人小心翼翼，有人鲁莽灭裂，有人凭力，有人取巧，有人忍耐，有人冲动，但结果却都达到了自己的目的。我们又见到，两个同样谨慎的人，一个达到了目的，另一个却没有；同样，我们看到两个采用不同方法的人，一个稳健审慎，另一个急躁冲动，却一样成了功。这些都是非常偶然的。

一般人都认为，偶然的东西，人是无法把握的；既然一切都是偶然的，人的努力也就没有了任何意义。

马氏的看法与此相反，他认为正是因为有了偶然性，人之努力才具有了意义；他作为一个俟命论者，既不相信定命论，也没有陷入宿命论泥潭。他认为由偶然支配的命运，只是我们一半行为的主宰，他说：

> 正是因为有了偶然性，人的努力才具有了意义。不管命运如何，我们的自由意志是不该完全抹杀的，所以我想，说命运是我们一半行为的主宰，那是对的；但命运还留下另外一半，也许是较小的一半，让我们自己去支配。

也就是说，人只能支配自己生活的很小部分，其余大部分生活是由命运支配的；但由命运支配，并不等命运的安排。马氏号召世人不管命运如何，都要勇敢地去行动。他把虚无缥缈的命运，比作女人，比作泛滥之河川，要人们像对待女人、对待泛滥河川一样，对待命运。

他有一段极其生动而又鼓舞人心的话，言人在命运面前应有所作为，几乎已成至理名言：

人应当不管命运如何，主动地、勇敢地去行动。据我个人之见，人与其谨慎，毋宁行险，因为命运是一个女人，如果你要想制服她，你就得打她，虐待她，正如我们所见，她宁愿为行险激动者所制，却不愿为行事冷静者所役。因此，命运是永远女人般的，喜爱年轻男人，因为后生小子比较的不瞻前顾后，比较猛烈，并且有较大的勇气去指挥她。我有时也把命运比之于那些泛滥的河川，当洪水来到时，它们淹没了原野，冲走了树木和房舍，将土壤从一个地方运走，让它们沉积在另一个地方；这时候，任何东西都会在它面前逃跑，一切都屈服在它的威力之下，人简直不能有任何作为来抵挡它。不过，它的性质虽然如此狂暴，我们却不能因此便以为当天气恢复正常之后，人不该开浚沟渠，修筑堤岸，以备洪水再发之时，让大水从人造的河道里流去，使它的威力不那么不受控制，不那么危险。命运也是这样的，在不曾准备好力量来抵抗她的地方，她就显示了威力；哪里没有筑起堤防来控制她，她的暴力就冲向哪里。

中西俟命论方向相反

马氏要求人不顾命运安排，勇敢地出击，这和中国俟命论者，意见一致。但他们对人生追求、人生目标之理解，却很不一致。

中国俟命论者认为，立德行仁是人之天职，人之为人，正在他是否能够有效地完成此天职。至于命运，是可以不必顾及的，因为命运无非是给人以富贵福吉或者贫贱祸凶。不管他给出的是哪一种，立德行仁之人都可以忍受，都应当忍受，因为富贵贫贱与立德行仁相比，毕竟是人生次一级的要求。

马氏却不认为富贵之要求是次一级的，恰恰相反，他认为追求荣耀与财富，乃是人生终极目的。他说违背此目的，人便失去来这世界走一趟之意义。能给君王带来崇高威望的，莫过于奋雄图、立大业，大展其个人才能；君王应该在每一个行动上，竭力给自己争取伟大与英明之令誉。对于财富，也是一样，没有一个君主会认为，财富多了将会给自己带来坏处。

可是，当马氏把荣耀与财富视为人生终极目的时，他也就面临着一个重大难题：除了荣耀与财富，人之一切其他努力，都只是手段与工具。人之良心与道德，人们公认的那些行为准则，若与这终极目的相冲突，也就只得放弃。但是很少有人认为，这些东西是可以放弃的。

对于美德，马氏也采取一种特殊态度：或随机应变，或弃之不顾，或假装具备，就是不主张固守之。他说：

> 我也不是动员人们去放弃人所公认的那些美德，比如慷慨、仁慈、守信等。我只是要求人不要死守这些东西，要求他们懂得随时势的变化而有所取舍。如果真的具备这些品德而又永远遵行这些品德，对于人君来说是有害的；可是表面上装作具备这些品德，却于人君有益；要让人看来是仁慈的、忠实的、合乎人情的、虔诚的与正直的，甚至，事实上都可以真的如此；但他必须有这样的一种心理准备，即当局势要你不这样做时，你要懂得如何反其道而行之。必须懂得：一位君王，特别是一位新君，为着要保持他的国家，时常被逼采取一些背信的、不仁慈的、不仁道的以及反宗教的行动，所以他不能奉行之人之所以贵乎为人的种种事情。因此，他一定要有这样的心理准备，可以随时看准风向，按照不同的命运的指示，去求得适应；同时又要像我在前面所说，如果可能，君王应不违背善行，但为时势所逼时，他又是能够做坏事的。

值得固守的只有勇敢、坚决、才能等品德

至于美德与荣耀、财富之关系，马氏认为比较复杂。他的具体阐述是：美德对于荣耀、财富，有时是有利的，有时是有害的。

比如说慷慨，对已经为王者，是有害的，而对尚在为王途中者，则是

绝对必需的。仁慈也是如此，不一定在每一种情况下都是好的。切萨雷·波吉亚（Cesare Borgia，1476—1507）是公认的暴君，但他的残暴却给罗马尼阿带来了秩序，使它统一起来，使它太平而又富裕。如果人们公平地考虑到这一层，那就能看出，他其实比佛罗伦萨人仁慈得多。如果波吉亚在此时候讲仁慈，他便变得大大地不慈了。

守信也是同样道理：一个聪明的君王，若守信违反自己利益，若迫使其守信之理由已不再存在，他便应该不守信。经验告知，干大事成大业之君王，都对信字非常轻视，他们能以手腕乱人心智，并且终于征服那些信守谎言的君王们。

既然慷慨、仁慈、守信之类的所谓美德，当其有害于荣耀与财富取得时，不必固守，那么人生中还有什么东西值得固守呢?

马氏认为值得固守的东西，还是有的，那就是勇敢、坚决、才能等品德。他这样说：

勇敢、坚决与才能，等等，都是我们应当固守的品德。唯一可靠的、实际的与长久的防卫之道，就是依靠你自己，依靠你自己的勇敢和才能。打个比方吧，君王应当效法狐狸与狮子，因为狮子难保它不落入陷阱，而狐狸则不能抵敌豺狼。因此，人必须是能识别陷阱的狐狸，又是能威慑豺狼的狮子。

总而言之，“荣耀、财富是品德的报偿”这句话，在马氏那里也是成立的，只是他所说的品德，是另外一些。

“逆向俟命论”问题

马基雅维里的主张与中国俟命论，显然有很大的不同，因为它最终追求的东西，是幸福而不是德行，它所认定的终极目标，是荣誉和财富，而不是道德之完成。

但它又与中国俟命论有关联，因为它讨论的，依然是人的行为之善恶与命运之好坏的关系问题。

它承认命运，同时又承认人的努力的意义，人尽管不能战胜命运，但却可以疏导它、预防它。

一件事情之成败，诚然是取决于偶然，但若没有个人预先之努力，这种偶然成功之机遇也会不复存在，这样人便会彻底的一事无成。

某些德行不能放弃，但也不应当固守，因为人生之最高目标，是追求幸福，是向着那幸福吉祥的生活去努力。

马基雅维里的此种主张，可称为“逆向俟命论”。

“俟命论”落脚于立德行仁，俟吉凶祸福之命；“逆向俟命论”落脚于荣耀与财富，俟成败得失之命。

在“俟命论”里，行为之内容与命运之内容，分为两截、迥然有异；而在“逆向俟命论”里，行为之内容与命运之内容，就是同一个东西，并不分属两个不同领域。

四、造命论支持慈善哲学

支撑中国慈善哲学之第三种命运哲学，就是造命论。

造命论（Creationism of Fate）是这样一种主张，它承认命运存在，同时承认人可以“不谓命”；承认命运存在，同时却又不把“命”中一切归罪于外界。

就是说，它认定，面对于命运，面对于我们自身之局限，我们可以一超越胸怀对待之，而视命运为不足谓，视局限为无局限；面对于命运，面对于受命之不足，我们可以将不足充而为足，将天命之未至推致至必至。

“造命论”，这个把人放到最积极位置上的理论，现在出台了。

鹖冠子讲“圣人决时命”

“造命论”思想之最早的源头，可以上溯至战国时代楚国山林隐士鹖冠子。这位隐士，已经提出“造命论”之基本主张，只是还没有说出“造命”二字。他认为时命无所不在，但只有“圣人”才能“决”之，“不肖者”只能安时守命。

鹖冠子，战国时期楚国人，平常总以鹖羽为帽，故有“鹖冠子”之别号。终身不仕，以大隐著称。史评鹖冠绵绵，亟发深言。

所遗《鹖冠子》一书，倡“元气说”，上承老子道气关系论，下启两汉“元气”论思潮，与《列子》《吕氏春秋》互印证，含有大量自然科学、图学等内容，反映出战国时期楚国图学之成就。

鹖冠子学派在战国晚期影响很大。弟子庞煖，仕途之辉煌令天下众多怀才不遇之能士，心跳目眩。杜甫、陈子昂等名家，不仅以鹖冠子自喻，且对《鹖冠子》一书博辩宏肆之文辞、天下大同之政纲称道不已。南朝文艺理论家刘勰，唐朝文学家韩愈，宋朝文学家陆佃，明朝文学家杨慎、李贽等，都予《鹖冠子》极高评价。

命无所不在，无所不施，无所不及

鹖冠子首先承认“命”无所不在，他说：“有一日之命，有一年之命，有一时之命，有终身之命，……命无所不在，无所不施，无所不及。”

这无所不在，无所不施，无所不及之命运，并非所有人都能掌握，他说：一般人无法掌握命运。一般人中有得时者，也有失时者。得时者成，命渐渐顺通；失时者精神俱亡，命渐渐滞塞。时命这东西，只有“圣人”才能决定它。

但圣人决时命，并不是意味着圣人能掌握时命。鹖冠子只是说，“命”都在“君者”身上，没有不在“君者”身上之命。他认为只有从这层意义上去解释“圣人决时命”这句话，才是通顺的。

他解释说：水太激，则旱；矢太激，则远。精与神回薄，振与荡相转，或迟或速，都取决于命，谁能知晓它们的时命呢？至人遗物，委身于命与时，其往来、盛衰、死生，又有谁能知晓它们的期限！俨然至湛，有谁知其原因，祸乎福之所倚，福乎祸之所伏，祸福相为表里，反复纠缠，混沌错纷，又有谁能了解其中的规则！这一切的渺茫无貌现象，恐怕只有“圣人”才能了解其意。既如此，圣人能“决”时命，当是没有问题的。

"圣人决时命"

能"决"时命之圣人，究竟是一种什么样的人呢？

鹖冠子称他们是"了不起的人"：

圣人是了不起的人，他后天地而生而知天地之始，先天地而亡而知天地之终，力不若天地而知天地之任，气不若阴阳而能为之径，不若万物多而能为之正，不若众美丽而能举其善指其过，不若道德富而能为之崇，不若神明照而能为之主，不若鬼神潜而能著其灵，不若金石固而能烧其劲，不若方圆治而能陈其形。

圣人就是如此了不起。

圣人之外，不及圣人的，鹖冠子称为"不肖者"。他认为"不肖者"是不能够"决"时命的。"不肖者"完全受时命支配。有君无臣，时虽有所至而上求焉，有臣无君，时虽有所至而下辞焉。虽都是命有所至，有阖者，也有辟者，有辞者，也有求者。贤者不一定能得时，不肖者不一定会失命。所以贤者只能守时，不肖者只能守命，他们都不是"圣人"，都不能达到"决"时命之境界。

王艮从"不谓命""反求诸己"两方面讲"造命"

鹖冠子讲"圣人决时命"，但"决命"并不等于"造命"。明确提出"造命"之概念的，是明朝泰州学派创始人王艮。

王艮（1483—1541），明哲学家。思想家王阳明弟子，泰州学派创始人。初名银，王守仁改为艮，字汝止，号心斋。泰州安丰场（今江苏东台）人。

现今所见王艮著作，除其后裔及门人辑录整理语录外，尚存王艮本人所撰《鳅鳝歌》《复初说》《明哲保身论》《乐学歌》《天理良知说》《孝悌箴》《安定书院讲学别言》《格物要旨》《勉仁方》《与南都诸友》《大成学歌》《均分草荡议》《王道论》《答徐子直书》等名篇。多为数百字短文，最长者亦仅一两千字。

王艮一生为“造命”典范

王艮出身贫寒，其家只不过是黄海之滨一贫苦“灶户”，就是用海水熬盐人家。七岁“受书乡塾”，到八岁就穷得读不起书了，家里不得不把塾师辞掉，让他随父兄劳动，养家糊口。

十九岁以前，王艮就是在如此繁重劳动中度过的，可说是他生命第一阶段。十九岁时奉父命“商游四方”，开始经商生涯。经商给他带来很大好处，不仅使其家庭摆脱贫寒，而且为他成为一个学者，提供了必要的物质条件。他边经商、边自学，苦苦挣扎十九年，直到三十八岁，家道日渐富裕，已无饥寒之虞，方才正式拜师。

王艮由贫而富，主要靠贩运私盐。由于明政府严禁私盐贩运，他是冒了很大风险的。但在当时社会，不如此做，便不得富裕。立灶熬盐，仅作“灶丁”，老老实实，受尽重重盘剥，生活尚且难以维持，何谈富裕？

王艮不走父辈老路，同乡里人结伙，毅然冒险贩盐，虽触犯法律，然终致富裕，为自己学术事业扫平道路，值得借鉴。王艮赚够了钱，就戴上自制纸帽（五常冠），穿古怪深衣，手持笏板，赶赴江西南昌，去拜见江西巡抚王阳明。

阳明先生把王艮原名“银”改为“艮”，并赐字“汝止”，以示要把商人“王银”改造成道学家“王艮”。此事发生在明正德十五年（1520）。在阳明门下，王艮待了八年，直到阳明1529年去世，他才离开，此时他已四十六岁。

第二年，前往会稽，会葬五十七岁的老师王守仁，从此开始“自立门户”之讲学时期，亦即奠定泰州学派基础之时期。这时正是明嘉靖八年（1529），王艮四十七岁。从四十七岁开始，至五十八岁离世，这十一年，可视为王艮生命第三期。

三十八岁之前赚钱发家，三十八岁至四十六岁拜师学艺，四十七岁开始自立门户，成一家之言，王艮一生，实乃“造命”之典范。会给贫寒文人，以无限启迪。

讲“造命”并不表示他不承认命运

王艮首先肯定命运存在。

他说，我们为谋禄而出仕，但出仕后，禄却不一定能够得到，这就是命运；同样，舜为瞽叟所生，孔子不遇于春秋之君，也都是命运。他自己那时沉疴在身，也是系于天命。所以他认为，命运无论如何是存在的。

王艮倡导“造命”，并不表示他不承认命运。其“造命”一语，有其确切内涵。他解释说：“造命”不意味着不承认命运，说人能“造命”，只是说人能超越此种命运而有所作为。禄能不能得，这是命运，但出仕之迟速却又取决于我们自己；舜生于瞽叟，这是命运，但尽性而为，不畏命，不谓命，成就自己为圣人，却取决于舜自己；孔子不遇于春秋之君，这也是命运，但孔子却能周游天下，阐明其道以救治世人，这是其“不谓命”之表现。

“天民”是听命的，所以他只说“大人造命”。

也就是说，“造命”从一方面看，只意味着不听命、不谓命。对于“造命”此种含义，王艮又以自己为例作解释：现在得此沉疴之疾，我命虽在天，造命却由我。意思是说，我可以蔑视这沉疴之疾，去做我自己该做之事。这样做的时候，就是“造命”。

从另一方面看，“造命”又意味着，当我们行有不得时，不怨天尤人，而是反求诸己。这是“造命”之另一义。这一层的意思是：当我们自足其性，然行有不得时，我们不怨天不尤人，而是反求诸己，视过为自己之过，视错为自己之错。不爱人者，是自己不仁，不信人者，是自己不信；人之不爱我，不是人之不仁，实是由于己之不仁，人之不信我，不是人之不信，实是由于己之不信。君子为己之学，自修尚且来不及，还哪里有闲暇去苛责别人呢？

“造命”之义为“不谓命”与“反求诸己”

“造命”之一义，是“不谓命”；“造命”之另一义，是“反求诸己”。对于此后一义，王艮进一步解释说：君子之道是以人治人，改了就行，若有未改，我宁愿不再理他。

对君子而说，讲说不明是己之责，引导不时亦是己之责；见人有过而不能容，是己之过，能容其过而不能使之改正，也是己之过。所以欲正物必先正己，才是大人之学，欲正物而不先正己，非大人之学也。

王艮言下之意是，我们“命”中一切，不管是穷还是远，是寿还是夭，都只能怪罪于我们自己，或者说怪罪于“吾身”。

在他看来，“吾身”乃是天地万物之本，修身即是立本，立本即能安身，因为天地万物是依于己的，而不是己依于天地万物。他认为“吾身”的问题解决了，一切问题都随之解决。

修身意味着立本，立本意味着安身，安身以安家则家齐，安身以安国则国治，安身以安天下则天下平。不知安身便去干天下国家事，这就叫作“失本”。

从鹖冠子到王艮，经历了漫长时间与辽阔空间，从鹖冠子讲“圣人决时命”到王艮说“大人造命”，也是经历十分艰难之途程。

“决命”不等于“造命”，要明确地提出“造命”概念，是需要长期理论准备的。

陆九渊与王阳明

为王艮做此种理论准备的，就有陆九渊与王阳明。

陆九渊（1139—1193），号象山，南宋抚州金溪（今江西省金溪县）人，寿五十四。王守仁（1472—1529），号阳明，王艮之老师，浙江绍兴府余姚县（今宁波余姚）人，寿五十七。

陆九渊，字子静，南宋哲学家，陆王心学代表人物。书斋名“存”，世称存斋先生。讲学于江西贵溪县象山书院，人称“象山先生”。孝宗乾道八年（1172）进士，调靖安主簿，历国子正。有感于靖康时事，遍访勇士，商议恢复大略。绍熙二年（1191），知荆门军，修军城，固边防，甚有政绩。绍熙三年十二月（1193）卒，谥文安。宋明两代“心学”开山之祖，与朱熹齐名，明王守仁承其学，成为“陆王学派”，对后世影响极大。著有《象山先生全集》。

王守仁，幼名云，字伯安，别号阳明。筑室于会稽山阳明洞，自号阳明子，人称阳明先生。明著名思想家、文学家、哲学家、军事家，陆王心学集大成者。弘治十二年（1499）进士，历官刑部主事、贵州龙场驿丞、庐陵知县、右佥都御史、南赣巡抚、两广总督等，晚年官至南京兵部尚书、都察院左都御史。谥文成，后人称王文成公。与孔子、孟子、朱熹并称孔、孟、朱、王，成就冠绝有明一代。弟子众，世称姚江学派。遗有《王文成公全书》。

象山不把命放在人性与人之继之之事之外，而是认为天地万物与人，合为三极，人继天之事，亦可归之于天，当视为天命之性之完成。所以他所说“命”，即是此时此地之命，即是“这个命”，“穷理是穷这个理，尽性是尽这个性，至命是至这个命”。

阳明罕言天命，只因他认为人能致其良知，而存天理即知天；知天而良知天理之流行，亦即天命之流行。若谓天理为性，良知为心，则此性之所在，即心之所在，心之所在，亦即天命帝命之所在。

所以他在《答顾东桥书》一文里，一反朱熹（元晦，1130—1200）认尽心知性知天为学者之事，存心养性事天为贤人之事，夭寿不贰、修身以俟以立命为圣人之事的态度，而视尽心知天为圣人之事，存心养性事天为贤人之事，夭寿不贰、修身以俟之为学者之事。

“俟命”乃是最低之境界，因为它视命为一超越在上者，“事由”乃是较高之境界，因为“事命”者虽依然与命为二，然已真知天命之所在，并以恭敬奉承之心对待天命；只有“知命”才是最高的，因此到此一阶段，“知命”者乃与命为一，不再言俟命立命，而且正因为与命为一，才无命可立、无命可俟。

当阳明言“知命”为最高境界时，他实际上是在言“行命”为最高境界，因为他认为“知天之知，如知州知县之知，知州则一州之事，知县则一县之事，皆己事也”，“知命”之“知”不是理论理性的，而是实践理性的，不是口头上的，而是行动上的。所以“知命”即是“行命”，“知命”为最高境界，实即是“行命”为最高境界。

象山说命即是“这个命”，命不在一切人事之外；阳明说“知命”即是“行命”，即是通过一切人事去完成之“命”，此等命乃是一最高境界，它既不与命为二，亦不把命视为一超越在上者。

有了阳明和象山建立的这两个前提，王艮断然提出“造命”之说，就不足为怪了。

王船山讲“不肖者”或“一介之士”亦可造命

但是不管是王艮之“造命”，还是鹖冠子之“决时命”，都只涉及“大人”或“圣人”，而与“天民”或“不肖者”无缘。

生于湖南衡阳，自铭“抱刘越石之孤忠而命无从致，希张横渠之正学而力不能企”，晚年隐居湘西石船山的王夫之（1619—1692），却肯定“不肖者”或“一介之士”亦可以造命。

王夫之，字而农，号姜斋、又号夕堂。自署船山病叟、南岳遗民，学者遂称船山先生。湖广衡州府衡阳县（今湖南衡阳）人。著有《周易外传》《黄书》《尚书引义》《永历实录》《春秋世论》《噩梦》《读通鉴论》《宋论》等。与顾炎武、黄宗羲，并称明清之际三大思想家[①]。

有一次，唐德宗与李泌谈及本朝遭遇之“奉天之难”，认为这是“天命”所致。李泌反驳说：“天命”一般人说说可以，唯君相不可以说，因为“君相可以造命”。王船山对李泌此一思想，给予高度评价：

君相可以造命，邺侯之言大矣！进君相而与天争权，异乎古之言俟命

---

① 清刘献廷云：王夫之学无所不窥，于六经皆有说明。洞庭之南，天地元气，圣贤学脉，仅此一线。曾国藩《王船山遗书》序：独先生深閟固藏，追焉无与。平生痛诋党人标榜之习，不欲身隐而文著，来反唇之讪笑。用是，其身长邀，其名寂寂，其学亦竟不显于世。荒山敝榻，终岁孜孜，以求所谓育物之仁，经邦之礼。穷探极论，千变而不离其宗；旷百世不见知，而无所于悔。先生没后，巨儒迭兴，或攻良知捷获之说，或辨易图之凿，或详考名物、训诂、音韵，正《诗集传》之疏，或修补三礼时享之仪，号为卓绝。先生皆已发之于前，与后贤若合符契。虽其著述大繁，醇驳互见，然固可谓博文约礼，命世独立之君子已。

谭嗣同《论六艺绝句》：万物招苏天地曙，要凭南岳一声雷。

章太炎：当清之季，卓然能兴起顽儒，以成光复之绩者，独赖而农一家而已。又云：船山学说为民族光复之源，近代倡义诸公，皆闻风而起者，水源木本，端在于斯。

苏联弗·格·布洛夫：研究王船山的著作是有重要意义的，因为他的学说是中世纪哲学发展的最高阶段……他是真正百科全书式的学者。

者矣。乃唯能造命者，而后可以俟命，能受命者，而后可以造命，推至其极，又岂徒君相为然哉！(《读通鉴论》，载《船山全书》第10册，岳麓书社，1996年版)

船山认为，李泌所说“君相可以造命”，超越古人所谓“俟命”。只有勇于“造命”，才能等待命运与机遇到来；只有能够接天命担当历史大任者，才能够“造命”。他认为唯能造命者，而后可以俟命；唯能受命者，而后可以造命。依此道理推论下去，又怎能说只有“君相”才能造命呢？

天之命有理，而无偏私之心，人人都可得受天命。天无偏私之心，天之命并不故意偏心于谁，这正是“一介之士”亦可以造命之前提。船山解释说：人于此而寿，有人于此而夭，并不是天须其人之久存而使之寿，患其人之妨已而使之夭。其或寿或夭，是不可知的，这就是所谓命。同理，并不是天一定想使之寿，一定想使之夭，屑屑然以其至高大明之真宰，而与人争蟪蛄之春秋，并不是这样的。

天就是理，命就是理之流行

关于“天命论”之含义，船山有明确之说明。

他以人之生死寿夭为例。譬如人之寿命有长短，并不是所谓“天命”决定的，主要是看此人是否遵循天地自然变化之规律。社会之治乱兴亡，也有其不可抗拒之规律。他说：

生有生之理，死有死之理；治有治之理，乱有乱之理；存有存之理，亡有亡之理。天者，理也；其命，理之流行者也。寒而病，暑而病，饥而病，饱而病，违生之理，浅者以病，深者以死，人不自知，而自取之，而自昧之，见为不可知，信为莫之致，而束手以待之，曰天之命也，是诚天之命也。理不可违，与天之杀相当，与天之生相背，自然其不可移矣，天何心哉！(《读通鉴论》，载《船山全书》第10册，岳麓书社，1996年版)

天就是理，命就是理之流行。生有生之理，死有死之理，治有治之理，乱有乱之理，存有存之理，亡有亡之理。寒而病、暑而病、饥而病、饱而病，这就是违背了生之理，浅者则病，深者则死，人不知道这一切都是自取的，从而自己隐瞒自己，以为不可知，以为莫之致，束手以待，说这是天之命。

这诚然是天之所命，但理却是不可违背的，你迎向天之杀，背向天之生，当然是没有办法的，天哪里有什么偏心呢？

人之病或死，是因为人们逆命而行，即逆理之流行而行，船山认为，人的其他遭遇也有同样的道理，譬如国家之治乱与存亡，也不过是如此而已；士庶之穷通生死，刚好就是这样的，道理也与上面所言相同。基于此，船山批评那些把一切都推到天身上的人，他们认为天有私心，好像天一定要与蟪蛄争春秋。船山诘问道，他们为何不自我揣度，而要硬说天是有意这样对待自己的呢？

病、乱、亡、穷等，根源于人之逆命，生、治、存、通等，归功于人之顺命，即顺着理之流行的方向而行。在船山看来，天根本没有什么喜怒，只要循理以畏天，命就掌握在自己手上。而这，恰就是船山所说的“造命”。

一介之士，莫不有造焉

船山批判“天命论”，揭示客观规律不可抗拒，即生死、治乱、存亡皆有其“理”，“理不可违”，违背它就要受到惩罚：“与天之杀相当，与天之生相背，自然其不可移矣。”

只有真正懂得和运用“理”，才能创造好的命运（造命）。在此基础上，船山指出李泌“唯君相可以造命”有片面性：

> 虽然，其言有病，唯君相可以造命，岂非君相而无与于命乎？修身以俟命，慎动以永命，一介之士，莫不有造焉。祸福之大小，则视乎权藉之重轻而已矣。（《读通鉴论》，载《船山全书》第10册，岳麓书社，1996年版）

不仅君相这些掌握国家大权者可以“造命”，就是每个读书人与百姓，都可以“造命”，只是他们之“造命”，即对社会贡献之大小，会有所区别。

船山史论，“推故致新”，不断地提出创造性新见解，成为中国民族宝贵思想财富。

这一意义上之“造命”，“一介之士”无疑可以做到的：从这一方面去看，说只有“君相”可以造命，是不对的。只要做到修身以俟命、慎动以永命，“一介之士”莫不有造焉。祸福之大小，取决于权藉之重轻，如此而已。

人之受命有余或不足不能阻止人去“造命”

船山说命是理之流行，又说天之命无偏私之心，那么，人之能生于此世并具有生命，亦当是天之降命，天之命在这件事情上也没有偏私之心吗？

船山断然答曰：没有！天之降命于人一律平等，没有先后轻重之别。

但现实是，二气方授，人之方受时，以器为承，而器有大小；以时为遇，而时有盈虚。器有大小，犹如疾雨强风之或生或杀；时有盈虚，就如旦日夜露之或明或清。于是人之受命，一开始就有余或不足的现象存在，怎么能说天之降命于人是一律平等的呢？

船山认为，人之受命诚然有余或不足，但不能因此就说这是天之命有偏私；天命是齐一的，不能以人的识见去议论。人之受命有余或不足，并且不能阻止人去“造命”：人之受命有余或不足，都不是人力所能干涉的。既不是人力所能干涉，就只好听命之自然。

但人在这里依然是有作为的，人可以“自致其德命而不自困于吉凶之命”。所谓“致”，就是推其未至而至于必至，由野人起，各层次之人都能这样做。致德命者，可及于最高之至理，由野人到圣人都可以达到最高之道德境界。

在此意义上，“不足”者并非“不足”，因为“不足”可充而为足，未至可推致到必至。

在这里，“造命”即是将天命之不足充而为足，将天命之未至推致至必至，亦即是“致命”。

人之所受，不论器之大小、时之盈虚，都是相同的。而这也就意味着，人之“造命”是一个过程，命日降而性日生，天日命而造不止。船山“性是生理，日生日成”一语，说的就是这个道理。

“性是生理，日生日成。”天命不是初生之顷命，初生之顷命就好比给人一物，让他每日牢牢握持，终身不失，天是有心以劳之于给予，而人只是接受，一旦接受，就再也无法改变。不是这样的，天之生物，其化不息，天之气化流行继续不断，不断地降命于人，人也无时不受天之气所降之命为性。其形日以养，气日以滋，理日以成，方生而受之，一日生而一日受之。

所以我们的性，并不是一成不变的，不是先天就定型的。天日日降命于人，人亦日日受命于天。所以说性就是生，日日生而日日成。人自幼至老，没有一天不在生成中。

人通过双手完成其性之日日生成就是“造命”

人性之日日生成，是通过人自己的双手完成的。人通过自己的双手完成其性的日日生成，就是“造命”。

这是船山所说的“造命”的另一方面的含义，对此船山说，“造命”即是不断地改造天之命于人的一切，向着那最高善去努力。天命之谓性，命日受则性日生。目日生视，耳日生听，心日生思。形受以为器，气受以为充，理受以为德。取之多用之宏，而壮，取之纯用之粹，而善，取之驳用之杂，而恶。不知其所自生而生，所以君子自强不息，日乾夕惕而择之守之，以养自己之性。于是其有生以后，日日生成之性愈益接近善而无恶。圣人之性不备于初生那一刻，人性无固有之疵，所以习之不善，不足以阻止善之来复。未成可成，已成可革，这便是性！

船山坚信，人之伟大，即表现为人能对天之命人之性，未成成之，已成革之，终达于圣人之性。在他看来，人分享了天之创造力，本身又成为一创造主体。父母未生以前，今日是已；太极未分以前，目前是已。是一性于初生之一顷刻，为一成不易之刑，揣之曰无善无不善、有善有不善，可以为善可以为不善，那是很可笑的。

船山言“造命”遗留二问题

船山言“造命”，有着非凡之气派，但依然遗留二问题，尚待解决：一是人之“造命”是逻辑地“造”，还是事实地“造”；二是从“一介之士”造命到“君相”造命，是否有某种层次的联系？

第一个问题要说的是，人可自择逆于命或顺于命去行动，此行动是事实上的，还是只是逻辑上的？人可改造天之命于人的一切，此改造是事实上的，还是只是逻辑上的？

第二个问题要说的是：“一介之士”之造命与“君相”之造命是一样的吗？就是说，它们之间具有同等的意义与价值吗？“一介之士”在价值上，与“君相”显然是不同的，至少在一般人心目中，“君相”要高于“一介之士”，那么，“君相”之造命是不是也要高于“一介之士”之造命呢？

颜元讲奉命畏天－安命顺天－知命乐天－造命回天

让我们带着这两个问题，去请教一丝不苟、刻苦自励、小船山十六岁的习斋先生颜元颜易直（1635—1704）。

颜元，清初儒家、思想家、教育家，颜李学派创始人。原字易直，更字浑然，号习斋，直隶博野县北杨村（今河北博野县）人。以行医、教学为业，主张德、智、体三者并重，抨击宋明理学家“穷理居敬”“静坐冥想”主张。毕生从事教育活动，主张以周公六德、六行、六艺和孔子四教教育学生。学生众多，有记录可查者逾百人。

高足李塨（1650—1733），字刚主，号恕谷，承其学，形成“颜李学派”，较为著名。颜元卒前犹谓门人曰：“天下事尚可为，汝等当积学待用。”葬博野北杨村，门人私谥“文孝先生”。主要著述有《四存编》《习斋记余》等。

执着于人伦规范

颜元极为讲究人伦规范，在此方面之律己责人，几乎达到严苛程度。不仅以此要求学生依照古代礼仪去做任何事情，而且希望以此去唤醒迷途大众。

四十八岁时作《唤迷途》，一唤普通僧道，二唤参禅悟道之僧道，三唤外国和尚，四唤惑于僧道之儒者，五唤愚弄乡下人之各种邪教，早日归依正道、返回人伦，其情意之笃，实属罕见。

颜元自己更是一丝不苟。十岁清兵入关，依然着明服，不肯改穿清服。不想为官清朝，却为赡养祖父朱九，勉强去京城参加考试。为奉养朱九先生，二十二岁开始学医。京城应试时住白塔寺，对寺里无退和尚大谈父母、兄弟、夫妇之道，说服他，终使他还俗回乡。三十三岁，养祖母朱老太太去世，哀伤以致病倒，代父将她收殓埋葬。

三十六岁，知自己不是蠡县刘村朱家人，而是博野北杨村颜家人，立即就想归宗。又念及朱老先生养育之恩，决定奉养到他去世，然后回乡。三十九岁时朱老先生去世，他立即回到北杨村。四十五岁，王学诗想拜他为师，跪两天两夜，不许，可在学诗死后去为他吊丧。理由是：他回家后的确是依古丧礼而行，故虽死亦可收为学生。

四岁时，其父就被招派到关外抵抗清兵，此后再未见面，为寻父，可谓历尽艰辛。三十二岁到京城应试时，就曾托辽东人传布寻父报帖。过了八年，他归宗颜家后，又计划出关到辽东寻父，只因三藩叛变、关外很乱而没有成行。其子赴考，六岁夭折，为替父母留后，又领养一子。

康熙二十三年（1684），颜元五十岁，排除万难，前去辽东，发誓找不到父亲，决不回乡。徒步前往，沿途跪地求人代散寻父报帖，靠替人医病、算命维持生活。第二年三月在沈阳探知父亲已死。见了父亲坟墓和同父异母之妹后，痛哭而返，并将父亲遗骸再葬于故乡博野。五十三岁时，已改嫁之母亲病重，他始终侍候于病榻旁。母卒，更是痛哭不已，按规矩披麻服丧。

颜元乃遵守人伦规范之楷模，其七十年生命，仿佛就是为着人伦规范而活。他把遵行这人伦规范，视为人生最高目标，认为如果在“孝”字上做得不够圆满，人便不能算是人。认为君臣、父子、夫妇等关系，舍弃不得，否则就会禽兽不如。听到有人称赞其学生边之藩有孝顺、友爱之德行，他十分兴奋，对人说："我的学生终于有些成就了。"

让自己成为哪一种人取决于人自己

颜元执着于人伦规范，对于命运，也有十分执着之看法。他曾打算以肥乡（今河北邯郸市肥乡区）漳南书院为基地做一番事业，却不料书院全被暴涨之漳水淹没，无奈中，只得回到家乡直隶博野。

对于这件事，颜元用天意来解释。但其天之所意，并不意味着人无法改变，人只能听天由命。颜元认为，在人一生中，有些东西无法改变，有些东西却可以改变。至于哪些东西可以改变，哪些东西无法改变，颜元有自己之解释：

> 天之生人，有一身之人，有十人之人，有百人之人，有千人万人之人；人之治事，有一世之事，有数世之事，有百世千古之事。以有一身为事者，命之曰匹夫。上此则十人、百人为其事，以至于天下，千古为其事者，不毕其事不安也。故曰宇宙内事，皆吾分内事。（《颜习斋先生言行录》卷上，《言卜第四》，载《颜元集》）

人出生地方不同，东南西北地理之差异，导致人之形与声之差别，扩至四海之外，此种差异就会更大；智愚丑美的禀赋之不同，导致人之心与貌之不同，扩至习染方面，此种不同亦会更大，终致富贵、贫贱、苦乐、寿夭万有之不齐。

这一切，都是二气、五行参差错代造成的，是无法改变的。但是人在成就自己时，却不拘泥于这一切。有为一人之人的，也有为十人之人、百人之人、千人之人、万人之人的；有为一室之人的，也有为一家之人、一乡之人、一国之人、天下之人的；有为一时之人的，也有为百年之人、千年之人、万年之人、同天地不朽之人的。让自己成为哪一种人，这取决于人自己的选择。

大善大恶固非命可囿也

颜元之意，不是说富贵、贫贱、苦乐、寿夭等无法改变，是命；而成为什么样的人，可以改变，不是命。他认为这两方面都是命。

他说成为什么样的人取决于人自己，并不意味着他否定了命运，他只是认为，人在成就自己时，不应当拘泥于自身之局限。人有局限，人对此无可奈何；但人却可以超越此局限，不拘泥于此局限，这一点人可以做到。

或问："祸福皆命中造定，信乎？"先生曰："不然。地中生苗或可五斗，或可一石，是犹人生之命也，从而粪壤培之，雨露润之，五斗者亦可一石；若不惟无所培润，又从而蠡贼之，摧折牧放之，一石者幸而五斗，甚则一粒莫获矣。生命亦何定之有！夫所谓命一定者，不恶不善之中人，顺气数而终身者耳；大善大恶固非命可囿也，在乎人耳。"或大悦。(《颜习斋先生言行录》卷上，《理欲第二》，载《颜元集》)

也就是说，人生尽管是先定的，但人却完全可以以一超越胸怀，不认人生为先定。颜元甚至干脆说，对于"大善大恶"之人来讲，人生没有先定，对他们来讲，人之命运就如地中禾苗，禾苗可结实五斗，亦可结实一石。用肥料培之，用雨露润之，五斗可变成一石；不仅不培之、润之，而且让虫蚊去残害，放牧牛羊去摧折，本有一石的，弄得好可收五斗，弄不好就会颗粒无收。

对"大善大恶"之人来讲，生活又哪里有什么命定呢？

这正是颜元所谓"造命"。很明显，其"造命"，只是不拘泥于自身之局限，并不是去除此局限。而这也就意味着，在颜元理论中，"造命"只能逻辑地"造"，而不能实际地"造"。

除了能"造命"的"大善大恶"之人，颜元称其他人为不善不恶之"中人"。颜元认为，对不善不恶之"中人"来讲，命是一定的，他们只能听从命运，顺气数而终身；对于命运他们应当取一"知命乐天"的态度，因为“治病在清心，清心在知命”。

至于如何才是“知命乐天”，颜元援引友人陈印尼之对话来解释：

友人陈印尼苦为命困，我对他说：“‘知命乐天’四字相连，知之就能乐之。”他说：“我不是不知，我都知晓，但仍觉忧苦。”我对他说：“这是因为其知不真。君子之事天，如孝子之事亲，爱他让他欢喜，他不忘记、恨他让他劳作，他不埋怨，难道有真知亲情还去埋怨的孝子吗？难道有真知天命还不快乐的君子吗？”

也就是说，知命，从而不埋怨，不埋怨，从而能乐天，这是“中人”对命运应取的态度。但是事实上，有许多“中人”并不知命，而且不相信命，他们要努力去改变生活中的一切。

对此颜元认为，他们完全可以这样做，但他们的行为却是不正当的，不属于“正命”范畴。他认为不仅孟子所说的桎梏、岩墙之类不属“正命”，所有好色、好货、好贪食、好争胜之类以致死的，都不属“正命”。由此类推，凡作无益之忧以损害生命者，都不在“正命”的范围之内。

奉命畏天－安命顺天－知命乐天－造命回天

他又提出圣人可驾驭天命之主张。如他说：

圣人以一心一身为天地之枢纽，化其戾，生其和，所谓“造命回天”者也。其次知命乐天，其次安命顺天，其次奉命畏天。“造命回天”者，主宰气运者也；“知命乐天”者，与天为友者也；“安命顺天”者，以天为宅者也；“奉命畏天”者，懔天为君者也。然奉而畏之，斯可以安而顺之矣；安而顺之，斯可以知而乐之矣；知而乐之，斯可以造而回之矣。

颜元在这里提出人对“天”的态度为四个层次：“奉命畏天”——伺奉与敬畏天为国君，“安命顺天”——满足并顺从天命，“知命乐天”——乐天命，“造命回天”——主宰天命。其中“造命回天”是最高层面，而

“奉命畏天”是最低层面。人只要经过“奉命畏天”“安命顺天”“知命乐天”这三个阶段，就可达到“造命回天”。“造命回天”是主宰天命，即指人可以驾驭天命，改变命运。在颜元看来，唯有圣人才能做到“造命回天”。

总之，大善大恶之“圣人”可造命回天，不善不恶之“中人”只能知命乐天。颜元把对于命运的态度分成四个境界，造命回天和知命乐天是头两个境界，其余的依次是“安命顺天”与“奉命畏天”。

“造命回天”是命运的最高境界。圣人以一心一身为天地枢纽，化其戾，生其和，这就是“造命回天”。其次是“知命乐天”，再其次是“安命顺天”，最后是“奉命畏天”。

造命回天者，主宰气运；知命乐天者，与天为友；安命顺天者，以天为宅；奉命畏天者，以天为君。但只有奉而畏之，才能安而顺之；能安而顺之，才可以知而乐之；能知而乐之，才可以造而回之，所以虽说造命回天是最高境界，但它却是以前此一切境界为前提、基础的。

这意味着不善不恶之“中人”，虽不能造命回天，但他们的知命乐天，却是大善大恶之“圣人”造命回天的必由之路。“圣人”要造命回天，必须经过“中人”知命乐天之阶段，甚至必须经过更下之人安命顺天、奉命畏天之阶段。

这也就意味着，从“中人”到“圣人”有一个过渡，“中人”之知命为“圣人”之造命做好了准备。“中人”与“圣人”，并不是两种不同的人，它只是表示两种不同的境界：“圣人”高于“中人”同时他又曾经是“中人”；“君相”高于“一介之士”同时他又曾经是“一介之士”。

焦循讲天下之命自圣人而造

不论是王艮、鹖冠子，还是王夫之、颜元，都言人能“造命”，至少有某些人可以“造命”。但是，这某些人在任何情况下都能“造命”吗？他们之“造命”没有条件限制吗？现在我们要求回答这些问题。

还有，能造之“命”还是不是“命”，如果是，又当如何并在什么意义上理解此“命”，此问题亦需一并给予解答。

"造命"一派，大概都是短命的，陆九渊陆象山只活了五十四岁，王守仁王阳明只活了五十七岁，王艮王汝止只活了五十八岁，现在要谈到的焦循焦里堂，也只活了实岁五十七，虚岁五十八。

焦循（1763—1820），清哲学家、数学家、戏曲理论家，字理堂，一字里堂，江苏扬州黄珏镇人。嘉庆举乡试，与阮元齐名。阮元督学山东、浙江，俱招往游。后应礼部试不第，托足疾不入城市十余年。构一楼名"雕菰楼"，读书著述其中。博闻强记，于经史、历算、声韵、训诂之学都有研究。

经学与天算学是其思想之中心话题。在《几何原本》前六卷译本传入中国之后，明末清初知识界表现出学习此部著作之巨大热情，焦循为其中之一人。此书流传并不广，但对当时中国学人之冲击力不可磨灭。紧随着译本，出现了一批研究学习的著作。如孙元化的《几何体论》《几何用法》（1608），方中通的《几何约》（1661），李子金的《几何易简录》（1679），杜知耕的《几何论约》（1700），梅文鼎的《几何通解》等。此外，还有一些著作虽不是专门的几何学著作，但它们都受到了几何学思维方式的深刻影响。

焦循年轻时并没有全力研究算学，而是汲汲于当时最受关注的名物考证之学，著有《群经宫室图》。这是当时最前沿、最时髦的学术课题之一。焦循憧憬着这样的一种学术：它的真理不依赖于争论，而是直观自明的。他当时正在学习的天算学，给他提供了此种可能。对焦循来说，一道复杂算学题，结论是否正确，并不需要争论。只要将答案代入题目之中，经过加减乘除的计算，正确与否即可验证，正误双方都不必浪费太多口舌。倘若经学真理，也具有算学真理一般的真理性，那该多好。

在其后若干年内，焦循将主要精力投入天算学研究之中。著作有《天元一释》两卷，《加减乘除释》八卷，《开方通释》，《群经宫室图》二卷，《论语通释》，《易通释》十二卷，《易图略》，《易章句》，《孟子正义》，《六经补疏》二十卷，《古文尚书辨》八卷，《毛诗物名释》二十卷，《雕菰集》二十四卷，《里堂诗集》八卷，《里堂词集》二卷等。

天下之命自圣人而造

和其他造命论者一样，焦循认为，人是可以造命的，或者确切些说，圣人是可以造命的。

用他自己的话说就是“天下之命自圣人而造”，他说：

> 天道之命也，百姓之饥慕囿于命。君子造命，使之不饥不寒，皆有以遂其生，百姓之愚不肖，囿于命，君子造命，使之不愚不不肖，皆有以育其德，于是天下之命，自圣人而造，惟圣人不得位，则不特民之生无以遂，即已之生亦待人而后遂。故昧色声，具安佚，听之于命，不荷得不妄束，不以绳性也，具知命也。圣人不得位，民之德无以育，而己之德，则不必待人而后育。故庸行之谨，庸言之信，率之于性，而不听之于命也，是知命也。(《知命解》)

圣人在尊位，君天下则可造天下之命，君一国则可造一国之命，自王侯以至于令长，都有司人之命之时。

焦循进一步解释了此处所说“造命”的具体含义：百姓之饥寒囿于命，君子造命，使之不饥不寒，皆有以遂其生；百姓之愚不肖囿于命，君子造命，使之不愚不不肖，皆有以育其德。在这里，天下之命，自圣人而造。

圣人可以造命，但焦循认为，圣人并不是在任何情况下都能“造命”；天下之命，自圣人而造，是需要某些条件的。这是焦循之“造命说”与其他各家之“造命说”之一个最显著的不同。焦循认定，圣人“造命”，必先得位。他说圣人若是不得其位，不仅民之生无以遂，就己之生也得待人而后遂。

孔子不能得位，则道不行，而天下之命不能造，所以他才说：“道之将行也与，命也，道之将废也与，命也。”

圣人“造命”，必先得位，即是说，圣人不得位，则命无以造。那么，假如圣人始终不能得位，他又该如何看待命运呢？对此焦循说：圣人不得位，民之德无以育，但是己之德却不必待人而后育。行为谨慎，言语诚实，率性而为，而不听之于命，这就叫作“知命”。

圣人以己之命听诸天，以天下之命任诸己，所以栖栖惶惶，不肯像沮溺、荷蒉那样，逃避世事，圣人于天道，是“不谓命”的。孔子五十而知天命，所知的即是这个命；又说不知命无以为君子，所说的君子就是“长人者”，他能造命，便是仁的。

当“造命”的条件不具备时，圣人不妄求，不苟得，不怨天尤人。在位时，造命以遂民之生；不在位时，知命以育己之德。焦循认为，这便是圣人应持的态度。他认为在位时不造命，不在位时强去造命，都是不知命的表现。

可造的不是命，是命的不可造

圣人在位时，造命以遂民之生，不在位时，也知道命究竟是怎么回事，焦循认为，这正是圣人与凡人的不同处。圣人知道，当其终身不得位时，命根本不可造；圣人也知道，当其造命，使百姓不饥不寒、不愚不不肖时，饥寒与愚不肖，对百姓便不再是命。

一方面是命根本不可是，另一方面是即造之命已根本不是命，这种现象该如何解释呢?

对此焦循也有说法。他说：“可转移趋辟者不是命，不可转移趋辟者才是命。”若是为墙所压，则是不自慎，而自折躯体，这不是命；颜子三十二岁而终，此受之于天之命，是不可勉强的，是人力无法干涉的，这才是命。

照此理解，问题便出现了：既然百姓之饥寒，愚不肖是可以转移趋辟的，那饥寒、愚不肖对他们便不是命；既然饥寒、愚不肖对他们不是命，圣人使其不饥不寒、不愚不不肖，便不是造命，而是造非命。

也就是说，可造的不是命，是命的不可造。而焦循又竭力倡导“天下之命自圣人而造”，不是自相矛盾吗?!

焦循知道有这个“自相矛盾”，所以故意绕开去：命宜死而营谋以得生，命宜穷而营谋以得达，不是知命的表现。同样，命可以不死而自致于死，命可以不穷而自致于穷，这不是知命的表现。把所有的一切都委之于命，这叫作“不知命”。

从实践上说，圣人不得位时，命不可造；从理论上说，圣人得位时所造的，又不是命。既然如此，为什么焦循还说圣人可造一国之命，甚至天下之命呢？

焦循没有回答这个问题，也无法回答这个问题。这也许是所有“造命论”者，最终都必然要陷入的理论困境。

《了凡四训》讲“立命”以诸命运哲学为背景

“命运”之“命”，《康熙字典》界定为“命者，定也，不可转也”。

很多人会自问，为什么我的命运是这样，别人的命运是那样？世上为什么有人出生在富贵家庭，而我却出生贫贱？为什么有人辛苦工作一辈子，仍无立锥之地，而那些生在富贵家庭者，养尊处优，财物享用不尽？

这难道都是必然的吗？

中国古圣先贤，研究几千年，得到的答案是，命有一定规律，是注定的，但可以改变。《了凡四训》即以此为背景，而设《立命》一篇。

命运是一种无形力量，而影响此种力量者，绝非他人，而是你自己。要改变命运，必须从自己做起。

宋元明清，形成三教合一劝善之格局。以劝善戒恶、因果报应、阴骘观念为中心的劝善思想，在民间广为流传。

袁黄袁了凡，是明朝重要思想家，在禅学、民生、农业、教育、军事、历法、养生等方面，都有深入研究。

作为“平民思想家”，袁黄在当时家喻户晓，名噪一时。所著《了凡四训》，为训子善书，阐明“命自我立，福自己求”之思想，指出一切祸福休咎，皆自己掌握，行善则积福，作恶则招祸；并现身说法，结合儒释道三家思想，以自身经历，阐明此理，鼓励向善立身，慎独立品，自求多福，远避祸殃。

该书自晚明以来，流行甚广，影响极大，被世人奉为善书经典之作。它讲劝人行善、趋善避恶，对个人品德修养与世道人心改善，不无裨益，对善书思想兴盛，具有划时代意义，深刻影响到晚明以来中国道德思想、伦理思想之变迁。

在《了凡四训》之前，中国哲学家已经构建随命论、俟命论、造命论等命运哲学，打破了定命与宿命之类消极命运观，为《了凡四训》之“立命”哲学，扫清了道路。

《了凡四训》于是才有可能打破“生死有命，富贵在天”之传统知命安命思想，倡导构建积极有益、自强不息，去改造命运的“立命之学”。

早期袁了凡，曾相信并验证过“定命”之准确性，后来得云谷禅师点拨，幡然醒悟，知道“定命”与“宿命”等均非真实，人们可以掌握自己之未来，改造自己之命运。

其下半生，又得验证自我“立命”之真，构建自求多福，改造自己之命运。

《了凡四训》之“四训”，分别为“立命之学”“改过之法”“积善之方”“谦德之效”。“四训”构成严谨之理论和实践体系，是一本有益世道人心、转移社会风气不可多得之好书。

“劝善”乃是儒释道三教思想可以汇通融合之关键。“劝善”是劝人为善，“改过”则是主体自觉的道德行为，它与行善构成一套践行系统。故后世有“迁善改过”或“为善去恶”之说，强调一个人的基本德行，应当包含两个方面：一是行善，一是改过。

一般认为“四训”之中，重点是“改过”和“积善”。此种观点，恐不合了凡本意。“四训”以“立命”为首，当然“立命”是重点。有什么样的“命运”观，就有什么样的“改过”与“积善”观。

只有先相信“立命”，然后才有可能讲“改过”与“积善”。相信“定命”与“宿命”的人，根本不可能讲“改过”与“积善”。所以“命运观”或“命运哲学”，乃是中国慈善哲学之根本背景。

‖第三章　中国慈善哲学五大核心价值观‖

附《了凡四训》第四篇《谦德之效》

易曰：天道亏盈而益谦，地道变盈而流谦，鬼神害盈而福谦，人道恶盈而好谦。是故谦之一卦，六爻皆吉。书曰：满招损，谦受益。予屡同诸公应试，每见寒士将达，必有一段谦光可掬。

辛未计偕，我嘉善同袍凡十人，惟丁敬宇宾，年最少，极其谦虚。予告费锦坡曰：此兄今年必第。费曰：何以见之？予曰：惟谦受福。兄看十人中，有恂恂款款，不敢先人，如敬宇者乎？有恭敬顺承，小心谦畏，如敬宇者乎？有受侮不答，闻谤不辩，如敬宇者乎？人能如此，即天地鬼神，犹将佑之，岂有不发者？及开榜，丁果中式。

丁丑在京，与冯开之同处，见其虚己敛容，大变其幼年之习。李霁岩直谅益友，时面攻其非，但见其平怀顺受，未尝有一言相报。予告之曰：福有福始，祸有祸先，此心果谦，天必相之，兄今年决第矣。已而果然。

赵裕峰、光远，山东冠县人，童年举于乡，久不第。其父为嘉善三尹，随之任。慕钱明吾，而执文见之，明吾，悉抹其文，赵不惟不怒，且心服而速改焉。明年，遂登第。

壬辰岁，予入觐，晤夏建所，见其人气虚意下，谦光逼人，归而告友人曰：凡天将发斯人也，未发其福，先发其慧；此慧一发，则浮者自实，肆者自敛；建所温良若此，天启之矣。及开榜，果中式。

江阴张畏岩，积学工文，有声艺林。甲午，南京乡试，寓一寺中，揭晓无名，大骂试官，以为眯目。时有一道者，在傍微笑，张遽移怒道者。

道者曰：相公文必不佳。

张益怒曰：汝不见我文，乌知不佳？

道者曰：闻作文，贵心气和平，今听公骂詈，不平甚矣，文安得工？

张不觉屈服，因就而请教焉。

道者曰：中全要命，命不该中，文虽工，无益也，须自己做个转变。

张曰：既是命，如何转变。

道者曰：造命者天，立命者我，力行善事，广积阴德，何福不可求哉？

张曰：我贫士，何能为？

道者曰：善事阴功，皆由心造，常存此心，功德无量。且如谦虚一节，并不费钱，你如何不自反而骂试官乎？

张由此折节自持，善日加修，德日加厚。丁酉，梦至一高房，得试录一册，中多缺行。问旁人，曰：此今科试录。问：何多缺名？曰：科第阴间三年一考较，须积德无咎者，方有名。如前所缺，皆系旧该中式，因新有薄行而去之者也。后指一行云：汝三年来，持身颇慎，或当补此，幸自爱。是科果中一百五名。

由此观之，举头三尺，决有神明；趋吉避凶，断然由我。须使我存心制行，毫不得罪于天地鬼神，而虚心屈己，使天地鬼神，时时怜我，方有受福之基。彼气盈者，必非远器，纵发亦无受用。稍有识见之士，必不忍自狭其量，而自拒其福也。况谦则受教有地，而取善无穷，尤修业者所必不可少者也。

古语云：有志于功名者，必得功名；有志于富贵者，必得富贵。人之有志，如树之有根，立定此志，须念念谦虚，尘尘方便，自然感动天地，而造福由我。今之求登科第者，初未尝有真志，不过一时意兴耳；兴到则求，兴阑则止。孟子曰：王之好乐甚，齐其庶几乎？予于科名亦然。

一、以“大仁”为核心价值观

可以“大”或“太”为“中华共识”：以其言知，即有所谓“大知”；以其言仁，即有所谓“大仁”；以其言心，即有所谓“大心”；以其言美，即有所谓“大美”；以其言智，即有所谓“大智”；以其言利，即有所谓“大利”；以其言化，即有所谓“大化”；以其言人，即有所谓“大人”；等等。

这个“大”或“太”，才是中国文化各家各派之“共识”，才是中国文明所以不同于欧西文明之根本所在。以池田大作为例，其构建“新人道主义”，实质是以“中国文化”为格式、框架，吸纳、消化“欧西人道主义”之所得；其作为格式、框架的“中国文化”，有“中庸哲学”之要素，也有“共生哲学”之要素，然最根本的还是“中国文明”中固有之“大仁哲学”。

池田氏构建“大仁人道主义”，给中国哲学界之最大启示即在：既然可以“大仁哲学”为格式、框架，吸纳、消化“欧西人道主义”而得“新人道主义”，当然就可以“大知哲学”为格式、框架，吸纳、消化“欧西知识论”而得“新知识论”，亦可以“大利哲学”为格式、框架，吸纳、消化“欧西功利主义”而得“新功利主义”，亦可以“大化哲学”为格式、框架，吸纳、消化“欧西进化论”而得“新进化论”，等等。而“新人道主义”“新知识论”“新功利主义”“新进化论”等，恰正是“新中国哲学”之组成部分。

“小仁”与“大仁”

在中国文化系统中，自爱不是“仁”，爱人才是“仁”，爱物是“大仁”；自利不是“仁”，利人才是“仁”，利物是“大仁”。所以如果说“仁”是要调节人与人之间之关系，则“大仁”就是除了调节人与人之间之关系以外，还要调节人与物之间、物与物之间之关系。故“大仁”之“大”不只是一个量概念，它实是一个质概念。

中国文化中少见“大仁”一词，更不见“小仁”一词，常见者只是“仁”字。“仁”实际上有两个层次，一层涉及人与人之间之关系，著者称为“小仁”；一层涉及人与物、物与物之间之关系，著者称为“大仁”。此区分是著者之杜撰，未必尽符传统文化原意，亦未必全能把古今思想讲通。

《左传》僖公三十三年载晋大夫臼季之言曰："臣闻之，出门如宾，承事如祭，仁之则也。"此处之"仁"，是"小仁"还是"大仁"？似是"小仁"。类似言论又见于《论语》，《论语·颜渊》曰："仲弓问仁，子曰：出门如见大宾，使民如承大祭。己所不欲，勿施于人。在邦无怨，在家无怨。仲弓曰：雍虽不敏，请事斯语矣。"著者以为此处讲"仁"，依然只是"小仁"，因它只涉及人与人之关系，而未涉及人与物、物与物之关系。不过《左传》所讲是"出门如宾，承事如祭"，而《论语》所讲却是"大宾""大祭"。

加了一"大"字，意义肯定有些区别，但就"仁"之层次来说，著者以为依然是处于"小仁"一层，而非"大仁"。《国语·晋语》又有言曰："优施教骊姬夜半而泣，谓公（按即晋献公）曰：……吾闻之外人之言曰：为仁与为国不同，为仁者爱亲之谓仁，为国者利国之谓仁。"此处之"仁"，著者依然认定为"小仁"，因为"爱亲"还不尽是"爱他"，"利国"还不是"利他国"。

《老子》第十八章说"大道废，有仁义"，《老子》第十九章又说"绝仁弃义，民复孝慈"，此处之"仁"，著者以为亦只是指"小仁"而言。在"大仁"一层上，在对待人与物、物与物之关系的态度上，儒、道两家并没有什么根本不同。儒讲"大仁"，道亦讲"大仁"，道家安有"废"之"绝"之之理？

《庄子·齐物论》有"自我观之，仁义之端，是非之涂，樊然殽乱，吾恶能知其辩"之言，似乎对于"仁"亦持否定态度。但其所否定者，依然只是"小仁"，而非"大仁"；以庄子之胸襟和气度，著者敢断言他绝无可能否定"大仁"。这是道家对于"仁"之一个基本态度。

在这一点上，几千年来似少见道家之知心人，替它明确表达心声。中国文化各学派之对立，只是"术"上之对立，而非"道"上之对立，换言之，只有"术"不同而没有"道"不同。儒、道两家所尊奉之"道"，是相同的，这就是以仁爱之心对待天地万物，换言之，这就是"大仁"。

《吕氏春秋·开春论·爱类》论"仁"，意义亦大致相同。其言曰："仁于他物，不仁于人，不得为仁；不仁于他物，独仁于人，犹若为仁。"

仁仅施于物，而不施于人，不得视为“仁”，甚至亦不得视为“小仁”；仁仅施于人，而不施于物，虽可勉强得“仁”之称，但亦不过“小仁”而已。所以就儒家系统而言，“小仁”是基础，“大仁”是理想；一个连“小仁”都不为或不愿为之人，是无论如何达不到“大仁”境界的。

故在儒家系统中，“大仁”不是空言，而是“小仁”之进一步延伸与扩展。儒家强调这个基础，强调“小仁”对于“大仁”之关键意义，所以给人一种误解，好像儒家是专讲“小仁”，而不讲“大仁”的。《吕氏春秋·开春论·爱类》说“仁也者，仁乎其类者也。故仁人之于民也，可以便之，无不行也”，“仁乎其类”只涉及人类，是“小仁”；儒家强调的就是这一类“小仁”。故常常给人误解。

汉儒董仲舒《春秋繁露·仁义法》试图给“仁”一个定义。其言曰：“仁之法在爱人，不在爱我；义之法在正我，不在正人。我不自正，虽能正人，弗予为义；人不被其爱，虽厚自爱，不予为仁。……爱在人谓之仁，义在我谓之义，仁主人，义主我也。”整段话所谈，就是“小仁”与“不仁”之区别：仅仅“自爱”，是“不仁”，仅仅“爱人”是“小仁”；“自爱”虽厚，不及他人，是“不仁”，“爱人”虽薄，人“被其爱”，却是“仁”，只是尚“小”。在此段话里，董仲舒还只涉及“小仁”问题。

程颢《河南程氏遗书》卷二上讲“仁者浑然与物同体”，就已涉及“大仁”问题。《河南程氏遗书》卷四说：“若夫至仁，则天地为一身，而天地之间，品物万形为四肢百体。夫人岂有视四肢百体而不爱者哉？圣人，仁之至也，独能体是心而已。”此处讲“至仁”、讲“仁之至”，有何意思？著者以为就是所谓“大仁”，就是所谓“仁之大”。

“大仁”跟董仲舒上段话所说之“仁”，很有不同：那“仁”只在“爱人”，而“大仁”却在爱天地万物。以天地为“一身”，以万物为“四肢百体”，则爱天地万物，亦就是“自爱”，亦就是“爱我”。如此莫非又是返回到“不仁”之境界？其实不然。中国文化爱天地，天地虽为“一身”，却不同于“小我”之身；中国文化爱万物，万物虽为“四肢百体”，却不同于“小我”之肢体。

故爱天地万物自“自爱”“爱我”而言之，似“不仁”；自“大我自爱”“爱大我”而言之，则又是“大仁”。以此观之，“大仁”既是“不仁”，又是“仁”。

从“他人”角度看“大仁”

子贡问孔子，“博施于民，而能济众”可不可以叫作“仁”？孔子回答说，这不叫作“仁”，而可叫作“圣”。在“圣”之方面，连最伟大的帝王尧、舜都还做得不够。“仁”可称为“己欲立而立人，己欲达而达人”。换言之，“仁”不过就是以己推人，设身处地，《论语·雍也》叫作“能近取譬”。

此处孔子只把“立人”“达人”视为“仁”，而不把“博施”“济众”视为“仁”；可知在孔子心目中，“圣”是处于“仁”之上之一个更高境界。若将“仁”称为“小仁”，则“圣”无疑就是“大仁”。

孔子既以“立人”“达人”为“仁”，则弄清“立”“达”之含义，便有很重要意义。《论语·为政》讲“三十而立”，此“立”字被何晏《集解》释读为“有所成”。《论语·泰伯》又讲“立于礼，成于乐”，以及《论语·尧曰》讲“不知礼，无以立也”，此两处“立”字亦含有所成、可以自立之意。《论语·子罕》又有“可与共学，未可与适道；可与适道。未可与立；可与立，未可与权”之言，此“立”字处“权”与“道”之间，似是懂得“道”但还不知“变通”之一种境界。

《论语·卫灵公》还有“臧文仲其窃位者与，知柳下惠之贤而不与立也”之言，此“立”字被邢昺《疏》释读为“不称举与立于朝廷”，似是指担任一定公职而言。总起来看，孔子所谓“立”，似乎更多的是指“在社会上立足”，亦就是在已获得一定学识前提下“开始贡献于社会”。再换言之，“立”就是开始超出“小我”而进入“大我”。故著者以为孔子所说“立”字之最好释读是：从“个人”而进入“社会”曰“立”，从“家庭”而进入“社群”曰“立”，从“小我”而进入“大我”曰“立”，从“学”而进入“用”曰“立”。

至于“达”字，《论语·颜渊》亦有说明。子张问“士何如斯可谓之达”，孔子反问“何哉尔所谓达者”，子张对曰“在邦必闻，在家必闻”。

《论语·颜渊》说这叫作“闻”，不叫作“达”，“夫达也者，质直而好义，察言而观色，虑以下人，在邦必达，在家必达；夫闻也者，色取仁而行违，居之不疑，在邦必闻，在家必闻。”

此“闻”字，著者理解为名声在外，但败絮其中；“达”字，著者理解为名声在外，且货真价实。“闻”“达”之共同点是名声在外，这和“立”字之“进入社会”义，含义相同；区别在前者徒有虚名，而后者则名副其实。诸葛孔明曾有“苟全性命于乱世，不求闻达于诸侯”之言，“不求闻达”就是不求“名声在外”之意。

著名哲学史家张岱年先生，曾释读“立”为“有所成而足以无倚”，释读“达”为“有所通而能显于众”，释义虽很明确，但尚未突出“立”与“达”字之“社会”义：有所成而不贡献于社会，那不叫作“立”；有所通而不施之于社会，那不叫作“达”。“立”“达”实际是两个“社会性”概念。张先生突出此点不够，故著者以为其释读不能谓之“最好”。至于著者之释读，当然亦不是“最好”，但至少亦可为一家之言。

“立”“达”既是两个超出“小我”而进入“大我”之概念，则孔子所谓“仁”的含义，也就很清楚了：“仁”一定涉及“己”与“人”之关系，亦即“自我”与“他人”之关系；而“仁”之上之“圣”，则不仅涉及“己”与“人”之关系，还当涉及“己”与“物”之关系，“博施”“济众”理应涉及“物”，只是孔子没有明说而已。孔了讲“尧舜其犹病诸”，其所“病”应就是“病”在“己”与“物”之关系上；在“己”与“人”之关系方面，尧舜已经做得很好，甚至“最好”，已无“病”可说。可知孔子此处虽未明确论及“物”，但已暗含“物”之义：“小仁”关涉“人”，“大仁”关涉“物”。

当然孔子强调之重点，是“小仁”。如《论语·颜渊》讲“樊迟问仁，子曰爱人”，又如《论语·里仁》讲“惟仁者能好人，能恶人”，再如《论语·里仁》讲“其为仁矣，不使不仁者加乎其身”等，其“仁”字都只涉及“人”。

另如《论语·颜渊》“克己复礼为仁，一日克己复礼，天下归仁焉”一段中，“仁”跟“礼”有关，只涉及“人”；

《论语·子路》“樊迟问仁，子曰：居处恭，执事敬，与人忠，虽之夷狄，不可弃也”一段中，“仁”跟“恭”“敬”“忠”有关，只涉及“人”；

《论语·阳货》“子张问仁于孔子，孔子曰：能行五者于天下为仁矣。请问之，曰恭、宽、信、敏、惠”一段中，“仁”跟“恭”“宽”“信”“敏”“惠”五者有关，只涉及“人”；

此外《论语·雍也》“仁者先难而后获”、《论语·颜渊》“仁者其言也讱”、《论语·宪问》“仁者必有勇”、《论语·学而》“巧言令色鲜矣仁”、《论语·子路》“刚毅木讷近仁”、《论语·子路》“仁者不忧”等言，均只是涉及“人”即“他人”一方面，均只是“小仁”。

由于“小仁”是基础性的，所以孔子从不以为难。孔子觉得“仁”离我们不远，故《论语·述而》有“我欲仁，斯仁至矣”之言。他以为只要人有向“仁”之心，“仁”就是能够做到的。

《论语·里仁》说：“有能一日用其力于仁矣乎？我未见力不足者。盖有之矣，我未之见也。”“力不足”是能力不够，在“仁”这一点上，能力不够的人是没有的；也许有，但孔子说他没有看见。他以为“君子”在这方面就做得很好，因为“君子”知道“仁”就是其一生之使命。《论语·里仁》“君子去仁，恶乎成名”，离开了“仁”，“君子”何能成为“君子”？

以此“君子”才能做到《论语·里仁》所谓“无终食之间违仁，造次必于是，颠沛必于是”，以此“志士仁人”才能够做到《论语·卫灵公》所谓“无求生以害仁，有杀身以成仁”。“仁”就是“君子”之生命，没有任何东西可以超越此生命。虽说“仁”不难，但孔子却很少许当时之人为“仁者”，他心目中之“仁者”，只有少数几人，如微子、箕子、比干、伯夷、叔齐、管仲等。这些人均是中国文化史上了不得之“大人”。孔子一方面只许他们为“仁者”，一方面又说为“仁”不难，其间自有矛盾。著者以为即使是“小仁”，也已相当难为，何况是“大仁”。

从“他人”角度谈“仁”，只能论及“小仁”，而论不到“大仁”，如此则以上所论岂不全无意义？著者之看法是：在“大仁”题材下论“小仁”，诚然是行有所偏，但不能谓全无意义，因为在中国文化系统中，“大仁”不过是“小仁”之一个延伸与扩充而已；不明了“小仁”，是不可能真正明了“大仁”的。故“小仁”虽“小”，却依然有论及之必要。

孟子也论“小仁”，如《孟子·尽心下》说“仁者以其所爱，及其所不爱；不仁者以其所不爱，及其所爱”，讲的就是“小仁”。不过此处似另有深意：孔子以为“仁”就是己所不欲，勿施于人，不包含“己所欲施于人”之义；而孟子却说“己所欲施于人”，其实就是“仁”。

孟子论“小仁”之文字，还有很多。如《孟子·公孙丑上》讲“恻隐之心，仁之端也”、《孟子·尽心下》讲“强恕而行，求仁莫近焉”、《孟子·尽心下》讲“仁也者人也，合而言之，道也”、《孟子·离娄上》讲“仁，人之安宅也”、《孟子·告子上》讲“仁，人心也”、《孟子·尽心下》讲“人能充无欲害人之心，而仁不可胜用也”、《孟子·尽心下》讲“亲亲仁也”等，这些文字讲“仁”，都没有超出人际关系之范围，因而都只能视为“小仁”。

汉儒董仲舒也有论“小仁”之文字。如《春秋繁露·仁义法》“仁之法在爱人”等言，就是。另外，《春秋繁露·必仁且智》讲“故仁者所以爱人类也”、《春秋繁露·仁义法》讲“仁者爱人之名也”等，也是。

至宋，便很少再见到论“小仁”之文字。如程颐《河南程氏遗书》卷十八“仁者固博爱，然便以博爱为仁，则不可”等言，就是驳斥“小仁”之文字。韩愈以“博爱”为“仁”，气魄宏大，虽未超出人际关系之范围，但已并非一般“小仁”所能比。虽已至此，程颐却还不满足，判其为“非也”。

在宋儒心中，“仁”而不超出人际关系之范围，就不能谓之“大”，甚至就不能谓之“仁”。如程颐在《河南程氏遗书》卷十八中就认为孟子所谓“恻隐之心”不为“仁”，而有“爱自是情，仁自是性，岂可专以爱为仁”等言。可知宋儒与周儒，确已有很大区别：周儒以“小仁”为重心，宋儒则以“大仁”为重心；周儒少论“大仁”，宋儒少论“小仁”；周儒重人与人之关系，宋儒重人与物，尤其是物与物之关系。

宋儒达到的这一重要进展，著者以为就跟禅宗在中国之成立，有直接关联。或简言之，禅成就了宋儒之“大”。

从“万物”角度看“大仁”

从“万物”角度来说，“大仁”调整的就是人与物、物与物之间之关系。

《孟子·尽心上》论“仁”与“物”之关系云：“君子之于物也，爱之而弗仁；于民也，仁之而弗亲。亲亲而仁民，仁民而爱物。”著者之释读是：“爱”即“大仁”，“仁”即“小仁”；“小仁”自“亲亲”而来，施于“民”；“大仁”自“仁民”而来，施于“物”。故“君子之于物也，爱之而弗仁”一句，是很好解读的，“君子”对待“物”只能是“大仁”，“大仁”不是一般之“仁”，故曰“弗仁”。

《孟子·离娄下》又说：“舜明于庶物，察于人伦，由仁义行，非行仁义也。”“庶物”与“人伦”，通行“仁义”之轨则，这“仁”就是“大仁”，这“义”就是“大义”。《孟子·尽心下》又有“尧舜之知，而不偏物”“尧舜之仁，不偏爱人”等言，表达的也是相同意思。

王阳明是讲“天地万物一体之仁”之最重要代表，讲得最多，也讲得最透。他晚年所撰《王文成公全书·大学问》，就是讲“天地万物一体之仁”之专篇。他以为见孺子入井而有恻隐之心，是与同类者“一体”；见鸟兽哀鸣而有不忍之心，是与知觉者“一体”；见草木摧折而有悯恤之心，是与有生意者“一体”；见瓦石毁坏而有顾惜之心，是与无生命者“一体”。正因为“人心与天地同体”，所以王阳明《传习录》下才说人“上下与天地同流”。“同流”，“流”什么？“流”的就是“仁心”。此“仁”自人心“流”向天地万物，又自天地万物“回流”至人心，就是所谓“大仁”。

故王阳明《传习录》中说：“心学纯明而有以全其万物一体之仁，故其精神流贯，志气通达，而无有乎人己之分，物我之间。”无“人己之分”，就是人己之间无隔阂；无“物我之间”，就是物我之间无隔阂。两方面均“流贯通达”，就是“大仁”，就是“万物一体之仁”。

可知阳明先生之境界，确是高远，其“天下犹一家，中国犹一人”之言，不为虚言。总之从“万物”角度而看“大仁”，“大仁”就是“天地万物一体”之境界。

从“生生”角度看“大仁”

天地万物“生生不息”，谓之“生意”。“生意”乃是天地万物“可久可大”“天长地久”“悠久成物”之根本基础，故《易传》有“生生之谓易”之言，又有“天地之大德曰生”等言。“仁”而以“生生”为根本义，表明“仁”不仅可为“大仁”，而且可为“大大仁”。

二程《河南程氏遗书》卷十八提出“生生之理便是仁也”之命题，更是直接将“生生”与“仁”等同起来。他们以为“仁”源于天道“生生”之理；此理又具于人心，而成为人之所以为人之性。《河南程氏外书》卷六曰：“仁，理也。人，物也。以仁合在人身言之，乃是人之道也。”

“生生”之理虽为天道，但其实现于人则为人道，故此处人道即是天道。天道既是“生生”之理，“生物”不息，却为何又要降为人道，不能自足？就因为天地无手，必假人之手方能实现其“生生”之理；否则天道反成“耽搁”。人生此世之价值与意义，正在替天行道，帮助天地完成其“生物”与“生生”之使命。故二程《河南程氏遗书》卷十八才有“心譬如谷种，生生之理便是仁也”之言。总之“生”与“生生”，乃是“仁”之最根本特征。

王阳明《传习录》上亦曾直接把“仁”规定为“造化生生不息之理”。他以为天地万物“生生”之理，“虽弥漫周遍，无处不是，然其流行发生只是个渐，所以生生不息”。天地万物“生生不息”之根本原因，就在一个“渐”字，就是父生子、子生孙、孙生重孙式之层叠累积。

“仁”既是天地万物“生生不息之理”，则此“生生不息之理”总得有个“发端处”，阳明以为这发端处，就是天地之“心”。同理，人得此“生生不息之理”以为“仁”，此“仁”亦总得有个“人心生意发端处”，阳明以为这发端处，就是“良知灵觉”。阳明以为人心是不假外求、自然灵昭的，换言之，人心就是一种“灵明”。而此“灵明”之心，就是“仁”心，亦就是天地万物之“心”。

从“流通”角度看“大仁”

此处所谓“通”，就是“打通”。不仅要“打通”人与人、人与物，更要“打通”物与物；不仅要“打通”人道与人道、人道与天道，更要“打通”天道与天道；不仅要“打通”人界与物界、物界与神界，更要“打通”神界与神界。总之遍江河没有“水坝”，就是江河“通”；遍人体没有“血栓”，就是血脉“通”。“通”就是无“栓”。

胡宏《知言》卷四曾以“偏该流通”一语讲“仁”，亦重在一个“通”字。《知言》卷二说：“自观我者而言，事至而知起，则我之仁可见矣；事不至而知不起，则我之仁不可见也。自我而言，心与天地同流，夫何间之有?”“流”就是“流通”，“间”就是隔阂。既“流通”，则无隔阂，无隔阂即是“仁”矣。

故胡宏《知言》卷一提出“仁者，天地之心”之命题，“仁”既是“偏该流通”的，则天地万物间当然就是“偏该流通”的。胡宏《知言》卷一的“天地之心，生生不穷者也，必有春秋冬夏之节，风雨霜露之变，然后生物之功遂”等言，也最好从“偏该流通”之角度去理解。

朱熹《论语或问》卷四也曾以“流通”明“仁”，而留下“以仁为爱体，爱为仁用，则于其血脉之所系，未尝不使之相为流通也”等语。“仁”之特性和功用，就是“相为流通”。朱子虽曾批评二程弟子谢上蔡（良佑）“论仁以觉以生意”等说法，但朱子并没有因此而否认“仁”与“觉”与“通”之关联性。

《朱子语类》卷六说：“仁固有知觉，唤知觉做仁却不得。”“知觉”以“通”为职志，则朱子之意思就是“仁”固然是“通”的，但“通”却不即等于“仁”。“仁”以“通”为特色，但不以“通”为唯一秉性。

朱子更著《仁说》（《朱文公文集》卷六十七），发明“仁”之“流通”义，曰：“天地以生物为心者也，而人物之生又各得夫天地之心以为心者也。故语心之德，虽其总摄贯通，无所不备，然一言以蔽之，则曰仁而已矣。”“仁”就是“总摄贯通，无所不备”，亦就是“流通”于天地万物间，绝无间隔。

王廷相《慎言·作圣》更是明确提出“仁者与物贯通而无间者也”之命题，把“仁”规定为“与物贯通”，而非“与人贯通”。此“仁”正就是“大仁”。《慎言·作圣》以为从“贯通而无间”这个角度去看“仁”，“万物并育而不相害，道并行而不相悖”就是“天地之仁”，“老者安之，朋友信之，少者怀之”就是“圣人之仁”，总之是“物各得其所，谓之为仁”。

此处“圣人之仁”，可谓“小仁”“天地之仁”，可谓“大仁”。

以“大”为“中华共识”也许可行

“中华共识”是指中国文化中各家各派共有之认识，与之相对应者，是各家各派之“各识”。

长期以来中国学界关注之重点，是“各识”，而非“共识”，如“现代新儒家”聚焦于儒家之“各识”，“现代新道家”聚焦于道家之“各识”，“现代新法家”聚焦于法家之“各识”，等等。以此应对欧西文化之挑战，有其利，亦有其弊，但终究是弊大于利。因为这样一来，各家各派之代表各说各话，各自为政，难以“集中优势兵力”，合力对外。

若吾人能找到超越“各识”之“共识”，先在“共识”层面形成合力，则就有可能在“中西哲学论战”中，先集中兵力，解决一个或几个根本性问题。待这些关涉全局之根本问题解决之后，再回到“各识”层面，各自为政。

如此则中国学者，就必先解决何为“中华共识”问题。在此方面要达成“共识”，恐怕亦非易事。著者在《论“大利”之作为“中华共识”》一文中，曾提出一个方案，就是以“大”或“太”为“中华共识”：以其言知，即有所谓“大知”；以其言仁，即有所谓“大仁”；以其言心，即有所谓“大心”；以其言美，即有所谓“大美”；以其言智，即有所谓“大智”；以其言利，即有所谓“大利”；以其言化，即有所谓“大化”；以其言人，即有所谓“大人”；等等。这个“大”或“太”，才是中国文化欲达之终极目标，才是中国文化各家各派之“共识”，才是中国文明所以不同于欧西文明之根本所在。

池田大作"新人道主义"之构建，可为构建"新慈善哲学"之鉴。其"新人道主义"之实质，乃是以"大仁哲学"为格式、框架，吸纳、消化"欧西人道主义"之所得。就此而言，我们又可将其命名为"大仁人道主义"。池田氏"新人道主义"之构建，为当今"新慈善哲学"构建者，树立一重要范例，可为今后"新慈善哲学"构建工作指明路径。

池田氏构建"大仁人道主义"，给中国哲学界之最大启示即在：既然可以"大仁哲学"为格式、框架，吸纳、消化"欧西人道主义"而得"新人道主义"，当然就可以"大知哲学"为格式、框架，吸纳、消化"欧西知识论"而得"新知识论"，亦可以"大利哲学"为格式、框架，吸纳、消化"欧西功利主义"而得"新功利主义"，亦可以"大化哲学"为格式、框架，吸纳、消化"欧西进化主义"而得"新进化主义"，等等。"新慈善哲学"亦可依例构建。

而"新人道主义""新知识论""新功利主义""新进化主义""新慈善哲学"等，恰正是"新中国哲学"之组成部分。

二、以"万物一体"为核心价值观

假如吾人把大于个人之单元，称为"共同体"，则种种立足"共同体"之理论或学说，就都是反个人主义的。此种理论或学说，在欧西思想中始终存在，只是不占主流而已。

"生命共同体"或"生态共同体"，是欧西到目前为止所达之最高境界。然此种境界之视野，并不是最大的。还有比"生命共同体"或"生态共同体"更大之共同体，如"太阳系共同体""银河系共同体"，直至"宇宙共同体"。

这个"宇宙共同体"，是中国历代哲人所倡导的。"宇宙共同体"，正是中国哲学之"终极关怀"，是中国文化五千年真正一以贯之之"道"，是中国文化真正之"道统"。

在所谓"全球化"时代，这个"宇宙共同体"之总体框架，并没有过时，相反，愈往前发展，愈会显示出其价值。

“共同体主义”在欧西

个人主义是欧西文明始终不曾放弃之基本立场，是欧西人对于人类文明之重要贡献之一。

但这并不意味着欧西文明中，就没有反个人主义之思想家。假如我们把大于个人之单元，称为“共同体”（community），则各种立足“共同体”之理论或学说，就都是反个人主义的。此种理论或学说，在欧西思想中始终存在，只是不占主流而已。

柏拉图和亚里士多德，就有此等立场，不过他们是出现于欧西个人主义兴盛之前。文艺复兴以后，欧西所谓近现代个人主义“膨胀”之后，如此之立场还存不存在呢？答案是肯定的。

“民族－国家共同体”

比如20世纪八九十年代兴盛起来之“共同主义”（Communitarianism），就是对个人主义与自由主义之一种反动，是立足于“民族－国家共同体”来反对个人主义与自由主义。

此种理论之主要代表人物，有麦金太尔（Alasdair MacIntyre）、泰勒（Charles Taylor）、桑德尔（Michael Sandel）、瓦尔泽（Michael Walzer）、米勒（David Miller）等。他们注重与他人之“共在”，对他者之“责任”，试图以某种形式之“共同体主义”，取代个人主义，以共同体之价值，取代个人利己之伦理。

尽管这些思想家，大都不承认自己是“共同体主义者”，但在置“民族－国家共同体”于个人之上这一点上，他们之立场是完全一致的。

“人类共同体”

再比如德国哲学家雅斯贝尔斯（Karl Jaspers，1883—1969）有关“世界哲学”之理论，也是对个人主义之一种反动。

不过雅氏所取之立场，比上述“共同体主义”更大。他不是立足于“民族－国家共同体”反个人主义，而是立足于“人类共同体”反个人主义。他认为“民族－国家中心主义”之思维，如“国家主权”“国家利益至上”等观念，在相当长时期里，会依然存在，但从更宏观和更长远之角度看，它们却只有相对之意义。

他以为人类应该抛弃“民族－国家中心主义”之思维，应以“全人类”之理想为动力，立足“全球精神－政治共同代表”来思考问题。他主张废除战争，主张建立一个包容世界各国之联邦制国家，主张放弃民族绝对自主权，主张把对外政策转换成世界对内政策，主张将全部生产用于联合起来之“全人类”，等等。

这是以“全人类”为立足点之一种立场。

“非人类中心论”

比雅斯贝尔斯之立场更为宏大之立场，是“非人类中心论”（Anti－Anthropocentric）。

“人类中心论”以为人类有优越于其他物种之道德地位，人类是唯一伦理主体与道德代理人，简言之，只有人类是目的，其他都是手段。

此种立场在20世纪70年代以后，受到各种形态置之“非人类中心论”之批判。这些“非人类中心论”，或把道德关怀之对象延伸到动物，或延伸到包括动、植物在内之“生命共同体”，或延伸到包括大地、岩石、河流等在内之“生态系统”，等等。但它们之基本立场，还是“生命中心论”或“生态中心论”，是立足于“生命共同体”或“生态共同体”，来反对个人主义，或视野较狭之“非个人主义”。此类“非人类中心论”之最大视野，是“地球中心论”。

比“民族－国家共同体”更大者，是“人类共同体”，比“人类共同体”更大者，是“生命共同体”或“生态共同体”，这是欧西人到目前为止所能达到之最高境界。但这种视野还不是最大的，还有比“生命共同体”或“生态共同体”更大之共同体，如“太阳系共同体”“银河系共同体”，直至“宇宙共同体”。

"宇宙共同体"：中国慈善哲学之"终极关怀"

这个"宇宙共同体"之目标，是中国历代哲人所倡导的。"宇宙共同体"，正是中国哲学、中国慈善哲学之"终极关怀"。

中国哲学中最贴近"宇宙共同体"之词，就是"太极"。著者以为这个词，可简译为"最大共同体"。这个"最大共同体"理论，把宇宙中所有一切，都视为"宇宙函数"之一个变量，纳入考虑问题之视野。

自《汉书·律历志》而观

《汉书·律历志》述刘歆之说云："太极远三辰五星于上，而元气转三统五行于下。其于人，皇极统三德五事，故三辰之合于三统也：日合于天统，月合于地统，斗合于人统。五星之合于五行：水合于辰星，火合于荧惑，金合于太白，本合于岁星，土合于填星。三辰五星而相经纬也。"

"人统"就是"人伦"，"地统"就是"物则"，"天统"就是"天理"，"太极"所涵盖者，就是"人伦""物则""天理"之道。

自周敦颐《太极图说》而观

周敦颐作《太极图说》，论及贯穿天、地、人三域之共理。这个共理，就是"生生"与"变化无穷"。

《太极图说》云："无极而太极，太极动而生阳，动极而静，静而生阴，静极复动，一动一静，互为其根。分阴分阳，两仪立焉，阳变阴合，而生水火木金土。五气顺布，四时行焉。五行一阴阳也，阴阳一太极也，太极本无极也。……乾道成男，坤道成女，二气交感，化生万物。万物生生，而变化无穷焉。"

这个"宇宙共同体"，涵盖动与静、阳与阴、五气与四时、乾与坤等，总之涵盖"万物"。而贯穿"万物"之共通原理，就是"生生"与"变化无穷"。

自朱熹《太极图说解》等而观

万物在上述“宇宙共同体”中，不是“原子”式之一盘散沙，而是高度有机地联系在一起的。朱熹作《太极图说解》，讲的就是这个道理。

《太极图说解》以为，就“共同体”作为有机整体而言，“万物统体一太极也”；就“共同体”中之“万物”各为一有机整体而言，“一物各具一太极也”。前者是“合而言之”，后者是“分而言之”。“宇宙共同体”就是由无穷个有机体构成之“最大有机体”。此无穷个有机体，自一方面言是部分，是“最大有机体”身上之有机组成部分；自另一方面言，又是全体，是包含了此“最大有机体”之全部信息之全体。

故朱熹在《语类》卷四中又讲：“人物之生，天赋之此理，未尝不同，但人物之禀受之有异耳：如一江水，你将勺去取，只得一勺，将碗去取，只得一碗，至于一桶一缸，各自随器量不同。故理亦随以异。”“随以异”只是“量异”，而非“质异”。就质而言，天地万物之理都是相同的。

“宇宙共同体”法则：执其两端而用其中

“宇宙共同体”之作为“终极关怀”，方为中国文化五千年真正一以贯之之“道”，方为中国文化真正之“道统”。

学者视“道德至上论”为中国文化之“道统”，只是见到了中国文化之浅层，只是见到了中国文化之“初阶”，往外、往上推，还有“二阶”，这就是更为广大宽阔之“宇宙共同体”。从一定层次上，固然可以视“道德至上论”为中国文化之“道统”，但从更高层次上说，中国文化之“道统”只能是上述“宇宙共同体”。

此“宇宙共同体”，乃是职能主义的、内在关系的、整体主义的、全息主义的、浑然一体的、现象主义的、循环主义的、道德主义的、无限主义的“共同体”。自其“初阶”而观之，这些是其特点。

然更上层楼，吾人又发现，中国哲人“宇宙共同体”之最根本法则，还不在此，而是依然在“中道”“中庸”“中谛”等。

换言之，其最根本法则，还是在“执其两端而用其中”。具体表现形式就是：合职司与实体而观，合内在关系与外在关系而观，合整体与个体而观，合一月与万月而观，合人伦、物则与天理而观，合本体与现象而观，合循环与进化而观，合价值与机械而观，合无限与有限而观，等等。

合职司与实体而观

中国哲人之"宇宙共同体"，乃是一个"职司主义"或"职能主义"之"共同体"。

天地万物各有其"职司"或"职能"，并以完成此"职司"或"职能"为各自之使命。离开此"职司"或"职能"，天地万物并无自性，亦无存在之理由。它是"职能（function）先于存在（existence）"的，是"职能决定性质（Character）"的。就"人身全体"言，耳目不能自存，其必依"人身全体"而存，就"社会全体"言，人不能自存，其必依"社会全体"而存；就"宇宙全体"言，天地万物不能自存，其必依"宇宙全体"而存。

先有"视"之职能，后有"目"之存在与"目"之性；先有"善"之职能，后有"人"之存在与"人"之性；先有"生"之职能，后有"天地"之存在与"天地"之性。无有某项职能、职司，便无有存在之理由；天地万物无一不有各自之职能、职司，故天地万物无一不有其存在之理由。

如颜元《四书训义》卷一就说："知无体，以物为体，犹之目无体，以形色为体也。故人目虽明，非视黑视白明无由用也；人心虽灵，非玩东玩西灵无由施也。"知以物为职司，故自物获得其存在，目以形色为职司，故自形色获得其存在；心以灵为职司，故自灵获得其存在。

这是典型之"功能先于存在""职司先于实体"之话语。

合内在关系与外在关系而观

中国哲人之"宇宙共同体"，乃是一个"内在的"或"内在关系式"的共同体。

天地万物互依互靠，互致影响于对方，牵一发而动全身。宇宙是一个有机体，宇宙各部分通体相关；其相关性或至为明显，或隐而不彰，但无一不相互关联。犹如牛顿之“万有引力”，天地万物均无处可逃。

“内在关系说”之提出者，是布拉德雷，“外在关系说”之提出者，是罗素，他们都是英国哲学家。“内在关系说”认为关系可以改变关系者之性质，换言之，它认为关系者一旦进入关系，便失去其原有面貌与性质；“外在关系说”则主张关系不改变关系者之性质和面貌，进入关系之关系者与未进入关系前保持同一。

吾人可以拿“内在关系说”来释读中国哲人之“宇宙共同体”，也可以拿“外在关系说”来释读这个“宇宙共同体”，但前一种释读，更符合中国哲学之精神。

因为中国哲学家一直就认为一切关系都是内在关系：进入这个“宇宙共同体”之“外物”，不可能再是本来意义上之外物；进入这个“宇宙共同体”之世界，不可能再是“纯粹独立”之世界。在这个“宇宙共同体”中，我们找不到所谓“本来的外物”，找不到所谓“外物本身本来的样子”。

合整体与个体而观

中国哲人之“宇宙共同体”，乃是“整体主义”的或“全体主义”的共同体。

整体优先于部分，总体优先于个体；整体、全体赋予部分、个体以“职司”“职能”，部分、个体为整体、总体之实现而努力完成此“职司”“职能”。部分、个体之性得之于整体、总体，便是善，否则便是恶；部分、个体为整体、总体之实现而努力完成此“职司”“职能”，便是善，否则便是恶。

此种思维定式在社会生活上，造成“集体主义”一理独大之局面，以为整体永远大于部分、集体永远大于个体、公利永远大于私利。（案：此为正面观察之结果，若自负面观察，则吾人又当切记，中国哲人所谓部分并不与整体对立，所谓个体并不与集体对立，所谓私利并不与公利对立。而是确信部分之实现即是整体之实现，个体之完成即是集体之完成，私利之满足即是公利之满足。）

儒家以“天下”为整体，强调个人利益、家族利益以及国家利益必须服从“天下”利益；具体言之，在封建制下，家、诸侯国必须服从周天子之利益。墨家以“上”为整体，《墨子·尚同上》强调“上之所是，必皆是之；所非，必皆非之”。法家以“人主”“君上”为整体，认为“人主”“君上”之“公利”，是唯一值得遵循之最后标准，“个人”或“民”之“私利”，是根本不值一提的。如《韩非子·六反》就有“君上之于民也，有难则用其死，安平则用其力”之言。

宋明儒亦以“公”为整体，否定个体之“自我”，并进而提出“无我”原则。如朱熹《大学或问》就认为“己者，人欲之私也”，当否定；其《西铭论》则认为“大无我之公”应当提倡。

总之“集体主义”或“整体主义”，是通行于中国社会生活各方面之准则，这是“宇宙共同体”理论在一定层面上之必然表现。

合一月与万月而观

中国哲人之“宇宙共同体”，乃是“全息式”的或“月印万川”式的共同体。

在此思维观照下，人是一个小宇宙，宇宙是一个大的人；人是一个小社会，社会是一个大的人。目之职司在为“人身全体”而视，但反过来目之本身却又是一个“人身完体”；父之职司在为“社会全体”而慈，但反过来父之本身却又是一个“社会全体”。

犹如“月印万川”，万月各有其性，各有其命，各有其时间与方位，但万月却又同时是那“一月”，“一月”之全部信息，都同等地包含在那布于万川之“万月”身上。简言之，“一月”是“万月”，同时又不是“万月”；“万月”是“一月”，同时又不是“一月”。

如颜元《颜习斋先生言行录》卷下说：“思天地一我也，我一天地也，万物一我也，我一万物也。既分形而为我，则我为有作用之天地万物，非是天地万物外别有一我也。”这是讲“我”与“天地”之间之“全息式相关”，“我”与“万物”之间之“全息式相关”。

此种哲学认定贯穿天地万物之“理”，只有一个，此为“理一”或“一元”；又认定物物“各有其理”，天地万物“各得其理”，此为“分殊”或“多元”。合而言之，就是“理-分殊”，就是“一元的多元论”。

一理之在宇宙，而发为天地万物之理，此天地万物之理，又各只是那一理；一理之在社会，而发为君臣父子之理，此君臣父子之理，又各只是那一理；一理之在人身，而发为耳目手足之理，此耳目手足之理，亦同样只是那一理。

一理是“一元”，物各有其理，则又是“多元”，故中国哲学是“一元之多元”，“而非多元之一元”。中国哲学之全体，是“一元之多元”，由一元而发为多元；欧西哲学之主体，是“多元之一元”，由多元而约为一元。

再扩大视野而观之，又可知中国哲学其实乃是“一元之多元”与“多元之一元”之“合”，乃是“由一元而发为多元”与“由多元而约为一元”之“合”。中国哲学不只是欧西哲学之反面。

合人伦、物则与天理而观

中国哲人之“宇宙共同体”，乃是“不分人事与物理”的，是“混沌式”的、浑然一体的共同体。

它不分自然与人为，不分机械与自由，不分必然与应然，不分内与外，不分物与我，不分自然律与道德律，等等。

它认定自然的即是人为的，机械的即是自由的，必然的即是应然的，内的即是外的，物的即是我的，自然律即是道德律。一言以蔽之，人事之理即是物界之理，人事之理与物界之理又即是神界之理。

再简言之，在这个“共同体”中，人伦即是物则，人伦、物则即是天理。

合本体与现象而观

中国哲人之“宇宙共同体”，乃是“现象主义”的，因而是“反本质主义”的共同体。

中国哲人自始即认为，现象背后无本体。他们以“虚”、以“无”指称宇宙，其所指称者，当然只是“本体”而非“现象”；是谓“本体之虚”“本体之无”，而不是“现象之虚”“现象之无”。

没有哪一家哲学，幼稚到完全否认“现象”之存在。换言之，所有哲学都是承认“现象”的，差别只在对于“现象”之地位与性质的理解。欧西哲学以为“现象”不能自立自存，必依背后之“本体”而存；中国哲学则以为“现象”即是自立自存者，其背后“本体”之设定，是不必要的。

再扩大视野而观，又可知中国哲学讲“本体之虚”与“本体之无”，只是强调去除“本体之执”，只是强调不“执”于“本体”，并非以为“本体”是“〇”。“本体”并不比“现象”更能自立自存，“本体”并不比“现象”更为真实、更为根本，此即中国哲人之“本体观”，同时亦即中国哲人之“现象观”。

简言之，中国哲人之“宇宙共同体”，乃是“合本体与现象而观”之所得。

合循环与进化而观

中国哲人之“宇宙共同体”，乃是“循环主义”的，因而是既“反进化论”又“反退化论”，亦即“反直线论”之共同体。

希腊哲学中有退化论之宇宙观，欧西近代以降有进化论之宇宙观，退化－进化，共同点是直线论之宇宙观。

中国哲学不然。中国哲学自始即视宇宙为一“往复流行”之宇宙，因而是循环不息之宇宙，既无所谓进化，亦无所谓退化。

这是自较低层面观察所得之结果。自较高层面而观，则中国哲学实为“合循环与进化而观”之哲学：在大尺度上，它以“循环论”为究竟真理；在小尺度上，它又以“进化论”为事实真理。它不讲“退化论之宇宙观”，却又承认在无限循环历程中，必包含“退化”之环节；它不讲“进化论之宇宙观”，同样亦承认在无限循环历程中，必包含“进化”之环节。这就是所谓“合循环与进化而观”。

合价值与机械而观

中国哲人之“宇宙共同体”，乃是“道德主义”或“价值主义”的，因而是“反机械主义”之共同体。

欧西哲学之主流宇宙观，是机械主义之宇宙观，是科学之宇宙观。此种宇宙观持纯认知之态度，对于宇宙，不夹杂情感成分与价值色彩。“天”就是天文学上之天，“地”就是地理学上之地，“人”就是生物学上之人，“心”就是心理学上之心，“物”就是物理学上之物。总之欧西哲学中主流之宇宙观，是纯粹客观的、“无情无义”之宇宙观。

中国哲学则持“有情有义”的、“活的与动的”之宇宙观。中土哲人认定自然宇宙，可以表现至善之价值；认定现存之宇宙，值得生存，不必另求天国；认定真善美之价值，不在天国，人类生存之宇宙，乃是真善美之价值的唯一表现之所。总之认定“这个宇宙”，是唯一值得生存之宇宙，“这个共同体”，是唯一值得生存之“共同体”。

“合价值与机械而观”，就是要在“机械”中读出“价值”，同时又在“价值”中读出“机械”。在“机械”中读出“价值”，就是要把整个宇宙看成一个“生命体”；在“价值”中读出“机械”，就是强调宇宙这个“生命体”，总是无法避免生生死死之循环。“生”，它是“价值”；“死”，它是“机械”。

合无限与有限而观

中国哲人之“宇宙共同体”，乃是“无限主义”的，因而是“反有限论”“反末日论”之共同体。

希腊哲学中“有限时间”之观念，欧西基督教“宇宙末日”之观念，在中国哲学中是没有的。中国哲人求“长”、求“久”之思想，亘古不变。《易传》曰“可久可大”，《中庸》曰“悠久成物”，《老子》曰“天长地久”，等等，均是对于“长”、对于“久”之自觉追求。

“不已”“无尽”“无穷”“生生”等，乃是中土哲人常用之词语。《诗经》曰：“维天之命，于穆不已。”《易·彖传下》曰：“天地之道，恒久而不已也。……日月得天而能久照，四时变化而能久成，圣人久于其道而天下化成，观其所恒而天地万物之情可见矣。”苏东坡《赤壁赋》曰：“自其变者而观之，则天地曾不能以一瞬；自其不变者而观之，则万物与我皆无尽也。”

周濂溪《太极图说》曰：“万物生生而变化无穷。”《易·系辞上》曰：“生生之谓易。”戴东原《孟子字义疏证·道》曰：“天地之化，生生而条理者。”又曰：“天地之气化，流行不已，生生不息。”

总之，中国文化就是一个求“经”、求“常”、求“长”、求“久”之文化，同时又立足于“有限”而经营之。此种合无限与有限而观之“无限主义”的观念，使人对于其所生存之宇宙抱有无限期望，既脚踏实地，又远望未来，努力去创造新新不已之完满境界，可说具有极伟大之智慧与极重要之价值。

“宇宙共同体”具有永恒价值

在如今“全球化”时代，中国哲人之“宇宙共同体”之总体框架，是可以保留的，只需将其“道德主义”弱化就行。弱化“道德主义”，就是给“自然主义”让出地盘，就是“合道德主义与自然主义而观”。

人在“宇宙共同体”中有其特定之职司，此职司即是“理智”“理性”“知识”与“灵明”。人而尽此，便是尽了对于宇宙全体之职责与使命。人为天地立“心”，即是以其“理智”“理性”“知识”与“灵明”而立，而不是，或不仅仅是以其“道德”而立。

于是人便成为宇宙无边黑暗里之唯一一盏油灯，天地万物中之唯一“灵明”。只要将此“宇宙共同体”中“道德”之“执”去除，代之以“理智”“理性”“知识”与“灵明”，这个“宇宙共同体”，就成为一种最妥当、最完美之共同体。它既超越西学，又融汇西学，在未来时光中，具有永恒之价值。

三、以“人者天地之心”为核心价值观

目前学界主要依据三类命题，判定中国哲学有“人类中心论”：一是“人为天下最灵”，二是“人最为天下贵”，三是“人者天地之心”。

“人为天下最灵”之观念，出现很早，《尚书·泰誓上》就有“惟天地万物父母，惟人万物之灵”的话。

“人最为天下贵”之说法，更为常见。《孝经·圣治章》记孔子之言曰：“天地之性人为贵。”《荀子·王制》更明确认定：“人有气有生有知亦且有义，故最为天下贵也。”东汉王充《论衡·别通》则从知识、智慧之角度立论，说：“天地之性人为贵，贵其识知也。”

“人者天地之心”之说法，出现得最频繁。《礼记·礼运》最早提出人为“天地之心”之观念：“故人者天地之心也，五行之端也，食味别声被色而生者也。”南宋朱熹之《朱子语类》卷四十五说：“人者天地之心，没这人时，天地便没人管。”明代哲学家王阳明《王文成公全书·答聂文蔚》亦谓：“夫人者天地之心，天地万物本吾一体者也。”明清间王夫之《周易外传》卷二说：“自然者天地，主持者人，人者天地之心。”

“人为天下最灵”之观念，吾人姑可定名为“人灵说”；“人最为天下贵”之观念，吾人姑可定名为“人贵说”；“人者天地之心”之观念，吾人姑可定名为“人心说”。

“构成环节”之构想

张世英先生判定中国哲学有“人类中心论”，但却试图把“人类中心论”降为“二级理论”，说：“万物一体和物与物的精神似可包容人类中心的思想于其自身，使后者降低为前者的一个构成环节。”

又云：“我们应当使人类中心的思想隶属于万物一体之说，使人的主体性受到万物一体思想的制约。”并认为这正是二程、朱熹、王阳明之学说。

“可包容”“构成环节”“隶属于”等之构想，亦应是“合人类中心论与反中心论而观”之一种企图。

“以道义为中心”之构想

白奚先生判定中国哲学有“人类中心论”，但却认定此种“人类中心论”是西洋“人类中心论”之外的另一种“人类中心论”，是“以道义为中心的人类中心论”。

他说：“儒家学说在人是宇宙的中心这一点上，从来都是坚定不移的，有着极强的自觉意识。”他认为此种“道义类型的人类中心论”，是“对以利益为中心的狭隘的人类中心论的超越”，可以为人类“突破和超越西方的人类中心主义提供一种不可多得的传统思想资源”。

“以道义为中心”“道义类型”“突破和超越”等之构想，至少亦可为“合人类中心论与反中心论而观”之预备。

“矛盾的两个方面”之构想

张学智先生判定中国哲学有“人类中心论”，但却认为此种“人类中心论”只是基础和出发点，目标和归宿还是“万物一体”或“非人类中心主义”。

就“王阳明是否人类中心论者”这一问题，张先生回答说：“对这个问题的回答可以分成两个层次：一是就他的精神修养所得说，他是人类中心论的；一是就他的最后归宿及修养所指的冲淡、返璞归真说，他是非人类中心论的。这看似矛盾的两个方面真实地集于他的一身。”

“两个层次”“矛盾的两个方面”等之构想，实际上已经暗含着“合人类中心论与反中心论而观”之意，暗含着“大心”之意。“大心”一词，就可以包含上述“两个层次”，就可以包含“看似矛盾的两个方面”。

上述几种观点，虽然对于西式“人类中心论”作了“纠偏”，但却都判定中国哲学有“人类中心论”，且共同之依据，就是上面所列之“人灵说”“人贵说”与“人心说”。

这是目前中土学界释读“中国哲学与人类中心论”这一问题之三种典型形态，态度上均对以西式“人类中心论”为格式释读中国哲学，有所保留，但却均未能提出“大心”之构想。

人类中心论之西式“标准”

就宗教学之意义上说，“人类中心论”（Anthropocentrism）是跟“地球中心说”联系在一起的。

欧西中世纪经院哲学和神学，就曾立足于《圣经》式之托勒密宇宙论，来讲人类中心论，认为人是宇宙之中心，地球是宇宙之中心，世界是神为了人创造出来的。

但从哲学之角度说，最能代表“人类中心论”者，有三大命题：一是古希腊哲学家普罗泰戈拉之“人是万物的尺度”，二是德国哲学家康德之“人为自然立法”，三是德国哲学家康德之“人是目的”。

“人是万物的尺度”

“人是万物的尺度”是一个存在论命题，全文是：“人是万物的尺度，是存在者存在的尺度，也是不存在者不存在的尺度。”

人凭什么可以成为尺度呢？普罗泰戈拉认为是凭“感觉”，能进入人之感觉的就是存在的，不能进入人之感觉的就是不存在的。

黑格尔曾称赞这个命题，是一个“伟大命题”。

“人为自然立法”

“人为自然立法”是一个知识论命题，康德《纯粹理性批判》，就是为证明此命题而作的。

著名康德研究专家张世英先生认为，这个命题之含义是：“自我”不是认识的对象，而是认识对象所以成立的理由或先决条件；没有“自我”，就没有知识，也就没有知识的对象。

这就是所谓“人为自然立法”，它是哲学史上极其著名的“哥白尼式的革命”之核心。

“人是目的”

“人是目的”是一个价值论命题，是康德《道德形而上学原理》提出的一条道德原则。

其核心内容是：宇宙中人所希望和控制的一切东西，都只是手段，唯有人是“自在的目的”；人在行动时，不但应视自己为目的，而且应同时视别人为目的，而非手段。

康德视此为普遍必然适用于任何道德准则之先验原则，视此为具有绝对价值之“绝对命令”。感性之人也许会把他人作为满足自己欲望之主观目的和手段，但理性之人在作为目的这一点上，却是一律平等的。

此一命题被认为反映了康德伦理学“积极的人道主义思想”。

从存在论之角度说，人是万物存在与不存在之尺度；从知识论之角度说，人是现象世界秩序之赐予者；从价值论之角度说，人是唯一之目的，其他一切只是手段。

——这就是欧西“人类中心论”之基本哲学内涵，是从哲学这个角度去看的“人类中心论”之基本面貌。

以此观照中国哲学，我们发现中国哲学与“人类中心论”是不能兼容的；以“人类中心论”释读中国哲学，是释读不通的。

中国哲学之“心”绝非“中心”

“人灵说”之“灵”，不是“中心”之意思；“人贵说”之“贵”，不是“中心”之意思；“人心说”之“心”，也不是“中心”之意思。

自《管子》思想而观

《管子》之“心术”篇，是中土最早的有关“心”之专论。

该篇之看法，是以“心”为“智合”。《心术上》云：“心也者，智之舍也。”心是产生智慧并储藏智慧之宫室，完全没有“中心”之意思。

其特性是“虚”，唯其“虚”，方可为“舍”；唯其“虚”，方可为“大清大明”。故《心术下》云：“人能正静者，筋韧而骨强，能戴者大圆，体乎大方，镜者大清，视乎大明，正静不失，日新其德，昭知天下，通于四极。”

自《孟子》思想而观

《孟子》之“尽心”篇，亦是专门论“心”之名篇。

《尽心上》有“仁义礼智根于心”之说法，此“心”当然不是指“中心”而言。又有“尽其心者，知其性也，知其性，则知天矣”之言，“心”而可尽，当然亦不是“中心”之意思。

《尽心上》还说：“存其心，养其性，所以事天也。”“心”而可存，当然亦不是“中心”之意思。

自张载思想而观

张载撰《正蒙》，有“大心”一篇，专门提出“大心”一说，以为批评之格式。

不管此处之“大”是动词，还是形容词，“心”在这里均不可能是“中心”之意。“大心”之核心，是“大其心”，就是扩大心胸，放大胸怀。故《正蒙·大心》说：“大其心，则能体天下之物。”

该篇又说：“以我视物，则我大；以道体物我，则道大。故君子之大也，大于道；大于我者，容不免狂而已。”

“我大”或“大于我”，是“自我中心”，那是“小人之大”，是狂人呓语；“道大”或“大于道”，是“反自我中心”，那才是“君子之大”，那才是真正之“大”。

可知张载《正蒙·大心》所讲之“心”，不仅绝非“中心”之意，还是明确反对“自我中心”与“人类中心”的。

自朱熹思想而观

朱熹亦曾撰有专门讨论“心”之篇章，名曰《尽心说》，亦很有名。

《尽心说》今见于《朱文公文集》卷六十七。该文提出“人之本心其体廓然亦无限量”，显然不是立足于“人类中心”之思维。

该文描绘“小心”说：“惟其梏于形器之私，滞于闻见之小，是以有所蔽而不尽。”这是一种“自我中心”之状态。又描绘“大心”说：“无大无外，而性禀其全，故人之本心其体廓然亦无限量。”这是一种“非自我中心”之状态。

“尽心”之目标，是要突破“自我中心”，而达到“非自我中心”；“即事即物穷究其理”之目标，就是要突破“自我中心”，而达到“非自我中心”。

这就该文中就叫作“至于一日会贯通彻而无所遗焉，则有以全其本心廓然之体，而吾之所以为性与天之所以为天者，皆不外乎此而一以贯之矣”。

中国哲学之“心”是“反中心”的

在“人者天地之心”这类命题中，“心”如果不能被界定为“中心”，则吾人就不能以“人类中心论”去释读中国哲学；不仅不能以“人类中心论”去释读，相反，应该以“反人类中心论”“反中心论”去释读。

中国哲学家拿出这个“心”来，不辞辛劳，反复讨论、辩难，目标就是要打破“自我中心”，进而打破“人类中心”；中国哲学家重视此“心”，意图就是在打破“自我中心”，进而打破“人类中心”。

自老庄思想而观

《老子》第三章讲“虚其心”，第四十九章讲“圣人常无心，以百姓心为心”，自然是反“人类中心论”的。

《庄子·人世间》讲“虚者，心斋也”，《庄子·应帝王》讲“游心于淡，合气于漠，顺物自然，而无容私焉”，等等，当然也是反“人类中心论”的。

自荀子思想而观

《荀子·解蔽》倡导“虚壹而静”，就是反对“人类中心论”的。

“虚”是不以已知害未知，“壹”是不以此知害彼知，“静”是不以假知害真知，目标是“大清明”。

《荀子·解蔽》界定“大清明”之内涵是：“万物莫形而不见，莫见而不论，莫论而失位，坐于室而见四海，处于今而论久远，疏观万物而知其情，参稽治乱而通其度，经纬天地而材官万物，制割大理而宇宙理。”

这是明确反对“人类中心论”之言论：“材官”“制割”等，均不可释读为征服、统治，只可释读为“打通”“贯通”等，否则就不是“大清明”，就不合乎《荀子·解蔽》中“人心譬如槃水，正错而勿动，则湛浊在下而清明在上”之设定。

自二程思想而观

二程以“通”为“心”之根本职志，自然是反对“自我中心”“人类中心”的。

在《河南程氏遗书》卷二下中，程颢说：“心所感通者，只是理也……无古今前后。”在《河南程氏文集·答朱长文书》卷九中，程颐说：“夫心通乎道，然后能辨是非。”他们以为“通”，则心“无限量”；“不通”，则心“有限量”。

《河南程氏遗书》卷十八说：“自是人有限量，以有限之形，有限之气，苟不通之以道，安得无限量？……苟能通之以道，又岂有限量？”不通有“中心”，通则“无中心”；有“中心”则有限量，“无中心”则无限量。

其中“通”与“不通”，是关键。《河南程氏遗书》卷二上认定，通则“一人之心即天地之心，一物之理即万物之理”，不通则“一人之心”隔天地之心，“一物之理”隔万物之理。

自朱熹思想而观

朱熹《朱子语类》卷十五讲“心无形影”，卷一一三讲“此心虚明”，卷八讲“虚心顺理”，等等，自然是无“中心”之言论。

但同时《朱子语类》却又讲心为“主宰”，如卷五说“心，主宰之谓也”，又讲“心者，身之一个宰”，卷二十讲“一身之中，浑然自有个主宰者，心也”，等等。这些说法，是不是“自我中心”“人类中心”之言论呢？

这要看《朱子语类》对“主宰”如何解释。其卷一之解释是：“心固是主宰底意，然所谓主宰者，即是理也。”《朱文公文集》卷三十则云：“正为不见天理而专认此心以为主宰，故不免流于自私耳。”

以理说明主宰，主宰就是“见天理”。能“见天理”，即是主宰，不能“见天理”，即不是主宰。如此之“主宰”，当然不是“自我中心”“人类中心”之意。

《朱子语类》更有其他言论，佐证此理。如《朱子语类》卷三十六讲“吾之心即天地之心”，卷九十五讲“天地人物莫不同有是心，而心德未尝不贯通也”。此类言语，进一步证明朱熹不是“中心论者”；他所提“人者天地之心”之命题，不可能是一个“人类中心论”之命题。

自王阳明思想而观

王阳明在《王文成公全书·答季明德》卷六中，以“心”为天地万物之“主”，说：“心者，天地万物之主也。”此处之“主”，可以作“自我中心”“人类中心”之释读吗？显然也不能。

因为《王文成公全书·答季明德》接着说的一句话是：“心即天，言心则天地万物皆举之矣。”心即天，即天地万物，若将“主”释读为“中心”，那只能是以“天”为“中心”，以“天地万物”为“中心”，“天地万物之主”就是“自主”。

《传习录》之思维，与此相同。《传习录下》说：“心不是一块血肉，凡知觉处便是心，如耳目之知视听，手足之知痛痒，此知觉便是心。”心只是一个知觉，只是一个通，并非“中心”。

《传习录中》又说：“夫物理不外于吾心，外吾心而求物理，无物理矣，遗物理而求吾心，吾心又何物邪？”不能外物理求心，亦不能外心求物理，物理与心是二而一、一而二之东西，这显然不是“自我中心”“人类中心”之思维。

《传习录下》又说：“人的良知就是草木瓦石的良知，若草木瓦石无人的良知，不可以为草木瓦石矣。岂惟草木瓦石为然，天地无人的良知，亦不可为天地矣。”这不仅不是“自我中心”“人类中心”之言论，反而明显是反“自我中心”反“人类中心”之言论。

总之，“人者天地之心”所指之“心”，不仅不能释读为“自我中心”“人类中心”，相反，应释读为是为了破除“自我中心”“人类中心”而提出来的。

中国哲学家以为只有心之“虚”“明”“通”“贯”等，才真正是破除各种“中心论”之利剑；只要人心是“虚”的、“明”的、“通”的、“贯”的等，人类就不会陷落到“自我中心”“人类中心”之泥潭里去。

“大人”之所以为“大”者

“自大”乃是所有生命之自然倾向，更是人类之自然倾向。正如康德认定“追问现象背后之本体”（他名之为“形而上学”），与人之自然倾向一样。中国哲学亦认定“自大”是人之自然倾向。

但对于“自大”之内涵，中西哲学却有完全不同之理解。人之伟大究竟表现在哪里呢？欧西哲学，尤其是文艺复兴以来之欧西哲学，是这样回答的：①人之伟大，就表现在他不断地“出”自然、“高”自然与“逆”自然；②他脱出得越远，凌驾得越高，拂逆得越狠，越能表现人之伟大；③人有不同于万物之本质，人是“存在先于本质”者，物是“本质先于存在”者。

中国哲学家之回答，刚好相反：①以为人之伟大不在于“出”自然，而在于“入”自然，不在于“高”自然，而在于“卑”自然，不在于“逆”自然，而在于“顺”自然；②以为进入自然越深，谦让自然越恭，顺从自然越力，越能表现人之伟大；③以为人没有不同于万物之本质，物是“本质先于存在”者，人同样是“本质先于存在”者；④甚至认为人和万物一样，根本就没有什么本质，只是一个功能或职司而已：他从功能或职司那里获得自己之本质；⑤人之伟大不在于以“小我”傲视“大我”，而在于把“小我”融入无穷无尽之“大我”之中。

融入一点点，他就伟大一点点，融入越彻底，他就越伟大，能完全融入者，就是“大人”，就是“圣人”，完全不能融入者，就是“小人”，就是“禽兽”。总之，人类“大”，不在“自大”，而在“大物”；不在“大我”，而在“忘我”。这就叫作“大公无私”。

自郭象思想而观

郭象从顺从自然之角度讲“大人”，以“不为而自尔”为伟大。

其《庄子·应帝王注》说：“夫至人，其动也天，其静也地，其行也水流，其止也渊默。渊默之与水流，天行之与地止，其于不为而自尔，一也。”

人之动、静、行、止，完全合乎天地万物，而不是凌驾于天地万物之上，如此之人，才是“伟大之人”，才是“大人”，才是“至人”。

自张载思想而观

张载以“体天下之物”为伟大，以“心大”为伟大，以“成心忘”为伟大。

其《正蒙·大心》所讲之“大心”，目标不是“自大其心”，而是“自小其心”，不是“自我”之膨胀，而是“自我”之克制。故《正蒙·大心》说：“大其心则能体天下之物。”

“自我”膨胀之人，如何能体天下之物？张载有时又使用“心弘”“心大”等词，说明“大心”非“自我中心”之理。其《经学理窟·气质》说：“盖心弘则是，不弘则不是；心大则百物皆通，心小则百物皆病。”

“自我中心”之人，是“不弘”，是“心小”，这是张载明确反对的。《正蒙·大心》更有“成心忘然后可与进于道，成心者，私意也”之言，明确以“忘私”为大。“自我中心”“人类中心”，就是一种“成心”，就是一种“私意”。

自二程思想而观

二程更着重立足于公私之对立论“大人”，而以“至公无我”为伟大。

《河南程氏遗书》卷十一有“一心可以丧邦，一心可以兴邦，只在公私之间尔”之言，强调“公”之重要性。

《河南程氏粹言·心性篇》卷二又有“公则同，私则异，同者天心也”之言，以及“有己则喜自私，私则万殊”之言，强调“公”是以天为心，而不是“以私己为心”。又有“以私己为心者，枉道拂理，谄曲邪佞，无所不至，不仁孰甚焉”之言，更是明确反对“自我中心”之言论。

《河南程氏遗书》卷二十四讲“灭私欲则天理明矣”，《河南程氏经说》卷二讲“至公无我”，《河南程氏遗书》卷十一讲“以物待物，不以己待物，则无我也”，等等，均是在“自小”“我小”之基础上更进一步，认定真正之大，乃是“无我”“无自”。不仅不能讲“自我中心”，而且不能讲“自我”；不仅不能讲“人类中心”，而且不能讲“人类”。

这是反“自我中心”反“人类中心”之一种极端形态。

自朱熹思想而观

朱熹从“自我”与天地万物之“贯通”方面讲“大人”，以能与自然“脉络相贯”者为伟大。

其《朱子语类》卷九十五说：“盖谓仁者，天地生物之心，而人物所得以为心，则是天地人物莫不同有是心，而心德未尝不贯通也。虽其为天地、为人物，各有不同，然其实则有一条脉络相贯。”天、地、人、物，拥有的是同一个“心”，所以均不能以“自我”为中心。

就“自我”而言，《朱子语类》卷三十六讲“吾之心即天地之心”。“天地之心”是“自利”的，还是“利他”的？《朱子语类》卷七十一认为是“利他”的，称为“生物之心”。

《朱文公文集·仁说》卷六十七说：“天地以生物为心者也，而人物之生又各得夫天地之心以为心者也。”《朱子语类》卷一亦说：“天地以此心普及万物，人得之遂为人之心，物得之遂为物之心，草木禽兽接着遂为草木禽兽之心，只是一个天地之心尔。”

天、地、人、物既共有一个“利他”的“天地之心”或“生物之心”，在此思维框架下，如何可能产生“自我中心”“人类中心”之思维？

天、地、人、物同心，是同于一个“反中心”，而不是同于一个“中心”。

自王阳明思想而观

王阳明相信每一个人（连同“草木瓦石”）都具有“良知”，都能与天地万物沟通，因而每一个人都不可能成为“自我中心论者”。他以“达于四海之远”“至于万代之后”为伟大。

其《传习录下》说：“天地万物俱在我良知的发用流行中，何尝又有一物超于良知之外。”这好像是一种“自我中心”“人类中心”之言论，但《传习录下》同时又认为天、地、草、木、瓦、石等，都具有“人的良知”，这就不合乎“自我中心论”“人类中心论”之含义了。若将“自我中心”赋予天地万物，那就构不成“人类中心”了。

《王文成公全书·书朱守乾卷》卷八说：“自圣人以至于愚人，自一人之心以达于四海之远，自千古之前以至于万代之后，无有不同是良知也者，是所谓天下之大本也。”“圣人”指“大人”，“愚人”指“小人”，只要人人不“自我中心”，人人都可做得成“大我”；只要人类不“自我中心”，人类就可做得成“大人”。

自方以智思想而观

方以智从“无心”“公心”之角度讲“大人”，而认定“以心还天地”即伟大，“俱在此公心之中”即伟大，“忘身无心”即伟大。

其《东西均·所以》说：“天以心予人，人心即天，天以为宗，即心以为宗也。”《东西均·奇庸》又说：“以心还天地，天地还心。”这是把“自我”与天地等同，把“人类”与天地等大，这不是“大我而小物”，而是“大物且大我”，与“自我中心”“人类中心”无涉。

《东西均·译诸名》及《东西均·象数》又区分“独心”与“公心”：“独心”为人之方寸之心，“公心”是涵摄万象之心；“独心”乃主观为我之心，“公心”乃客观利他之心；“独心”是后天之心，“公心”是先天之心。

《东西均·象数》明确倡导“公心”而反对“独心”，认为“人与天地万物俱在此公心之中”；认为“独心”与禽兽之心同，就是明确地反对

“自我中心”与“人类中心”的。

《东西均·尽心》讲“在世出世，忘身以适，游心无心，明而不恃”，亦是明确倡导“忘身”“无心”，明确地以“忘我”为大，以“无我”为大。

由“人类中心论”达不到“大人”之境

总之，在中国思想与哲学之格局下，“自大”不是大，“大物”才是大；“自我膨胀”不是大，“自我克制”才是大；天地万物以我为转移不是大，我以天地万物为转移才是大；以“大我”屈从于“小我”不是大，以“小我”屈从于“大我”才是大；脱离自然不是大，融入自然才是大。

欧西思想与哲学，尤其是文艺复兴以降之欧西思想与哲学，试图通过建立“自我中心论”“人类中心论”，来彰显人之伟大，试图通过“自大”“我大”，来彰显人之伟大，不仅未达“大人”之境，反而只能落得一个“小人当道”之结局。

中国哲学没有“自我中心论”和“人类中心论”，这也许并非中国哲学家之耻，而是中国哲学家之荣。《老子》第三十四章中“以其不为大也，故能成大”之思维，《河南程氏遗书》卷七中“忘我而我大，不求胜物而物莫能挠”以及“不见其大，便大”之思维，等等，也许正是中国哲学家贡献于人类文明之处。此等思维，也许正昭示着人类文明之将来。

且更有甚者，其实中国哲学远不只是欧西哲学之反面，而是欧西哲学与其反面之“合”：“合出自然与入自然而观”，才是中国哲学；“合高自然与卑自然而观”，才是中国哲学；“合逆自然与顺自然而观”，才是中国哲学。

同理，“合脱出与进入而观”，才是中国哲学；“合凌驾与谦让而观”，才是中国哲学；“合拂逆与顺从而观”，才是中国哲学；“合人与万物而观”，才是中国哲学；“合存在先于本质与本质先于存在而观”，才是中国哲学；“合小我与大我而观”，才是中国哲学。总而言之，“合人类中心论与反中心论而观”，才是中国哲学。如此之“心”，方得谓之“大心”；如此之“人”，方得谓之“大人”。

中国慈善哲学，亦可如是观。

四、以“反物竞天择”为核心价值观

“循环论”与“进化论”是中西学界两大相互对立之学说，且一般认为“循环论”为中国哲学所倡导，而“进化论”为欧西哲学所倡导。

撇开某位或某几位“非常规”哲学家，谓欧西哲学总体上倡导“进化论”，总是不错的。欧西哲学家有讲“循环论”者，如尼采之“永恒循环说”、维柯之“历史循环论”、斯宾格勒之“文化循环说”等，但他们及其学说在欧西哲学史上，并不占主导地位。

然谓中国哲学总体上倡导“循环论”，却是有问题的，因为中国哲学所谓“循环”，实已包含“进化”为其环节。换言之，中国哲学所谓“循环论”，实是“含进化为环节之循环论”，是“以循环为框架吸纳进化之循环论”。此种现象可以“大化”名之，此种学说可以“大化论”名之。

查《不列颠百科全书》“进化”（evolution）条，“进化”与“进化论”被严格限定为“一个生物学理论”，含义为：“认为各种类型的动物和植物都来自先于它们存在的其他类型，这些明显的差异是在连续的世代中不断发生改变的结果。”此处将“进化”与“进化论”限定在“动物”与“植物”两大领域。

又查《不列颠百科全书》“循环”（circulation）条，亦是以“生物”为限：“营养物质、呼吸气体和代谢产物在整个生物体内的转运过程。对单细胞生物和简单多细胞生物来说，跨膜的弥散作用就足以满足它们对氧和二氧化碳的需求；细胞原生质流动也能把大分子物质，如糖、脂肪、蛋白质送到细胞的各个角落。但较为高等的生物就需要一个特殊的系统，把各种生命物质送到它该去的地方。”

但查《中国大百科全书》，“进化论”（evolutionism）则被描绘成一种“超生物学理论”：“关于事物按照量的积累从简单到复杂、从低级到高级逐渐向前发展的理论。产生于19世纪的欧洲，进化论的内容包括宇宙无机物的进化、生物的进化和社会的进化等自然历史过程。其中生物的进化是非生命进化到人类社会进化的中间环节。”此处在“生物进化”之前安插了“宇宙无机物进化”之阶段，之后安插了“人类社会进化”之阶段。

至于“循环”或“循环论”，则在《中国大百科全书》中查无专条，无法判定其范围。然习惯上，中国学界一般会将其描述成一种“超生物学理论”。

儒家中之“大化”观

此处之论述，以《中国大百科全书》为准，所言“进化”或“进化论”含“非生命进化”“生物进化”“社会进化”三领域，所言“循环”或“循环论”，亦复如是。换言之，此处所谓“大化”，乃是一“普通理论”，而非“特殊理论”，是一“全称命题”，而非“特称命题”或“单称命题”。

自周敦颐《通书·顺化》等而观

宋儒周敦颐所撰《通书》，有《顺化》一章，提出“大顺大化”之论。

其言曰：“天以阳生万物，以阴成万物。生，仁也；成，义也。故圣人在上，以仁育万物，以义正万民。天道行而万物顺，圣德修而万民化。大顺大化，不见其迹，莫知其然之谓神。”

“生万物”与“成万物”，是同一大的过程之两个不同阶段，一个是“进路”，一个是“回路”，“进路”偏于“进化”之一面，“回路”偏于“循环”之一面。合此两方面而观，就有所谓“大顺大化”。“大化”是“含进化之循环”，沿着“含进化之循环”之轨道而尽人事，就有所谓“大顺”。

联系周敦颐之《太极图》，其论“生”之处，似均含“大化”之意。如“此阳变阴合，而生水、火、木、金、土也”一句中，“生”偏重讲“进化”；然接下来的“水而木，木而火，火而土，土而金，金而复水，如环无端”一句，则偏重讲“循环”。

又云："万物化生，以形化者言也，各一其性，而万物一太极也。""化生"之中有"化"之一面，又有"不化"之一面，"化"之一面在"形"，"不化"之一面在"性"。"形"之一面自有"进化"在，"性"之一面自有"循环"在。此处显示出中国各家思想之"共识"：天地万物乃是同一"基因"之不同表现形态。

周氏《太极图说》亦云："阳变阴合，而生水、火、木、金、土。五气顺布，四时行焉。"朱熹之"解"这样释读："以质而语其生之序，则曰水、火、木、金、土，……以气而语其行之序，则曰木、火、土、金、水，……又统而言之，则气阳而质阴也；又错而言之，则动阳而静阴也。"

"生之序"偏于讲"进化"，"行之序"偏于讲"循环"。"统而言之"，基于"气"之循环显见，而基于"质"之进化隐蔽；"错而言之"，基于"动"之循环显见，而基于"静"之进化隐蔽。

周氏《太极图说》又云："无极之真，二五之精，妙合而凝，……二气交感，化生万物。万物生生，而变化无穷焉。"朱熹之"解"这样释读："是人物之始，以气化而生者也。气聚成形，则行交气感，遂以形化，而人物生生，变化无穷矣。……盖合而言之，万物统体一太极也；分而言之，一物各具一太极也。"

"始""生""形化"之类，偏重于讲"进化"；"生生""无穷"之类，偏重于讲"循环"。"合而言之"，万物共同构成一个巨大的"进化与循环之合"；"分而言之"，任一事物又各自构成一个微小的"进化与循环之合"。"太极"在这里，就可以释读为"进化与循环之合"，换言之，就可以释读为"大化"。

自张载《正蒙·动物》等而观

宋儒张载撰《正蒙》，列《动物》一篇，专讲"动物"与"植物"之"大化"。视其为"进化论"之专篇可，视其为"循环论"之专篇亦可，视其为"大化论"之专篇则最宜。

其言曰："动物本诸天，以呼吸为聚散之渐；植物本诸地，以阴阳升降为聚散之渐。物之初生，气日至而滋息；物生既盈，气日反而游散。至之谓神，以其伸也；反之为鬼，以其归也。”“物之初生”一段，偏重“进化”之一面；“物生既盈”一段，偏重“循环”之一面。“气日至”之“至”，显示“进化”达到顶点；“气日反”之“反”，显示“循环”自此开始。

《动物》篇亦以同样之格式论“人”，云：“气于人，生而不离、死而游散者，谓魂；聚成形质，虽死而不散者，谓魄。”又云：“生有先后，所以为天序；小大、高下相并而相形焉，是谓天秩。天之生物也有序，物之既形也有秩。知序然后经正，知秩然后礼行。”

此处承认“生物进化”在时间上有先后之不同。时间上有先后之不同，这叫作“天序”；空间上并存却又千差万别，这叫作“天秩”。生物在进化之时，有“天序”在支配；既进化出来之后，则有“天秩”在支配。“天序”似乎偏重于“进化”一方面，而“天秩”则似乎偏重于“循环”一方面。

《动物》篇之前又有《神化》一篇，亦是专论“大化”的。“神化”在一定程度上，就是“大化”：“大可为也，大而化不可为也，在熟而已。”又云：“大而化之，能不勉而大也，不已而天，则不测而神矣。”又云：“大几圣矣，化则位乎天德矣。”所有这些言论，都是在以“大化”思维论“神化”。

至于“大化”“神化”之含义，《神化》篇亦讲得很明确：“气有阴阳，推行有渐为化，合一不测为神。”“推行有渐”，讲的就是“进化”；“合一不测”，讲的就是“循环”。“含进化的循环”，就是“神化”，就是“大化”；“以循环论为框架吸收进化论”，就是“神化”，就是“大化”。

又云：“‘变则化’，由粗入精也；‘化而裁之谓之变’，以著显微也。谷神不死，故能微显而不掩。”“由粗入精”，讲的就是“进化”；“以著显微”，讲的就是“循环”；“微显而不掩”，讲的就是“大化”。

自程颢、程颐思想而观

宋儒程颢、程颐在回答“变与化何别”之提问时，有“化大于变”之构想，涉及“大化”问题。

其言曰：“变如物方变而未化，化则更无旧迹，自然之谓也。庄子言变大于化，非也。”自小尺度去释读，“方变而未化”，就是“渐变”；“更无旧迹”，就是“突变”。自大尺度去释读，“方变而未化”，就是“进化”；“更无旧迹，自然之谓也”，就是“循环”。

二程这段话，小而言之，讲的就是“进化之历程”，大而言之，讲的就是“大化之历程”。“变大于化”，就是以进化论为框架吸收循环论；“化大于变”，就是以循环论为框架吸收进化论。二程斥庄子“变大于化”之非，实际就是主张后者而拒斥前者。

二程还指斥释家“成住坏空”之说，认定这个“化大于变”之历程，乃是动的与实的：“释氏言成住坏空，便是不知道。只有成坏，无住空。且如草木初生既成，生尽便枯坏也。他以谓如木之生，生长既足却自住，然后却渐渐毁坏。天下之物，无有住者。婴儿一生，长一日便是减一日，何尝得住？然而气体日渐长大，长的自长，减的自减，自不相干也。”

“长一日便是减一日”之说法，传达出一个重要信息：“进化”之历程，同时就是“循环”之历程。“长”到达最大值时，“减”亦达到最大值。“进化”之顶点不是“住”，而是继续前行，走向“进化”之反面，直到走完“进化与循环之合”，进入下一轮“进化”。“天下之物无有住者”，乃是二程提出之重要命题，表明二程既反对“住”于进化，亦反对“住”于循环，而是主张进化与循环之间一刻也不能停止之“循环”。

《河南程氏遗书》第五卷中，还有两句话值得关注。一句曰：“待物生，以时雨润之，使之自化。”这是强调无论“进化”还是“循环”，均不待外力而成。

另一句曰：“万物之始，皆气化；既形，然后以形相禅，有形化；形化长，则气化渐消。”蒙培元先生释读此句话，认为“其中却包含着进化论的思想因素”。以“西式进化论”而观，不管是“达尔文主义”，还是由达氏延伸出来之相关各种“主义”，其中均只处于“形化”之阶段；它们对于“气化”之阶段，是完全没有涉及，也完全想象不到的。

万物之运程在二程看来，包含“既形前”与“既形后”两个大的阶段，前一阶段名之曰“气化”，后一阶段名之曰“形化”。“形化”之后是不是“有住”呢？当然不是。“形化”阶段结束，万物之运程又将进入下一轮“气化”。故二程讲“两阶段说”可以成立，吾人讲“三阶段说”亦可以成立，这就是“气化—形化—气化”之三阶段。

“西式进化论”只讲到“形化”之阶段，既未讲到“既有形器”之前之“气化”，亦未讲到“既有形器”之后之“气化”。故二程所讲，乃是“大化”三阶段，是包含“进化”为其环节之三阶段。

自朱熹思想而观

对于上述二程所论“大化”三阶段，宋儒朱熹不仅是承认的，蒙培元先生认为还有所“发展”。

蒙先生说：“关于‘化’，朱熹发展了二程‘气化’和‘形化’的观点，认为天地万物形成之前，只有气化而无形化，气逐渐凝聚生物，然后便有形化。天地便是气化所生，人与物也是气化的结果。人初生时无种，由气化生出两个人来，然后通过‘形化’生出人类。对于宇宙和人类形成的这种看法，并无科学根据，但是却具有人类学的意义和进化论的内容，表现了宇宙生机论的特点。”

“由气化生出两个人来”之释读，未必就是朱熹原意。“气化”如何进化出“形器”，当有复杂之程序在，不会像“生出两个人来”那么简单。

《朱子语类》中载有许多谈论“变”与“化”之言论，如卷七十一载云：“又问变化二字，旧见本义云：变者化之渐，化者变之成。夜来听得说此二字，乃谓化是渐化，变是顿变，似少不同。曰：如此等字，自是难说。变有化之渐，化者变之成，固是如此。然易中又曰化而裁之谓之变，则化又是渐。盖化如正月一日，渐渐化至三十日，至二月一日，则是正月变为二月矣。然变则又化，是化长而变短。此等字，须当通看乃好。”

在“化是渐化，变是顿变”与“化是渐变，变是渐化”两种观点之间，朱熹似乎并无定论，而是主张“通看”。什么是“通看”呢？著者以为就是“从大尺度去看”。“从大尺度去看”，“变”与“化”乃是一体之两面，“顿”与“渐”乃是一体之两面。

卷七十四又载云："盖变化是易中阴阳三爻之变化，故曰：变化者，进退之象也。变化，只进退便是。如自坤而乾，则为进；自乾而坤，则为退。进退在已变未定之间。若已定，则便是刚柔也。"此处以"进"释"变"，以"退"释"化"，似乎"变"讲的就是"进化"，"化"讲的就是"循环"，合而言之，就是"大化"。

卷七十四又载云："文蔚曰：下章云变化者，进退之象，如此则变是自微而著，化是自盛而衰。曰：固是。变是自阴而阳，化是自阳而阴。易中说变化，惟此处最亲切。"此处以"自微而著"释"变"，偏重于讲"进化"；以"自盛而衰"释"化"，偏重于讲"循环"。又以"自阴而阳"释"变"，偏重于讲"进化"；以"自阳而阴"释"化"，偏重于讲"循环"。实际上，"进化"与"循环"本就是一体两面之关系，自"阳"面而观是"进化"，自"阴"面而观就是"循环"。

总之朱熹所讲"变化"两字，可直接以"大化"释读之。卷七十四载云："阴阳虽是两个字，然却只是一气之消息。一进一退，一消一长，进处便是阳，退处便是阴，长处便是阳，消处便是阴，只是这一气之消长，做出古今天地间无限事来。所以阴阳做一个说亦得，做两个说亦得。"卷七十四又载云："变是自无而有，化是自有而无。"亦可直接以"大化"释读之。

自陈淳《北溪字义》等而观

宋儒陈淳之《北溪字义》，曾从文字学之角度论及"大化"问题。

《北溪字义》释"命"字云："天无言做，如何命？只是大化流行，气到这物便生这物，气到那物又生那物，便是分付命令他一般。"此论"大化"与"命"之关系。

又云："理在其中为之枢纽，故大化流行，生生未尝止息。"此论"大化"与"理"之关系。

《北溪字义》又释"太极"云："以造化言之，如天地间生成万物，自古及今，无一物之不实。散殊上下，自古有是，到今亦有是，非古有而今无，皆是实理之所为。大而观之，自太始而至万古，莫不皆然。若就物观之，其彻始彻终，亦只是一实理如此。”对于“造化”取“大而观之”之视角，则就是“大化”。

又云：“理在其中为之枢纽，故大化流行，生生未尝止息。……理之所在，大极于无际而无不通，细入于无伦而无不贯，前后乎万古而无不彻。”此处又论“大化”与“理”之关系。

道家之“大化”观

李约瑟《古代和中世纪中国人的进化思想》一文（1952 年发表于新德里《印度国立科学研究所所刊》）提及之道家文献，只有两项，一是《庄子》，二是《淮南子》。

实际上，其他道家文献，也有李约瑟所谓“进化思想”，如《老子》《列子》《抱朴子》等。

自老子思想而观

《老子》第四十二章“道生一，一生二，二生三，三生万物”之说，就可以从“进化”之角度去释读，“生”字可释读为万物由简单到复杂、由低级到高级之“演进”历程。

同样，第六十四章“合抱之木，生于毫末；九层之台，起于累土；千里之行，始于足下”之说，亦可以如此理解。

但《老子》同时又更强调“循环”，第十六章云：“万物并作，吾以观复。夫物芸芸，各复归其根。归根曰静，静曰复命。复命曰常，知常曰明。”不管外在形态如何变化，“复根”总是天地万物之“常则”。

第三十章又云：“物壮则老，是谓不道，不道早已。”由“少”而“壮”，由“壮”而“老”，由“老”而至“复根”，总是万物演进无法逃脱之宿命。

由“进化”之立场，我们得到一个讲“进化”之老子；由“循环”之立场，我们得到一个讲“循环”之老子。两个结论似乎是矛盾的。其实站到一个更高层面去看，用道家之语讲，就是“以道观之”，则上述两个结论就是不矛盾的，只是“面观”不同而已。

《老子》总体上是以“合进化与循环”去看世界的，换言之，是以“大化”为观点去看世界的。第四十章云：“反者道之动，弱者道之用。天下万物生于有，有生于无。”“道”之演进，其终极法则是“循环”（“反”），但在到达“反”这个极点之前，还在经历无穷无尽、无边无际之“进化”历程，这个“进化”历程就是“动”。

“西式进化论”以地球现有生物为范围，可以说只讲到了“大化”历程之一半，这一半老子叫作“天下万物生于有”；还有另一半，“西式进化论”讲不出来，这一半老子叫作“有生于无”。在这里，《老子》完整地描绘出中国人所特有之“大化观”：“天下万物生于有”，着眼于“进化”；“有生于无”，着眼于“循环”。

第五十章“出生入死”之说，可以从此角度去释读；第五十二章“既知其子，复守其母”之说，可以从此角度去释读；第六十五章“玄德深矣，远矣，与物反矣”之说，可以从此角度去释读；第二十八章“复归于婴儿”“复归于无极”“复归于朴”等说，亦可以从此角度去释读。

《老子》讲“大化”最直白之文字，出现在第二十五章，云：“有物混成，先天地生。寂兮寥兮，独立而不改，周行而不殆，可以为天地母。吾不知其名，强字之曰道，强为之名曰大。大曰逝，逝曰远，远曰反。”

名“大”，字“道”，名字合起来就是“大道”，“大道”之根本义就是“大化”：由“逝”至“远”，着眼于“进化”之历程；由“远”至“反”，则着眼于“循环”之历程。“逝—远—反”三字所描绘者，不过就一个“大化历程”而已。

这个“大化历程”，天地万物无所遁其间，故曰：“天网恢恢，疏而不失。”（第七十三章）这个“大化历程”，其实就是老子所说之“天网”。

自庄子思想而观

李约瑟判庄子思想为“进化论”，显然是受到胡适之影响。

胡适出版《中国哲学史大纲》卷上（商务印书馆，1919年），第九篇为《庄子》，其下第一章就叫《庄子时代的生物进化论》，论及《列子》与《庄子》两书中之所谓“生物进化论”。就其引用两书之文句分析，与其说他们所讲为“生物进化论”，不如说是“大化论”。

先论《庄子》。胡氏与李约瑟共同引用之一段话，源出《庄子·至乐》：“种有几，得水则为继，得水之际则为蛙玭之衣，生于陵屯则为陵舄，陵舄得郁棲则为乌足。乌足之根为蛴螬，其叶为胡蝶。胡蝶胥也化而为虫，生于灶下，其状若脱，其名鸲掇。鸲掇千日为鸟，其名为干余骨。干余骨之沫为斯弥，斯弥为食醯。颐辂生乎食醯；黄軦生乎九猷；瞀芮生乎腐蠸。羊奚比乎不箰，久竹生青宁；青宁生程，程生马，马生人，人又反入于机。万物皆出于机，皆入于机。”

胡适将此段话释读为“一层一层的进化，一直进到最高等的人类”，李约瑟则以“生物转化”“自然发生说”等释读这段话。不管是胡适之“进化”，还是李约瑟之“转化”，要之均是以“进化论”为框架释读这段话。

这种释读，实际上只论及庄子原话之一半。庄子原话前半段是讲“进化”，但后半段却是讲“循环”。“马生人，人又反于机，万物皆出于机，皆入于机”，讲的是循环。

或者分开来讲，若谓“万物皆出于机”讲的是“进化”，则“万物皆入于机”讲的就是“循环”。或者说，若谓“种有几”是一个进化论命题，则“万物皆入于机”就是一循环论命题。合而言之，庄子此段话描述的是一“大化历程”，这一“大化历程”，以“种有几”为起点，以“万物皆入于机”为终点。

此种“大化模型”，正是《庄子》相关言论之“共通框架”。如《庄子·寓言》云：“万物皆种也，以不同形相禅，始卒若环，莫得其伦，是谓天均。天均者，天倪也。”胡适引用这段话，亦是以“生物进化论”释读之，将其判为“是一篇‘物种由来’”，视其所讲为“一代一代的进化”。

实际上，若谓“万物皆种也，以不同形相禅”，讲的是“进化”；则“始卒若环，莫得其伦”，讲的就是“循环”。合而言之，就是“大化”。“万物皆种”是此“大化”之起点，“始卒若环”是此“大化”之终点。

再如《庄子·秋水》云：“梁丽可以冲城而不可以窒穴，言殊器也；

骐骥骅骝一日而驰千里，捕鼠不如狸狌，言殊技也；鸱鸺夜撮蚤，察毫末，昼出瞋目而不见丘山，言殊性也。”又如《庄子·齐物论》云：“民湿寝则疾偏死，鳅然乎哉？木处则惴栗恂惧，猨猴然乎哉？三者孰知正处？民食刍豢，麋鹿食荐，蝍蛆甘带，鸱鸦耆鼠，四者孰知正味？”

胡适是以达尔文所谓“适合”（Adaptation to environment），即“适者生存”之说，释读此两段话，并将其定性为“完全被动的天然的生物进化论”。实际上“殊器”“殊技”“殊性”之论，以及“正处”“正味”“正色”之论，乃是“万物多样性”之论，只讲到“同时态”之“多样性”，未论及“历时态”之“进化”。

故与其将其置入“进化论”框架释读之，不如将其置入“大化论”框架释读之，来得恰当。

自列子思想而观

再看《列子》。胡适《中国哲学史大纲》卷上在“列子书中的生物进化论”一小节下，主要引用了《列子·天瑞》及《列子·说符》中之四段话，其中“天瑞篇”共三段。“天瑞篇”之第一段为：

> 夫有形者生于形，则天地安从生？故曰：有太易，有太初，有太始，有太素。太易者，未见气也；太始者，形之始也；太素者，质之始也。气形质具而未相离，故曰浑沦。浑沦者，言万物相浑沦而未相离也。视之不见，听之不闻，循之不得，故曰易也。易无形埒，易变而为一，一变而为七，七变而为九。九变者，究也；乃复变而为一。一者，形变之始也。清轻者上为天，浊重者下为地，冲和气者为人；故天地含精，万物化生。

胡适直接将此段话释读为“第一种进化论”，而未对此种所谓“进化论”之性质与特点，作出任何说明。实际上这段话给我们描述的，是两个阶段：第一阶段是“自太易到太始再到太素最终达于浑沦”之历程，第二阶段是“自一到七再到九最终复变为一”之历程。若谓第一阶段可以“进化论”释读之，则第二阶段就只能以“循环论”释读之。胡适视此段话为

“第一种进化论”，实际上只讲到了这段话之一半，而将另一半“刻意”忘记了。

胡适所引“天瑞篇”之第二段话是：

有生不生，有化不化。不生者能生生，不化者能化化。生者不能不生，化者不能不化。故常生常化。常生常化者，无时不生，无时不化。阴阳尔，四时尔，不生者疑独，不化者往复。往复，其际不可终；疑独，其道不可穷。……故生物者不生，化物者不化。自生自化，自形自色，自智自力，自消自息。谓之生化形色智力消息者，非也。

胡适所引“天瑞篇”之第三段话是：

故有生者，有生生者；有形者，有形形者；有声者，有声声者；有色者，有色色者；有味者，有味味者。生之所生者死矣，而生生者未尝终；形之所形者实矣，而形形者未尝有；声之所声者闻矣，而声声者未尝发；色之所色者彰矣，而色色者未尝显；味之所味者尝矣，而味味者未尝呈：皆无为之职也。能阴能阳，能柔能刚，能短能长，能圆能方，能生能死，能暑能凉，能浮能沉，能宫能商，能出能没，能玄能黄，能甘能苦，能羶能香。无知也，无能也，而无不知也，而无不能也。

胡适将以上两段话合起来，称之为“第二种进化论”，并对其中之“无”字略作说明，认为这种“无”无形、无色、无声、无味，但却是形色声味之“原因”；它不生、不化，但却又能生生、化化，“所以化来化去终归不变（往复）”。又将此种“无”视为“一种不生、不化，无形色声味的原质”。

以“第二种进化论”释读以上两段话，明显是丢弃了以上两段话中有关“循环论”之言论。“不生者疑独，不化者往复”，讲的是循环；“往复，其际不可终；疑独，其道不可穷”，讲的是循环；“能阴能阳，能柔能刚，能短能长”等，讲的也是循环。以上两段话，表达的是“进化论”与

“循环论”之综合观，是一种“大化论”。

胡适所引之第四段话，源自《列子·说符》：

> 齐田氏祖于庭，食客千人。中坐有献鱼雁者，田氏视之，乃叹曰：“天之于民厚矣！殖五谷，生鱼鸟，以为之用。”众客和之如响。鲍氏之子年十二，预于次，进曰：“不如君言。天地万物与我并生，类也。类无贵贱，徒以小大智力而相制，迭相食；非相为而生之。人取可食者而食之，岂天本为人生之？且蚊蚋噆肤，虎狼食肉，非天本为蚊蚋生人、虎狼生肉者哉？”

胡适释读这段话说：“《列子》书中这一段更合近世生物学家所说优胜劣败、适者生存的话。”并将其与老子之“天地不仁，以万物为刍狗”及邓析之“天之于人无厚也”两段话相提并论，认为它们都是否定“天”是“有意志的”，否定“天”是“有‘好生之德’的”。

此段话中最关键之命题，就是“类无贵贱”。倡导“类无贵贱”，是否就是倡导“优胜劣汰，适者生存”呢？显然值得商榷。

相反地，我们却在这段话不远处，发现了另一段批判“物竞天择”的话：

> 子列子曰：“桀纣唯重利而轻道，是以亡。幸哉余未汝语也。人而无义，唯食而已，是鸡狗也。强食靡角，胜者为制，是禽兽也。为鸡狗禽兽矣，而欲人之尊己，不可得也。人不尊己，则危辱及之矣。”

“强食靡角，胜者为制”，就是所谓“优胜劣汰，适者生存”，就是所谓“物竞天择”。此等行为，被列子明确斥之为“禽兽”“鸡狗”，显然列子是反对所谓“近世生物学家”之学说的，根本谈不上“合”于他们之学说。

“类无贵贱”，是从正面讲万物平等；“是禽兽也”，是从反面批判万物不平等。这就是列子思想之本意。它跟所谓“生物进化论”，跟所谓“近世生物学家”，跟所谓“优胜劣汰，适者生存”，跟所谓“物竞天择”等，不属于同一个思想系统与理论框架。

自《淮南子》而观

李约瑟《古代和中世纪中华人的进化思想》一文，所引之道家文献，除《庄子》外，还有《淮南子》，认为“另一些有某种意义的动植物分类”见于《淮南子》，认为“它已粗略地勾画出了生物学的门类”，又认为它的“基本观点”是“物种不变”。主张“物种不变”，能否置入“进化思想”之框架中，似待商榷。

《淮南子》一书中被视为具有“生物进化观”的最具代表性之一段话，见于卷四《坠形训》：“窔生海人，海人生若菌，若菌生圣人，圣人生庶人，……海闾生屈龙，屈龙生容华，容华生蔈，蔈生萍藻，萍藻生浮草，凡浮生不根茇者生于萍藻。”

据中国科学院自然科学史研究所芶萃华之研究，这段话清楚地勾勒出一幅生动的“生物演变过程”，核心内容有五条：

（1）具有明确的“类”概念。分动物为胈（人类）、毛（兽类）、羽（鸟类）、鳞（鱼类）、介（龟鳖类）五类，分植物为木（木本植物）、根茇草（草本植物）、浮生不根茇者（浮生及天地下根之草本植物）三类。

（2）认为每类动、植物均有其原始型。如胈类之原始型为“胈□”，毛类之原始型为“毛犊”，羽类之原始型为“羽嘉”，鳞类之原始型为“鳞薄”，介类之原始型为“介潭”，木类之原始型为“日冯”，草类之原始型为“招摇”，萍藻类之原始型为“海闾”等。

（3）认为每类动、植物均有其“系统发生”之过程。

（4）对动物演变过程之描绘，要详于对植物演变过程之描绘。认为以上五类动物，均源于共同祖先“湿玄”，“湿玄”派生为“毛风”与“羽风”两支，“毛风”再派生“胈”与“毛”两支，“羽风”又派生“羽”“鳞”“介”三支。

（5）提出了“五类杂种兴乎外，肖形而蕃”之重要命题。认为以上五类动物（理论上亦应包含植物）各按其自身性状特征繁衍生息。

将《淮南子》以上言论，释读为“生物进化观”，当然是可以的。但此种“生物进化”历程，在《淮南子》之理论框架中，却只是一个宏大“循环历程”之段落。

《淮南子》卷二《俶真训》开篇即云：

有始者，有未始有有始者，有未始有夫未始有有始者。有未始有有无者，有未始有夫未始有有无者。所谓有始者，繁愤未发，萌兆牙蘖，未有形埒垠堮，……有未始有夫未始有有无者，天地未剖，阴阳未判，四时未分，万物未生，汪然平静，寂然清澄，莫见其形。

据苟萃华之释读，所谓“生物进化”，是处于“有有者”之阶段，在此阶段之前至少还有三个阶段，由近及远分别为：

(1)“有始者”阶段，天地已分，但万物“将欲生兴而未成物类”；

(2)“有未始有有始者”阶段，天地已分，阴阳错合，但万物尚未萌生，“欲与物接而未成兆朕”；

(3)“有未始有夫未始有有始者”阶段，天地甫分，阴阳未合，无草木、飞禽、走兽，“虚无寂寞，萧条霄霓”。

“有有者，言万物掺落，根茎枝叶，青葱苓茏，萑蔰炫煌，蠉飞蠕动，蚑行哙息，可切循把握而有数量。”这段有关“有有者”之阶段的描述，描绘的就是“生物进化”之历程。

可知《淮南子》给我们描绘的是“一幅由简单到繁杂、由低级向高级发展的宇宙图景”，在这幅宇宙图景上，“生物进化”之前，已有三个阶段之“天地进化”；在“生物进化”之后，亦应还有三个阶段之“天地退化”；然后一切归零，重新开始。

可知所谓《淮南子》的“生物进化观”，实际只是一个“生物大化观”，即只视“生物进化”为“天地循环”之一环节、一阶段的宇宙观。此套观念与其名之曰“进化”，不如名之曰“大化”。

在“循环论”背景上讲“进化论”，就是“大化论”；以“循环论”为基础讲“进化论”，就是“大化论”。

墨、法等家之“大化”观

自墨子思想而观

《墨子》书中被视为“进化论”之言论者，有下列一段：

> 公孟子曰：“君子不作，术而已。子墨曰：不然，人之其不君子者，古之善者不诛，今也善者不作。其次不君子者，古之善者不遂，已有善则作之，欲善之自己出也。今诛而不作，是无所异于不好遂而作者矣。吾以为古之善者则诛之，今之善者则作之，欲善之益多也。”

孙诒让著《墨子间诂》，释“术”为“述”，亦释“诛”为“述”，故上段引文，就被界定为有关“述而作”或“述而不作”之讨论。墨子主张“述而且作”，故被陈瑞先生视为“坚持社会进化的文化史观”，“强调在继承传统文明成果的基础上进行创造”。

《墨子》书中另外一些被学者视为“进化论”之言论，还有很多。如《经下》：“尧之义也，生于今而处于古，而异时，说在所义二。”又如《经说下》：“在尧善治，自今在诸古也，自古在之今，则尧不能治也。”再如《大取》：“昔者之虑也，非今日之虑也。昔者之爱人也，非今之爱人也，爱获之爱人也。……昔之知墙，非今日之知墙也。”以上这些话，就被孙中原先生释读为“古今异时：历史进化观”。

讲“述而且作”，讲“古今异时”，是不是就是“进化论”，是值得商榷的。从《墨子》“同异交得”“两而勿偏”之根本思维方式来看，《墨子》讲“进化论”，必同时讲“循环论”，否则就不是“同异交得”；讲“循环论”必同时讲“进化论”，否则就不是“两而勿偏”。

“进化论”与“循环论”并置，就是“交”，就是“两”。就此根本思维方式而言，与其判《墨子》有“进化论”思想，不如判其有“大化论”思想。

自韩非子思想而观

同样，《韩非子》也被学者判为有“进化论”思想。主要依据是下面一段话：

上古之世，人民少而禽兽众，人民不胜禽兽虫蛇。有圣人作，构木为巢，以避群害，而民悦之，使王天下，号之曰有巢氏。民食果蓏蜂蛤腥臊恶臭，而伤害腹胃，民多疾病。有圣人作，钻燧取火，以化腥臊，而民悦之，使王天下，号之曰燧人氏。中古之世，天下大水，而鲧禹决渎。近古之世，桀纣暴乱，而汤武征伐。今有构木钻燧于夏后氏之世者，必为鲧禹笑矣。有决渎于殷周之世者，必为汤武笑矣。然则今有美尧舜武禹之道于当今之世者，必为新圣笑矣。是以圣人不期修古，不法常可，论世之事，因为之备。……故曰：事异则备变。上古竞于道德，中世逐于智谋，当今争于气力。

台湾思想史家韦政通先生认为上引言论，乃是“自觉地提出一套近乎演化论的变的史观”，此处“演化论”应即是“进化论”。大陆学者赵叶花则释读为“富于进化思想的历史观”。大陆学者关立新更释读为“突破了循环论和复古主义的框架，与近代提出的进化史观颇为相似”。

且不说“上古之世”“中古之世”“近古之世”三阶段是否有“进化”关系，就算它们之间有“进化”关系存在，也不能证明整个这段话，表达的是“进化论”。理由是：

（1）“上古之世”之前与“近古之世”之后，韩非子并未说明，此段话只论及三皇五帝至春秋战国之一段历史，此段历史之“进化”，也许只是更长历史之“循环”的一个段落或环节。

（2）此段话之最终落脚点，在“上古竞于道德，中世逐于智谋，当今争于气力”这几句，这几句讲的不是“进化”，而是“退化”，是从“尚德”退化至“尚谋”，再从“尚谋”退化至“尚力”，这完全是一种“退化论”或“循环论”。故《韩非子·五蠹》在著者看来，乃是“进化论”

与“循环论”之“合”，假如它有“进化论”的话。而这个“合”，就是所谓“大化”。

自王充思想而观

李约瑟《古代和中世纪中华人的进化思想》一文，曾专列一节论“王充（1世纪）和物种”，将王充（27—约97）比喻为古罗马哲学家卢克莱修（C. Lucretius，约前99—前55），并认为王充“发展了道家‘物种’的观点，使用了生物学的论据，抨击了当时流行的迷信意识”。

李约瑟主要引用《论衡》中之两段话，来证明王充之“进化思想”。一段出自《论衡·奇怪篇》：

使大人施气于姜原，姜原之身小，安能尽得其精。不能尽得其精，则后稷不能成人。尧与高祖，审龙之子。子性类父，龙能乘云，尧与高祖，亦宜能焉。万物生于土，各似本种。不类土者，生不出于土，土徒养育之也。母之怀子，犹土之育物也。尧与高祖之母，受龙之施，犹土受物之播也。物生自类本种，夫二帝宜似龙也。且夫含血之类，相与为牝牡。牝牡之会，皆见同类之物，精感欲动，乃能授施。若夫牡马见雌牛，雄雀见牝鸡，不相与合者，异类故也。今龙与人异类，何能感于人而施气。

此段话之重要观点有二：①万物“自类本种”；②“异类”之间牝牡不相会。均是强调“类”之界限与重要性。这当然与“生物进化论”有关，但并未明白表达出“进化”之意。

另一段出自《论衡·讲瑞篇》：

白雉生短而白色耳，非有白雉之种也。鲁人得戴角之獐，谓之骐驎，亦或时生于獐，非有骐驎之类。由此言之，凤凰亦或时生于鹄鹊，毛奇羽殊出异众鸟，则谓之凤凰耳，安得与众鸟殊种类也。有若曰：骐驎之于走兽，凤凰之于飞鸟，太山之于丘垤，河海之于行潦，类也。然则凤凰骐驎都与鸟兽同一类，体色诡耳，安得异种？同类而有奇，奇为不世，不世难审，识之如何？尧生丹朱，舜生商均。商均丹朱，尧舜之类也，骨性诡耳。鲧生禹，瞽瞍生舜，舜禹，鲧瞽瞍之种也，知德殊矣。试种嘉禾之实，不能得嘉禾，恒见粢梁之粟，茎穗怪奇。

此段话之核心，亦在“类”与“种”。以“同类而有奇”或“同种而有奇”之观点，解释神鸟神兽，认为它们并非“新类”“新种”，而只是原有“类”“种”之变异（“奇”）。李约瑟则判定“王充这里所关心的是遗传谱系的遗传特性”及“突变论”。

以上两段话，李约瑟是作为“进化思想”之证据来使用的。兹暂定以上两段话，表达了某种“进化论”，但不能由此就推定《论衡》一书及王充之人，就是主张“进化论”的。

《论衡·齐世篇》云：“夫上世治者圣人也，下世治者亦圣人也。圣人之德，前后不殊，则其治世，古今不异。上世之天，下世之天也。天不变易，气不改更。上世之民，下世之民也，俱禀元气。元气纯和，古今不异，则禀以为形体者，何故不同？……一天一地，并生万物，万物之生，俱得一气，气之薄渥，万世若一。……今人不肯行，古人亦不肯举。以今之人民，知古之人民也。”“古今不异”“万世若一”之论，绝不可以“进化论”释读之。

《论衡·实知篇》亦云：“古之水火，今之水火也；今之声色，后世之声色也。鸟兽草木，人民好恶，以今而见古，以此而知来，千载之前，万世之后，无以异也。追观上古，探察来世，文质之类，水火之辈，贤圣共之；见兆闻象，图画祸福，贤圣共之；见怪名物，无所疑惑，贤圣共之。”“无以异也”“贤圣共之”之论，亦绝不可以“进化论”释读之。

就《论衡》整体及王充本人之思想全体看，著者以为宜合“进化论”与“循环论”而观，而以“大化论”释读之。这就要求突破李约瑟之“释读框架”，亦要求突破中华学者模仿李氏之“释读框架”。

“齐世篇”之“齐”字，应含有进化与循环两义，讲的是所谓“大化”。

《无能子》明确反对“物竞天择”

晚唐无名氏之哲学著作《无能子》，曾提出“自然而虫之，不自然而人之”之命题，被学者视为“将中华古代关于人类起源与进化的历史观几乎推到了现代的高度”，与欧西19世纪自然科学“三大发现”（恩格斯语）之一的“进化论”几乎“相差无几”。

这个判定，就“进化论”一方面而言，有相当之合理性；但就全体而言，却是“理太偏”。

对于第一阶段之描述

《无能子》首篇《圣过》，确曾提出“三阶段说”，分别为“所以太古时”“降及后世”“降及后代”。《无能子》对于第一阶段之描述如下：

> 所以太古时，裸虫与鳞毛羽甲杂处，雌雄牝牡，自然相合，无男女夫妇之别、父子兄弟之序。夏巢冬穴，无宫室之制。茹毛饮血，无百谷之食。生自驰，死自仆，无夺害之心，无瘗藏之事。任其自然，遂其天真，无所司牧，蒙蒙淳淳，其理也居且久矣。无何，裸虫中繁其智虑者，其名曰人，以法限鳞毛羽甲诸虫。又相教播种以食百谷，于是有耒耜之用。构木合土以建宫室，于是有斤斧之功。设婚嫁以析雌雄牝牡，于是有夫妇之别，父子兄弟之序。为棺椁衣衾以瘗藏其死，于是有丧葬之仪。结置罘网罗以取鳞毛羽甲诸虫，于是有刀俎之味。蒙淳以之散，情意以之作。然犹自强自弱，无所制焉。繁其智虑者，又于其中择一以统众，名一为君，名众为臣。一可役众，众不得凌一。于是有君臣之分，尊卑之节，尊者隆，众者同。

此段话的确涉及“人类之进化”，进化之前乃系“裸虫”中之“繁其智虑者”，是“裸虫”中之一种；进化之后又陆续发明“耒耜之用”“斤斧之功”“夫妇之别”“父子兄弟之序”“丧葬之仪”“刀俎之味”乃至“君臣之分”“尊卑之节”等。

对于“第二阶段”之描述

《无能子》对于“第二阶段”之描述如下：

降及后世，又设爵禄以升降其众，于是有贵贱之等用其物，贫富之差得其欲，乃谓繁智虑者为圣人。既而贱慕贵，贫慕富，而人之争心生焉。谓之圣人者忧之，相与谋曰：彼始蒙蒙淳淳，孰谓之人？吾强名之曰人。人虫乃分。彼始无卑无尊，孰谓之君臣？吾强建之，乃君乃臣。彼始无取无欲，何谓爵禄？吾强品之，乃荣乃辱。今则醨真淳、厚嗜欲而包争心矣。争则夺，夺则乱，将如之何？智虑愈繁者曰：吾有术焉，于是立仁义忠信之教、礼乐之章以拘之。君苦其臣曰苛，臣侵其君曰叛，父不爱子曰不慈，子不尊父曰不孝，兄弟不相顺为不友不悌，夫妇不相一为不贞不和。为之者为非，不为之者为是。是则荣，非则辱，于是荣是耻非之心生焉，而争心抑焉。

此段话似乎涉及“社会之进化”，即社会从“无贵贱贫富尊卑荣辱是非”“进化”到“有贵贱贫富尊卑荣辱是非”，再从“有贵贱贫富尊卑荣辱是非”“进化”到“制礼作乐以调节贫富尊卑荣辱是非”。

此处使用“进化”两字，是源自现今学者之释读。其实《无能子》只是一种描述，并未明言“进化”。相反，倒是反对所谓“进化”的。“争心抑”就是“抑制争心”，“反对争心”就是“抑制丛林原则”，“反对丛林原则”就是“抑制物竞天择”“反对物竞天择”。《无能子》似认为此种由“无争心”到“有争心”之过程，乃是一种“退化”；真正之“进化”，是从“有争心”再次返回到“无争心”。而这恰又是一种“循环”。“降及后世”一语，说明了这一点。

对于“第三阶段”之描述

《无能子》对于“第三阶段”之描述如下：

降及后代，嗜欲愈炽，于是背仁义忠信、逾礼乐而争焉。谓之圣人者悔之，不得已乃设刑法与兵以制之，小则刑之，大则兵之。于是缧绁桎梏鞭笞流窜之罪充于国，戈铤弓矢之伐充于天下，覆家亡国之祸，绵绵不绝，生民困贫夭折之苦，漫漫不止。①

此段话论及“刑法与兵”之起源，并认为这是一件坏事，不是一件好事。

综合以上三阶段之描述，各阶段内部似乎论及“进化”，但三阶段之间却难说有“进化”关系，反而似乎是“退化”关系。因为作者在描述后两阶段时，使用的均是“降及”一词，且内容上也持贬抑、拒斥态度。

就算以上三阶段间确实存在“进化”关系，依然不能据此判定《无能子》一书，即是宣讲“进化论”之作。就《圣过》篇本篇而言，在以上三阶段描述之前，还有一段话，云：

天地未分，混沌一炁。一炁充溢，分为二仪。有清浊焉，有轻重焉。轻清者上，为阳为天；重浊者下，为阴为地矣。天则刚健而动，地则柔顺而静，炁之自然也。天地既位，阴阳炁交，于是裸虫、鳞虫、毛虫、羽虫、甲虫生焉。人者，裸虫也；与夫鳞毛羽甲虫俱焉，同生天地，交炁而已，无所异也。……智虑语言，人与虫一也，所以异者形质尔。夫鳞毛羽甲中，形质亦有不同者，岂特止与人不同耶？人之中，形质亦有同而异者、异而同者，岂特止与四虫之形质异也？②

此段话重点强调人与动物“无所异”“人与虫一也”。此种观点，完全不能与欧西“进化论”相融。因为欧西“进化论”之根本立足点，是人与动物“有异”“人与虫不一”，人是高于、优于其他动物的。

“反进化论”之根本态度

在上述三阶段描述之后，《无能子》也有一段话，云：

① 王明校注：《无能子校注》，北京·中华书局，1981年版，第3页。
② 王明校注：《无能子校注》，北京·中华书局，1981年版，第1页。

嗟乎！自然而虫之，不自然而人之。强立宫室饮食以诱其欲，强分贵贱尊卑以激其争，强为仁义礼乐以倾其真，强行刑法征伐以残其生，俾逐其末而忘其本，纷其情而伐其命，迷迷相死，古今不复，谓之圣人者之过也。①

这是一段总结全篇之语，表明作者“反对进化”之立场：强立宫室饮食是“进化”，作者则斥之为“诱其欲”；强分贵贱尊卑是“进化”，作者则斥之为“激其争”；强为仁义礼乐是“进化”，作者则斥之为“倾其真”；强行刑法征伐是“进化”，作者则斥之为“残其生”。

总之，假如上述三阶段之内及三阶段之间确实存在“进化”关系，作者之态度，却是拒斥：斥其为“逐其末而忘其本”，斥其为“纷其情而伐其命”，斥其为“迷迷相死，古今不复”。最终点明本篇之主旨：“圣过”。假如“进化论”确实存在，那也是“圣人之过”，而非“圣人之功”。“圣过”两字，点明了本篇作者“反对进化论”之根本态度。

《圣过》篇之外，还可以找到其他“反进化论”之文字。如《质妄》篇云：

古今之人，谓其所亲者血属，于是情有所专焉。聚则相欢，离则相思，病则相忧，死则相哭。夫天下之人，与我所亲：手足腹背，耳目口鼻，头颈眉发，一也。何以分别乎彼我哉？所以彼我者，必名字耳。所以疏于天下之人者，不相熟尔。所以亲于所亲者，相熟尔。……若以名所亲之名，名天下之人，则天下之人皆所亲矣。若以熟所亲之熟，熟天下之人，则天下之人皆所亲矣。胡谓情所专耶？夫无所孝慈者，孝慈天下；有所孝慈者，孝慈一家。②

① 王明校注：《无能子校注》，北京·中华书局，1981年版，第3页。
② 王明校注：《无能子校注》，北京·中华书局，1981年版，第10—11页。

“天下之人皆所亲”“孝慈天下”之论，与欧西“进化论”中所谓“物竞天择”之论，是根本不兼容的。

又如《纪见》之篇云：

人之家因其鸣而凶，枭罪也。枭可凶人，杀之亦不能弭其已凶。将凶而鸣，非枭忠而先示于人耶？凶不自枭，杀之害忠也。矧自谓人者，与夫毛群羽族，俱生于天地无私之气，横目方足，虚飞实走，有所异者，偶随气之清浊厚薄，自然而形也，非宰于爱憎者也，谁令枭司其凶耶？①

人与飞禽走兽“俱生于天地无私之气”之论，同样与欧西“进化论”中所谓“物竞天择”之论，根本不兼容。

合《圣过》篇全篇而观，与其以“进化论”释读之，不如以“大化论”释读之；合《无能子》全书而观，结论同样是如此。

故著者以为“进化论”并非《无能子》一书之主旨，相反，这部晚唐无名氏之哲学著作，乃是倡导“大化论”之作，至少是相对“反对进化论”之作。其思想架构就是：认为不把“进化论”置于“天地未分，混沌一炁”以及“天地既位，阴阳炁交”之宇宙背景上来定位，就是讲不通的，就是一理之偏。

“自然而虫之，不自然而人之”之命题的提出，不是为了高扬“进化论”，而是为了贬抑“进化论”，不是为了倡导“不自然”，而是为了倡导“自然”。它完全属于“中式哲学系统”，而与“西式哲学系统”根本不兼容。

晚清以降“反物竞天择”之余绪

据北京大学社会学系2006级博士生刘阳之研究，严复也许是晚清以降构建“大化论”框架之最早学者。

刘阳认为严复是“用中华传统思想中的易学框架来译述西方的进化概

---

① 王明校注：《无能子校注》，北京·中华书局，1981年版，第44页。

念”，并因此巧妙地统一了赫胥黎在“进化论”与“伦理学”之间的对立。

严复：以易化西

若刘阳之观察不误，则严复构建之格式，就可名之为“以易化西”，属“大化论”框架之一种。

刘阳云：“赫胥黎倒是对达尔文的学说有精确的理解，但他在致力于反对庸俗进化论的时候，所显露出来的悲剧精神，中华士人可能也十分隔膜。严复用易学框架来译述赫胥黎的《进化论与伦理学》，恰好避免了以上两方面的困难：既改造了进化论，特别是社会达尔文主义所包含的西方目的论历史哲学，也去除了赫胥黎为了对抗这种历史哲学而产生的虚无主义，保存了人与天争胜的本体论意义。……的确，主张人们‘团结起来，与外物斗争’的首先是赫胥黎，但将这种斗争放入易学框架中、使其获得全新意义的是严复。在新框架中，中国士人不再是看到短暂的人类在无限的宇宙进程中激起的片刻微澜，而是听到了‘天行健，君子以自强不息’的恒久召唤。”①

将欧西“进化论”放入“易学框架”中，而构建起进步与退步、上升与下降、进化与循环、竞争与互助等互推互挽之“新框架”，就是所谓“大化论”。

在此“大化论”中，循环是“大尺度”之理论，进化是其环节与段落。若以进化为阳、循环为阴，则阴是“大尺度”之理论，阳是其环节与段落。

章太炎：俱分进化

严复译述《天演论》，是在清光绪二十一年（1895）前后，光绪二十四年出版。其后为构建“大化论”框架而出力者，则有章太炎氏。

章氏于清光绪三十二年（1906）9月，在《民报》第七期发表《俱分进化论》，批评斯宾塞之进化论，云：“彼不悟进化之所以为进化者，非由

① 刘阳：《进化与天演——重读〈天演论〉》，载《北京大学研究生学志》2008年第3期，第84页。

一方直进，而必由双方并进。专举一方，惟言智识进化可尔。若以道德言，则善亦进化，恶亦进化；若以生计言，则乐亦进化，苦亦进化。双方并进，如影之随形，如魍魉之逐影。非有他也，智识愈高，虽欲举一废一而不可得。曩时之善恶为小，而今之善恶为大；曩时之苦乐为小，而今之苦乐为大。然则以求善、求乐为目的者，果以进化为最幸耶，其抑以进化为最不幸耶？进化之实不可非，而进化之用无所取，自标吾论曰《俱分进化论》。”此处只斥“进化之用”，而不斥“进化之实”，说明章氏对进化论有很大之保留。但即使如此，其“俱分进化论”亦足以为构建“大化论”框架之助。

光绪三十三年（1907）3月，章氏又刊《社会通诠商兑》于《民报》第十二期，正式对英人甄克斯（E. Jenks，1861—1939）《社会进化简史》（A History of Politics）一书中之“历史进化论”提出挑战。甄氏之书认为人类社会存在一由“野蛮社会”到“宗法社会”，再到“国家社会”之进化历程。此种进化论，既见于摩尔根之《古代社会》，恩格斯之《家庭、私有制与国家的起源》（1884），亦见于甄氏此书中，可说是欧西学界之“共识”。

但章氏则认为此所谓进化历程，只适用于“赤、黑野人之近事”，既不适用于“欧、美、亚西古今之成迹”，亦不适用于天山以东“中华、日本、蒙古、满洲之法。”①

最后之结论，只能是：“夫甄氏以其所观察者著之书，其说自不娱耳。而世人以此附合于吾土，则其咎不在甄氏，而在他人。若就此四条以与中华成事相稽，惟一事为合古，而其余皆无当于古。今则今宗法，必有差愈于古宗法者，古宗法亦有差愈于甄氏所见之宗法者。要之，于民族主义皆不相及，此其论则将及于严氏。”②

此处推翻欧西学界“历史进化论”或“社会进化论”之普世性与客观性，亦足以为构建“大化论”框架之助。

---

① 《章太炎全集》（四），上海人民出版社，1985年版，第322页。
② 《章太炎全集》（四），上海人民出版社，1985年版，第330页。

晚清宗教界：驳“生物进化论”

晚清宗教界人士从教理而斥“进化论”，亦可为构建“大化论”之助矣。

李问渔辑译《天演论驳议》，以天主教为立场，先驳达尔文“生物进化论”，再驳严复“社会进化论”。前一方面否定达尔文进化论之“六据”（构建“生物进化论”之六个方面的主要理论依据）、“四律”（“生物进化论”之自然选择、遗传、变异等四大定律），认定“生物进化论”无学理支撑，无试验可证实，并非“真学问”。

后一方面则从否定作为“物理”之进化论，进至否定作为“政理”之进化论，从解构“生物进化论”，进至解构“社会进化论”。从话语系统、论证方法、概念逻辑、具体内容等方面，全方位批驳严复所谓“天演论”。①

《天演论驳议》（1907）之后，山雅各撰《论天演与神道之运动力》（《大同报》，1910 年 5 月 14 日）及《论研究天演理之沿误》（1910 年 6 月 25 日《大同报》），试图调和“天演进化”说与“上帝创世”说。

莫安仁撰《论人类天演进化之理由》（1911 年 1 月 7 日《大同报》），非议“上帝造人”说，承认“天演进化”说。

与此观点正相反对者，则有潘慎文、陆咏笙辑译之《天演辨正》（广学会，1913 年）、季理斐撰之《宗教天演合论》（广学会，1923 年）等，倡导“上帝造人”说，批驳“人由猿进化而来”之说。

以上辩论，尤其是宗教界人士对于达尔文、严复“进化论”之批驳，当然亦有助于构建“大化论”框架。

梁启超：以“循环”为大圈

民国十二年（1923），梁启超先生在南京金陵大学第一中学发表演讲，题为《研究文化史的几个重要问题——对于旧著〈中华历史研究法〉之修

① 详见王天根：《〈天演论驳议〉：科学与宗教视野中的进化论批判》，载《史学月刊》2007 年第 7 期，第 92—101 页。

补及修正》，明确向归纳研究法、因果律、进化论之三大“西式思维”提出挑战。

挑战之格式，就是“以中化西”：以中华固有之“直觉论”，批驳“归纳研究法”；以中华固有之“互缘论”，批驳“因果律”；更以中华固有之“循环论”，批驳“进化论”。成为“大化论”框架之构建的关键环节。

其批驳“进化论”云：“孟子说：‘天下之生久矣，一治一乱。’这句话可以说是代表旧史家之共同观念，我向来最不喜欢听这句话，因为和我所信的进化主义不相容。但近来我也不敢十分坚持了。我们平心一看，几千年中华历史，是不是一治一乱的那里循环？何止中华，全世界只怕也是如此。埃及呢，能说现在比‘三十王朝’的时候进化吗？印度呢？能说现在比优波尼沙昙成书、释迦牟尼出世的时候进化吗？说孟子、荀卿一定比孔子进化，董仲舒、郑康成一定比孟、荀进化，朱熹、陆九渊一定比董、郑进化，顾炎武、戴震一定比朱、陆进化，无论如何，恐说不去。”

“说陶潜比屈原进化，杜甫比陶潜进化，但丁比荷马进化，索士比亚比但丁进化，摆伦比索士比亚进化，说黑格尔比康德进化，倭铿、柏格林、罗素比黑格尔进化，这些话都从那里说起？又如汉唐宋明清各朝政治比较，是否有进化不进化之可言？亚历山大、恺撒、拿破仑等辈人物比较，又是否有进化不进化之可言？所以从这方面找进化的论据，我敢说一定全然失败完结。”以上是批驳社会、历史领域中之“进化论”。

梁氏又云：“从物质文明方面说吗？从渔猎到游牧，从游牧到耕稼，从耕稼到工商，用到如现代所有之几十层高的洋楼，几万里长的铁道，还有什么无线电、习行机、潜水艇……，都是前人所未曾梦见。许多人得意极了，说是我们人类大大进化。虽然，细按下去，对吗？第一，要问这些物质文明于我们有什么好处。依我看，现在点电灯、坐火船的人类所过的日子，比起从前点油灯、坐帆船的人类，实在看不出有什么特别舒服处来。”

“第二，要问这些物质文明是否得着了过后再不会失掉。中华‘千门万户’的未央宫，三个月烧不尽的咸阳城，推想起来，虽然不必像现代的纽约、巴黎，恐怕也有他的特别体面处。如今哪里去了呢？罗马帝国的繁华，虽然我们不能看见，看发掘出来的建筑遗址，只有令现代人吓死着羞死。如今又都往哪里去了呢？"

"远的且不必说，维也纳、圣彼得堡，战前的势派，不过隔五六年，如今又都哪里去了呢？可见物质文明这样东西，根柢脆薄得很，霎时间电光石火一般发达，在历史上原值不了几个钱。所以拿这些作进化的证据，我用佛典上一句话批评他：'说为可怜愍者。'"以上是批判"物质文明"方面之"进化论"以及生产方式方面之"进化论"。

梁氏又云："我以为历史现象可以确认为进化者有二：一、人类平等及人类一体的观念，的确一天比一天认得真切，而且事实上确也著著向上进行。二、世界各部分人类心能所开拓出来的'文化共业'，永远不会失掉。所以我们积储的遗产，的确一天比一天扩大。只有从这两点观察，我们说历史是进化，其余只好编在'一治一乱'的循环圈内了。"①

这段话实在就是一个"大化论"方案：以"循环"为大圈，以"进化"为小圈，最终以"循环论"吸收"进化论"。能确认为"进化"者，既只有"人类平等及人类一体的观念"及"文化共业"两项，则"历史现象"之绝大部分，当然就属"循环"之范围。

以"进化"为"循环"之环节或特例，以"进化论"为"小尺度"之理论，以"循环论"为"大尺度"之理论，就是所谓"大化论"。

科技史学界之争论

中华科技史学界曾有过"中华古代有无生物进化思想"之争论，亦涉及"进化论"与"循环论"之关系的处理问题。

如华中科技大学哲学系李思孟教授，就认为"中华古代没有生物进化思想"，认为"中华人有中华人的思想，欧洲人有欧洲人的思想，生物学上也是这样"。

而太原理工大学文理学院杨小明教授则反对此种观点，认为"刘蒙、

① 梁启超：《饮冰室合集·文集之四十》，北京·中华书局，1989年版，第6—7页。

黄百家与康熙等人的生物进化思想则可以说是不容置疑的事实”，认为“中华传统的有机自然观不仅有助于而且可以产生生物进化思想”。

以上争论限于“生物进化思想”，而非“生物进化论”，争论双方都很谨慎。著者试图在他们之外，提出一个“第三方立场”：“中华古代有大化论”。

这就可以把争论双方之立场融为一体：中华古代有进化论，但却是以大尺度之循环论为背景的进化论；中华古代有进化思想，但却是以大尺度之循环思想为背景的进化思想。既然大尺度上是讲循环论的，则谓“中华古代无进化论”不为错；既然小尺度上是讲进化论的，则谓“中华古代有进化论”亦不为错。

争论中区分“生物进化思想”与“生物进化论”，以限定争论范围，其实没有太大意义。关键是对中华思想之整体把握与总体观察，关键是先定位好“大尺度”。没有“大尺度”之定位，在“小尺度”上争论“中华古代有无进化思想或进化论”，犹如“盲人摸象”，是无谓的，也是不会有结果的。

其实李约瑟《古代和中世纪中华人的进化思想》一文，已经注意到了这个问题。该文“导言”就说：“到了宋代（十至十三世纪），由于长期来道家和佛教思想的影响，理学家提出了一个中华传统哲学从未提出过的综合理论，这是一个有机的自然观，其中进化概念和整体水平十分重要；它与当今科学宇宙观的主要区别在于，认为进化过程在每一次连续的世界大变动之后周而复始。”

这实际上就是承认了“大化论”，就是承认中华思想家所讲，就是“大化论”，就是“含进化为环节之循环”或“包含进化之循环”。只是李约瑟迷信“西式科学”，迷信所谓“当今科学宇宙观”，不太愿意承认这个“循环”或“周而复始”之存在。

其实在“大尺度”上，“大化论”是正确的；在“小尺度”上，“西式进化论”亦是正确的。就科学与否而观，在“大尺度”上，“大化论”就是科学；在“小尺度上”，“进化论”就是科学。

五、以“反功利主义”为核心价值观

中华思想有讲“合理利他主义”者，如儒家；有讲“极端利他主义”者，如墨、道、释诸家；有讲“超越功利”“义利兼忘”者，如后期墨家、杨朱、邵雍诸人。唯独没有讲“利己主义”者，不讲“合理利己主义”，更不讲“极端利己主义”，这就和西式功利思想形成鲜明对照。

儒家功利思想可分为“合理利他主义”与“极端利他主义”两派，道家功利思想属于“极端利他主义”，中华佛教同样以“极端利他主义”为“大善”、为依归，它们均属“大利主义”之范畴；此外还有“义利兼忘”之“超功利”的一派思想，认为“小人”讲“合理利己主义”，“贤人”讲“合理利他主义”，“圣人”讲“极端利他主义”，都不是最高层次，最高层次是“义利兼忘”。

中华思想之全体是“际天人”而讲功利

中华思想之全体，是“际天人”而讲功利，是立于“宇宙背景”而讲功利，如此讲功利，就是所谓“大利”。“大利”之作为“中华共识”，表明人类思功利问题，不止欧西一路，人类解决功利问题，不止欧西一系。“大利”之作为“中华共识”，表明“利己”之上有“利他”，“利他”之上有“利物”，“利物”之上有“忘利”，“欧西功利主义”未能实现功利思想之“最后一着”与“桶底脱落”，未能达到功利思想之“究竟真理”。

“大利”是相对于“小利”而言的。何谓“大利”？相对于个人之利而言，家庭家族之利是“大利”；相对于家庭家族之利而言，民族国家之利是“大利”；相对于民族国家之利而言，人类全体之利是“大利”；相对于人类全体之利而言，天地万物之利是“大利”。“大利主义”是指“大利优先”，“大利”与“小利”不能兼得时，舍“小利”而就“大利”。

设若个人为“己”，个人之外之家庭家族、民族国家、人类全体乃至天地万物均为“他”或“人”，则“利己主义”就是“小利优先”，“小利”与“大利”不能兼得时，舍“大利”而就“小利”。“利己主义”又分两种：利己不损人，是谓“合理利己主义”；利己损人，是谓“极端利己主义”。相应地“利他主义”亦分两种：利他不损己，是谓“合理利他主义”；利他损己，是谓“极端利他主义”。

“大利主义”是“合利己与利他而观”之一种主义，故也有“合理”与“极端”之分。“合合理利己与合理利他而观”，可得“合理大利主义”；“合极端利己与极端利他而观”，可得“极端大利主义”。

中华功利思想是一种典型之“大利主义”思想体系，换言之，是一种典型之“合利己主义与利他主义而观”之思想体系。其中又以“利他主义”为“大尺度”之理论，接纳“利己主义”为其环节或特例。既有“合理利他主义”，亦有“极端利他主义”，更有根本超越功利之“忘利主义”。唯独没有欧西“利己主义”，这是中西功利思想之根本不同。

中华有“义利之辨”，论者常判为“道德与功利之辨”，实则“义”有道德义，但更重要的是功利义。义者，大利也。“义利之辨”中之“利”，仅指“私利”“小利”；“义”不过就是与之相对应之“公利”“大利”而已。换言之，“义利之辨”者，“公利私利之辨”也，“大利小利”之辨也。“大利”可以有两种：一种是与“小利”相对之“大利”，一种是“合小利与大利而观”之“大利”。

《大戴礼记·四代》云：“义，利之本也。”《墨子·经上》云：“义，利也。”《墨经·大取》又云：“义，利；不义，害。”义就是利，不过特指公利、大利。《大学》云：“此谓国不以利为利，以义为利也。”“不以利为利”就是不以私利、小利为利，“以义为利”就是以公利、人利为利。

张载《正蒙·大易》云：“义，公天下之利。”义之含义，就是公利、大利。程伊川《语录》卷一七云：“义与利，只是个公与私也。”《语录》卷一九又云：“夫利，和义者，善也，其害义者，不善也。”《程氏易传·益卦》云：“理者，天下之至公，利者，众人所同欲。苟公其心，不失其正理，则与众同利。无侵于人，人亦欲与之。”朱熹《朱子语类》卷一三云：“或问义利之别，曰：只是为己为人之分。”

王夫之《尚书引义·禹贡》云：“易曰利物和义，义足以用，则利足以和。和也者，合也，言离义而不得有利也。”颜元《四书正误》卷一云：

“以义为利，圣贤平正道理也。”又云：“利者，义之和也。”均以“义”指公利、大利，以“利”指私利、小利。

张岱年《中华哲学大纲》云：“义即当然，亦即行为的制裁。然义之标准何在？何者为应当，何者为不应当？关于此点，有对立的两说。一说认为应当之表准即人民之大利或人群之公利。凡有利于大多数人民之行为，即应当的；反之即不应当的……一说认为应当之表准在于人之所以为人者，即人之所以异于禽兽者。凡表现或发挥人之所以为人者的行为，即应当的；反之即不应当的。”①

此处似认“义”有两义：一指公利、大利；一指“人之所以为人者”。并认为前者为墨家所主张，后者为儒家所主张。实则儒家同样以“义”为公利、大利，认为公利、大利即是“人之所以为人者”，公利、大利即是“人之所以异于禽兽者”。

儒家有关“大利”之论

儒家讲“大利”，表现为“合理大利主义”与“极端大利主义”。前者兼顾“利己”与“利他”，后者不讲“利己”，只讲“利他”。

“合理大利主义”诸家

“合理大利主义”之代表，有孔子、孟子、荀子、董仲舒诸人。

《论语·子罕》讲“子罕言利”，此“利”即私利、小利也。孔子罕言私利，但并非罕言公利，其“富之”“教之”等言，就是公利。其“罕”字又与“不”字不同，罕言私利，不是不言私利，只是少言而已。这是一个以公利为归依而又不废私利、以大利为归依而又不废小利之“合理大利主义”立场。

《论语·里仁》又有“放于利而行多怨”之言，此利指私利、小利。《论语·里仁》又有“君子喻于义，小人喻于利”之言，指君子持“合理大利主义”之立场，小人持“合理利己主义”之立场。

---

① 张岱年：《中国哲学大纲》，北京·中国社会科学出版社，1982年版，第386页。

《论语·雍也》云：“子贡曰：如有博施于民而能济众，何如，可谓仁乎？尧舜其犹病诸。”比“仁”更高之一个境界，是“圣”，它要求在“博施于民”之上，还加一个“济众”之层次，这个层次似是超越人类全体者。类似于《孟子·尽心上》所谓“物”：“君子之于物也，爱之而弗仁；于民也，仁之而弗亲。亲亲而仁民，仁民而爱物。”孔子之“济众”与孟子之“爱物”，应属同一层次，讲的都是“利万物”之“大利”。

《孟子·告天下》云：“为人臣者，怀利以事其君，为人子者，怀利以事其父，为人弟者，怀利以事其兄，是君臣、父子、兄弟终去仁义，怀利以相接，然而不亡者，未之有也。”此处孟子是反私利、小利。

孟子见梁惠王，斥责梁惠王“利吾国”之言论，常被学者判为“反功利”。实则孟子只是反私利、小利，并非全盘反功利。《孟子·梁惠王上》载：“孟子见梁惠王，王曰：叟不远千里而来，亦将以利吾国乎？孟子对曰：王何必曰利，亦有仁义而已矣！王曰何以利吾国，大夫曰何以利吾家，士庶人曰何以利吾身，上下交征利，而国危矣。万乘之国，弑其君者必千乘之家；千乘之国，弑其君者必百乘之家。万取千焉，千取百焉，不为不多矣。苟为后义而先利，不夺不餍。未有仁而遗其亲者也，未有义而后其君者也。王亦曰仁义而已矣，何必曰利。”

“利吾身”相对于“利吾家”而言，是私利、小利；“利吾家”相对于“利吾国”而言，是私利、小利；“利吾国”相对于“利天下”而言，是私利、小利。孟子一方面批评梁惠王以“利吾国”为最高追求之立场；另一方面批评当时社会上“后义而先利”之潮流，倡导“先义而后利”。

“后义而先利”之立场，是把“利吾身”置于“利吾家”之上，把“利吾家”置于“利吾国”之上，把“利吾国”置于“利天下”之上，总之一句话，是把私利、小利置于公利、大利之上。这样做之结果，是“不夺不餍”，亦即不以私利侵公利、不以小利侵大利便不得满足。

而相反者，是“先义而后利”之立场，这个立场要求“利吾身”服从于“利吾家”，“利吾家”服从于“利吾国”，“利吾国”服从于“利天下”，总之一句话，私利服从于公利，小利服从于大利。这样做之结果，就不可能“遗其亲”，就不可能“后其君”，更不可能“弑其君”。所以孟子斥责梁惠王，并非反对功利，只是反对梁惠王及当时社会上讲功利之立场与格式。

“王亦曰仁义而已矣，何必曰利”，是要求梁惠王“先义而后利”，不是要求他舍弃利；“何必曰利”，实即“何必曰私利”“何必曰小利”之略称。孟子在同一篇中，讲“五亩之宅，树之以桑”，讲“鸡豚狗彘之畜”，讲“谨庠序之教”，讲“商贾皆欲藏于王之市，行旅皆欲出于王之途”，讲“无恒产因无恒心”，讲“明君制民之产”，更讲“老吾老以及人之老，幼吾幼以及人之幼”，等等，都表明孟子并不一般地反对功利，而只是反对“后义而先利”之立场。

孟子以大利为先，但不舍弃小利，故其立场乃是一种“合现大利主义”。但《孟子·离娄下》有“大人者，言不必信，行不必果，惟义所在”之言，似乎表明孟子有“极端大利主义”之倾向。但这只是对“大人”之要求，不具有“普适性”。对广大民众而言，有“合理大利主义”就足够了。

荀子对待功利，也持“合理大利主义”之立场。《荀子·王霸》云：“国者，巨用之则大，小用之则小。綦攒大而王，綦小而亡，小巨分流者存。巨用之者，先义而后利，安不恤亲疏，不恤贵贱，唯诚能之求，夫是之谓巨用之。小用之者，先利而后义，安不恤是非，不治曲直，唯便僻亲比己者之用，夫是之谓小用之。巨用之者若彼，小用之者若此，小巨分流者，亦一若彼一若此也。”

在荀子之理论系统中，国家是调节功利之一部机器，《荀子·王霸》开篇一句话就是“国者，天下之制利用也”，“制”就是调节。国家调节功利，可以有两个方面：一是“先义而后利”，一是“先利而后义”，前者是“合理利他主义”，后者是“合理利己主义”。“合理利他主义”，荀子称为“巨用之”，就是讲原则、共分享；“合理利己主义”，荀子称为“小用之”，就是不讲原则、不讲是非曲直，只知唯利是图。“小巨分流”，实即“合理利己主义”与“合理利他主义”之分流。

若仅停留于各执一词，公说公有理，婆说婆有理，是永远无法将问题讲清的。荀子将此种状态称为“亦一若彼一若此也”。这是不行的，必须把两方面结合起来去看问题，亦即“合先义而后利与先利而后义而观”“合合理利他主义与合理利己主义而观”，才会有成效。而这恰好就是“合理大利主义”之立场与格式。基于此种认识，荀子以为只有“合理大利主义”，才能成就一个伟大国家，故曰“国者，巨用之则大，小用之则小”；又以为“合理利己主义”最终会导致国家灭亡，故曰“綦大而王，綦小而亡”。

《荀子·荣辱》云：“为事利，争货财，唯利之见，是贾盗之勇也。义之所在，不倾于权，不顾其利，重死而持义不挠，是士君子之勇也。”这是“极端利己主义”与“极端利他主义”之对举。“唯利之见”，代表“极端利己主义”；“不顾其利”，代表“极端利他主义”。

《荀子·大略》云：“义与利者，人之所两有也，虽尧舜不能去民之欲利，然而能使其欲利不克其好义也……故义胜利为治世，利克义者乱世。”此处亦为“合理利他主义”与“合理利己主义”之对举。“欲利不克其好义”，代表“合理利他主义”；“欲利克其好义”，代表“合理利己主义”。“义胜利”，代表“合理利他主义”；“利克义”，代表“合理利己主义”。荀子以为，一个国家若是倡导“合理利己主义”，则为“乱世”：只有倡导“合理利他主义”及“合理大利主义”，才是“治世”。

荀子对于“利己主义”，有严厉之批评。《荀子·荣辱》云：“好利恶害，是君子小人之所同也，若其所以求之之道则异矣。”《荀子·正论》云：“不能以义制利，不能以伪饰性，则兼以为民。”这是对“合理利己主义”之批评。

《荀子·儒效》云：“不学问，无正义，以富利为隆，是俗人者也。”《荀子·不苟》云：“唯利所在，无所不倾，若是则可谓小人矣。”《荀子·儒效》云：“先义而后正义，以富利为隆，是俗人者也。”这是对“极端利己主义”之批评。

董仲舒最有名之一句话，是“正其谊不谋其利，明其道不计其功”，似乎表明他是“反功利”之人。实则这不是其原话，这句话出自《汉书·董仲舒传》：“夫仁者，正其谊不谋其利，明其道不计其功。”其原话载于《春秋繁露·对胶西王越大夫不得为仁》，该篇云：“仁人者，正其道不谋其利，修其理不急其功，致无为而习俗大化，可谓仁圣矣。”

“不谋其利”，似有反功利之嫌；“不急其功”，则不宜速断为反功利。“不急”只是不把功利视为当务之急，不把功利视为优先考虑之目标，并非全盘反功利。

就算他确有反功利之言论，其所反者，亦只是私利、小利，而非公利、大利。《春秋繁露·考功名》云：“故圣人之为天下兴利也，其犹春气之生草也，各因其生小大而量其多少；其为天下除害也，若川渎泻于海也，各顺其势，倾侧而制于南北。故异孔而同归，殊施而钧德，其趣于兴利除害一也。是以兴利之要在于致之，不在于多少；除害之要在于去之，不在于南北。”

“为天下兴利”“为天下除害”，讲的就是“天下之功利”，董仲舒并不反对“天下之功利”。他要反对的，是在乎“多少”的那种“兴利”、在乎“南北”的那种“除害”，此等功利乃是私利、小利。

《春秋繁露·诸侯》云：“生育养长，成而更生，终而复始，其事所以利活民者无已。天虽不言，其欲赡足之意可见也。古之圣人，见天意之厚于人也，故南面而君天下，必以兼利之。”“兼利”是兼利己与利他，兼一世之利与万世之利，兼国家之利与人民之利，兼君王之利与百姓之利。故其立场与格式，应是“合理利他主义”，更应是“合理大利主义”。

《春秋繁露·王道通三》云：“唯人道为可以参天：天常以爱利为意，以养长为事，春秋冬夏皆其用也；王者亦常以爱利天下为意，以安乐一世为事，好恶喜怒而备用也。然而主之好恶喜怒，乃天之春夏秋冬也，其俱暖清寒暑而以变化成功也。”“爱利天下”就是“爱天下”与“利天下”，“变化成功”亦是言功利，故董仲舒之立场，是“利天下”，是“大利”，并非反功利。

“极端大利主义”诸家

宋明道学中“合理大利主义”之立场依然存在，但同时发展出一种“极端大利主义”思潮。

如张载《正蒙·大易》讲“义，公天下之利”，是在不否定私利、小利之前提下讲公利、大利，是“合理大利主义”的。但其《语录》却论及“极端大利主义”之立场，云：“当生则生，当死则死，今日万钟，明日弃之，今日富贵，明日饥饿亦不恤：惟义所在。”为了公利、大利之实现，不仅可以舍弃富贵，而且可以舍弃生命，这就把私利、小利置于一个可有可无之境地，趋于“极端”。这个“极端”，蔚为宋明之一大思潮。

程伊川《语录》卷一六云：“不独财利之利，凡有利心便不可。如作一事，须寻自家稳便处，皆利心也。圣人以义为利，义安处便为利。”“凡有利心便不可”，是对私利、小利之“极端否定”立场。“以义为利”是以公利、大利替代私利、小利，也是对私利、小利之“极端否定”立场。

《语录》卷一七云：“义与利，只是个公与私也，才出义，便以利言也。只那计较，便是为有利害；若无利害，何用计较。利害者；天下之常情也。人皆知趋利而避害，圣人则更不论利害，惟看义当为不当为，便是命在其中也。”“不论利害，惟看义当为不当为”，就是对于私利、小利之“极端否定”。

宋明儒“存天理，灭人欲”或“存天理，去人欲”之说，也常被学者判为反功利。实则仍只是一个“极端大利主义”之立场：以为实现公利、大利，必以铲除私利、小利为前提；私利与公利完全对立，小利与大利完全对立。要么取“小利主义”立场，要么取“大利主义”立场，两者无法兼容。

这只是一个“极端”立场，不存在全盘否定功利之问题。换言之，宋明儒讲“灭人欲”，只是讲“灭私欲”，目标是实现“公利”“公欲”；讲“去人欲”，只是讲“去私欲”，目标在实现“公利”“公欲”。“人欲”不过就是“私欲”“小欲”之代名词“天理”，不过就是“公欲”“大欲”之代名词。不兼顾私利、小利，只讲公利、大利，这就是“极端大利主义”之立场。

二程《遗书》就把公心与私心、公利与私利对立起来。《遗书》卷五云：“虽公天下之事，若用私意为之，便是私。”不仅“私行”不能有，连“私意”也不能有，这是很“极端”的。《遗书》卷一五云：“不是天理，便是私欲。人虽有意于为善，亦是非礼。无人欲，即皆天理。”“天理”之实现，必以“无人欲”为前提，这个立场也很“极端”。《遗书》卷二四又云：“灭私欲，则无理明矣。”消灭私利是实现公利之前提，同样是“极端”立场。

南宋胡宏《知言》云：“一身之利无谋也，而利天下者则谋之；一时之利无谋也，而利万世者则谋之。”“无谋”是“极端大利主义”的。

南宋朱熹也持此种“极端大利主义”之立场。朱子《语类》卷一二云：“圣贤千言万语，只教人明天理，灭人欲。”“灭”就是“极端”。《朱子文集》卷三二《答张敬夫问目》云：“夫营为谋虑，非皆不善也，便谓之私欲者，只一毫发不从天理上自然发出，便是私欲。”不允许“一毫发”私欲，就是“极端”。

陆九渊有时也持此种立场，如《象山全集》卷一四《与包敏道》云：“私意与公理，利欲与道义，其势不两立，从其大体与其小体，亦在人耳。”“势不两立”就是一种“极端”言论。

明代王阳明也曾有如此之“极端”立场。如《传习录上》讲：“去得人欲，便识天理。”又讲：“须是平时好色好利好名等项一应私心，扫除荡涤，无复纤毫留滞，而此心全体廓然，纯是天理。”“无复纤毫留滞”，无疑是太过“极端”。恰如陈确《蘩言一》所批评之“天理人欲分别太严，使人欲无躲闪处”。

然此种“极端大利主义”之立场，直到晚明王夫之，还有遗留，如其《思问录》内篇讲：“私欲净尽，天理流行，则公矣。”其《读四书大全说》卷五更有“大公无私”之论：“奉此大公无私之天理以自治，则私己之心，净尽无余。”“大公无私”，就是“极端大利主义”之典型表述。

以“合理大利主义”斥“极端大利主义”诸家

宋明时期儒家发展出来之“极端大利主义”思潮，同时受到儒家内部“合理大利主义”之批判。

北宋李觏《文集·富国策》云：“愚窃观儒者之论，鲜不贵义而贱利，其言非道德教化则不出诸口矣。”反对“贵义而贱利”，就是反对脱离私利、小利，而只讲公利、大利。其《文集·原文》又云：“利可言乎？曰：人非利不生，曷为不可言。欲可言乎？曰：欲者人之情，曷为不可言？……孟子谓何必曰利，激也，焉有仁义而不利者乎？”“激也”，就是“极端”，李觏斥责孟子为“极端大利主义”，诚然不准确，但他在此处批评了根本不言私利、小利之“极端大利主义”，却是肯定的。

叶适也以“合理”斥“极端”。其《习学记言》云：“正谊不谋利，明道不计功，初看极好，细看全疏阔。古人以利与人，而不自居其功，故道义光明。既无功利，则道义乃无用之虚语耳。”离开私利讲公利，是虚；离开小利讲大利，同样是虚。正确之做法，是兼顾私利、小利而讲公利、大利，这被颜元称为“正其谊以谋其利，明其道而计其功”。

颜元《四书正误》云：“以义为利，圣贤平正道理也……后儒乃云正其谊不谋其利，过矣。宋人喜道之，以文其空疏无用之学。予尝矫其偏，改云：正其谊以谋其利，明其道而计其功。”“正其谊”“明其道”，就是讲公私、大利；“谋其利”“计其功”，就是讲私利、小利。两者之间不是对立的，而是“以”与“而”之关系，两者是可以兼顾的。这被学者称为“义利双行”，实则就是一种“合理大利主义”。

颜元《言行录》又云：“这不谋不计两个字，便是老无释空之根。惟吾夫子先难后获，先事后得，敬事后食，三后字无弊。盖正谊便谋利，明道便计功，是欲速，是助长。全不谋利计功，是空寂，是腐儒。”讲公利不是不可以讲私利，只是要注重一个“后”字；讲大利不是不可以讲小利，只是要注意一个“后”字。先公利后私利，这就对了；先大利后小利，这就对了。简言之“先义后利”，这就对了。

要特别注意，此处完全是以“合理大利主义”批评“极端大利主义”，而不是以“利己主义”或“合理利己主义”（“欧西功利主义”只是一种“合理利己主义”）批评“极端大利主义”。“利己主义”在中华思想系统中，是不存在的，不仅“极端利己主义”不存在，就连“合理利己主义”也不存在。

总之儒家功利思想可分两大派：一派是“合理大利主义”；一派是“极端大利主义”。要之都统属“大利主义”：认定“利天下”高于“利吾国”，“利吾国”高于“利吾家”，“利吾家”高于“利吾身”。

墨家有关“大利”之论

与儒家相比，墨家功利思想有两点不同：一是它只讲“极端大利他主义”，不讲或少讲“合理大利主义”；二是它把“利他”之范围扩大到人类之外，也就是儒家所谓“天下”之外。

墨家对于儒家之诸多批评，实即以“极端大利主义”批评“合理大利主义”。

利他与他人中心

《墨子·兼爱上》云：“子自爱，不爱父，故亏父而自利；弟自爱，不爱兄，故亏兄而自利；臣自爱，不爱君，故亏君而自利：此所谓乱也……父自爱也，不爱子，故亏子而自利；兄自爱也，不爱弟，故亏弟而自利；君自爱也，不爱臣，故亏臣而自利。是何也？皆起不相爱。”

父子之间有父之“自利”与子之“自利”，兄弟之间有兄之“自利”与弟之“自利”，君臣之间有君之“自利”与臣之“自利”，所有这些“自利”，都被视为“乱”，都是墨子所反对者的。在墨子之理论系统中，“自利”是不能有的，“自利”固然不是目的，亦不可为手段。

墨子强调一个“兼”字，这个“兼”，不是兼顾利己与利他，而只是指“利他”；不是兼顾私利与公利，而只是指“公利”；不是兼顾小利与大利，而只是指“大利”。“兼”不过就是“利他”之代名词，不过就是“公利”与“大利”之代名词。与之相对应之“别”，当然就不过只是“利己”“私利”“小利”之代名词。

比如，“兼士”是“爱人利人”，“别士”是“恶人贱人”；“兼士”是关心他人重于关心自己，“别士”是关心自己重于关心他人；“兼士”是视人如己，“别士”是人我有别。再比如，“兼君”是“必先万民之身后为其身”，“别君”是“恶能为吾万民之身若为吾身”；“兼君”倡导人重于己，“别君”倡导己重于人。

墨家功利思想，完全建立在“他人中心”之上，而非“自我中心”之上。对墨家而言，“利他”不是手段，而是目的；“牺牲”不是手段，而是目的；“最大多数”不是手段，而是目的。“利他”与“牺牲”能够给自身带来好处当然好，不能带来好处也应“赴汤蹈火，在所不辞”。

利天、利鬼与利人“三利”并举

墨家讲功利，遵循一条“绝对命令”：一行为是善的，当且仅当它有利于人类，同时有利于天地万物；一行为是善的，当且仅当它先有利于天地万物，然后有利于人类。我们读《墨子》一书，就知它贯彻此项“绝对命令”，是非常彻底的。

《墨子·兼爱中》云：

“仁人之所以为事者，必兴天下之利，除去天下之害，以此为事者也。”《兼爱下》云：“仁人之事者，必务求兴天下之利，除天下之害。”又云：“今吾本原兼之所生，天下之大利者也，吾本原别之所生，天下之大害者也。”又云：“以求兴天下之利，除天下之害，即此禹兼也。”又云：“兼者，圣王之道山……此圣王之道，而万民之大利也。”

《节葬下》云：

“且故兴天下之利，除天下之害，令国家百姓之不治也，自古及今，未尝之有也。”《天志中》云：“以求兴天下之利，而除天下之害。”

《墨子》全书始终是以“天下之利”“大利”为落脚点，是一种典型之“大利主义”，又是一种典型之“极端大利主义”。

然则此“天下”、此“大”，究竟涵盖怎样之范围呢？其最大范围是国家吗？非也！其最大范围是人类全体吗？非也！墨子此处所谓“天下之利”之“天下”，大于儒家之所谓“天下”，是超越人类全体，超越“人类中心论”的。

墨子讲功利，总是“三利”并举，人类之功利只是其中之一项。如《天志上》云：“此必上利于天，中利于鬼，下利于人，三利无所不利，故举天下之美名加之，谓之圣王。”与之相反之情形是：“此上不利于天，中不利于鬼，下不利于人，三不利无所利，故举天下恶名加之，谓之暴王。”

一行为仅“利于人”，还不能称为善；仅“利于鬼”，亦还不能称为善；仅“利于天”，亦不能称为善。只有“三利无所不利”，方得称为善。且顺序不能颠倒：只有先利于天，次利于鬼，最后利于人，方得称为善。

此种思维格局，遍见于《墨子》全书。如《天志上》云：“其事上尊天，中事鬼神，下爱人。”与之相反之情形是：“其事上诟天，中诟鬼，下贼人。”

《天志中》云：“观其事，上利乎天，中利乎鬼，下利乎人，三利无所不利，是谓天德。”与之相反之情形是：“观其事，上不利乎天，中不利乎鬼，下不利乎人，三不利无所利，是谓天贼。”

《天志下》亦有“上利天，中利鬼，下利人”之说，以及与此相对应之“上不利天，中不利鬼，下不利乎人”之说。在“人”之上放置“鬼”这个层次，在“鬼”之上放置“天”这个层次，表明墨子之立场已完全超越“人类中心论”。

其功利思想也完全是对“人类中心论”之超越：它强调的是“三利”，而不只是人类这“一利”。“利天”就是有利于天地万物，“利鬼”就是有利于人类之外之其他生灵，只有最后一利“利人”，才是针对人类而言的。只有“三利无所不利”才是善，“三不利无所利”才是恶；不能说对人类不利的就是恶的，亦不能说对人类有利的就是善的。要以“利天”为背景，来讨论“利鬼”之问题，这就是“大利主义”；要以“利天”“利鬼”为背景，来讨论“利人”之问题，这就是“大利主义”。

《墨子·兼爱上》云：“盗爱其室，不爱其异室……故贼人以利其身……大夫各爱其家，不爱异家，故乱异家以利其家。诸侯各爱其国，不爱异国，故攻异国以利其国。天下之乱物，具此而已矣。”第一步是“贼人以利其身”，第二步是“乱异家以利其家”，第三步是“攻异国以利其国”，至此还没有完，还有一个“贼物以利其人”之问题。此处“乱物”即是“贼物”，就是康德所谓以“万物”为手段，就是欧西功利主义所谓以“万物”为手段。只承认人是唯一目的，其他均是手段，这在墨子思想系统中，就叫“贼物以利其人”，或“乱物以利其人”。

《兼爱中》载反对“兼利”之言论云：“然乃若兼利，则善矣，虽然，不可行之物也，譬若挈太山越河济也。”此言论反对把“利”之范围，扩大到人之外之“万物”。对此墨子反驳说：“是非其譬也。夫挈太山而越河济，可谓毕劫有力矣，有古及今，未有能行之者也。况乎兼相爱、交相利则与此异。”

墨子以为以“挈太山而越河济”来比喻扩“利”至“万物”，是不恰当的：“挈太山而越河济”，是“能不能”之问题；扩“利”至“万物”，是“为不为”之问题。《兼爱下》论及同一问题，墨子同样反对“兼者直愿之也，夫岂可为之物哉”之论。

小大之辨：“宇宙背景”上之考量

这表示墨子始终是把“功利”问题放到大于人类之“宇宙背景”上来考量的，《天志篇》可说就是对此问题之专门探讨。

《天志上》开篇云：“今天下之士君子，知小而不知大。”只讲“利于人”，是“知小”；不讲“利于鬼”“利于天”，是“不知大”。只讲人类之“独利”“别利”，不讲天地万物之“大利”“兼利”，就是“知小而不知大”。

《天志中》对“不知大”之解释是：“然而天下之士君子之于天也，忽然不知以相儆戒，此我所以知天下士君子知小而不知大也。”不敬畏天地万物，不观照天地万物，以“万物”为手段，为工具，就是“知小而不知大”。

《天志中》又云：“今夫天兼天下而爱之，撽遂万物以利之。若豪之末，非天之所为也，而民得而利之，则可谓否矣。然独无报乎天，而不知其为不仁不祥也，此吾所谓君子明细而不明大也。”“明细而不明大”，就是“知小而不知大”。“撽遂万物以利之”，就是“大利”，就是“天下之利”，反之就是“不仁不祥”。当时“君子”不明此理，就是“不明大”。

《天志下》亦云：“天下之所以乱者，其说将何哉？则是天下士君子，皆明于小而不明于大。何以知其明于小不明于大也？以其不明于天之意也……今人皆处天下而事大，得罪于天，将无所以避逃之者矣，然而莫知以相极戒也。吾以此知大物则不知者也。”不知“大物”，就是不知扩“利”于天地万物。

墨家之立场，是强调“天下之利”，强调“大利”，强调“宇宙背景”，反对以“万物”为手段，反对只讲一人、一家、一国、一类之“小利”。“利吾身”当服从于“利吾家”，“利吾家”当服从于“利吾国”，“利吾国”当服从于“利天下”，“利天下”当服从于“利万物”。

总之，墨家之功利立场，是“极端大利主义”的，小而言之，是“极端利他主义”的。

道家有关“大利”之论

道家讲“大利”，也是“极端大利主义”的。

《老子》第四十九章讲“圣人常无心，以百姓心为心”，实即强调“常无私心”。《庄子·应帝王》讲“游心于淡，合气于漠，顺物自然而无容私焉，而天下治矣”，“无容私”实即“无容私心”“无容私利”。

道家以为不讲私利、小利，才能实现公利、大利，才能实现“天下治”。

颠覆世俗“功用”观

道家讲“常无私心”、讲“无容私”，并没有什么特别之处，墨家就是这样讲的，儒家中之“极端大利主义者”，也是这样讲的。

道家功利思想所以能成一家言，不在于它能突破儒家之“利天下”，而上达“利万物”之视野，这个视野，墨家已经达到了；而在于它要完全颠覆以儒、墨两家为代表的“常人”之功利观、世俗之功利观。

它以为关键不在舍私利而就公利，关键是要弄清何为私利、何为公利；关键不在舍小利而就大利，关键是要弄清楚何为小利、何为大利。世俗以为络马首、穿牛鼻是利，道家以为是不利；世俗以为拦河筑坝是利，道家以为是不利；世俗以为喝牛奶是利，道家以为是不利（牛奶只对小牛有利）。

《老子》第十八章云："大道废，有仁义；智慧出，有大伪：六亲不和，有孝慈；国家昏乱，有忠臣。"第十九章云："绝圣弃智，民利百倍；绝仁弃义，民复孝慈；绝巧弃利，盗贼无有。"都是针对儒家而发言，认为儒家所谓善并非善，儒家所谓利并非利，儒家所谓大利其实只是小利。

《庄子·逍遥游》曾举出三个实例，说明世俗所谓"用"，其实并非"用"，世俗所谓"无用"，其实正是"大用"。这三个实例是"大瓠无用论""不龟手之药无用论""大树无用论"。

魏王送给惠施大瓠之种，惠施种出五石之瓠，却以为无用："以盛水浆，其坚不能自举也；剖之以为瓢，则瓠落无所容。非不呺然大也，吾为其无用而掊之。"惠施此种做法，被庄子斥为"拙于用大"。一个东西有不有用，关键看我们如何用，而不在这个东西本身。庄子云："今子有五石之瓠，何不虑以为大樽，而浮乎江湖，而忧其瓠落无所容，则夫子犹有蓬之心也夫！""蓬之心"，就是长满杂草之"世俗之心"。"世俗之心"以为大瓠无用，那只是因为它们"拙于用大"。

宋人有善为"不龟手之药"者，同样是"拙于用大"。他掌握了这个药方，只是用于世世代代帮人漂洗丝絮。有人发现了这个药方之"大用"，"请买其方以百金"，买断之后就去游说吴王攻越，吴王以此人为将，"冬与越人水战，大败越人，裂地而封之"。"能不龟手，一也，或以封，或不免于洴澼絖，则所用之异也"。用在甲处，它只是"小用"；用在乙处，它就有"大用"。有不有用，不在东西本身，而在用之者；有大用还是小用，更不在东西本身，更在用之者。

惠施又跟庄子讲"大树无用论"："吾有大树，人谓之樗，其大本拥肿而不中绳墨，其小枝卷曲而不中规矩，立之途，匠者不顾。今子之言，大而无用，众所同去也。"

庄子就"大而无用"反驳惠施：狸狌小不小，是很小，却常常"中于机辟，死于罔罟"：斄牛大不大，是很大，"大若垂天之云"，却常常抓不住一只小老鼠。小有小之用，大有大之用，小有小之无用，大有大之无用，东西本身无所谓有用无用，关键看用之者。"今子有大树，患其无用，伺不树之于无何有之乡，广莫之野，彷徨乎无为其侧，逍遥于寝卧其下，不夭斤斧，物无害者，无所可用，安所困苦哉！”

三个实例之共同目标，是要颠覆世俗之“功用”观：世俗认为“无用”的，不必以为无用；世俗认为“无功”的，不必以为无功；世俗认为“不利”的，不必以为不利。道家讲功利，其最特出之处，就在这里。

《老子》第二章云：“天下皆知美之为美，斯恶已；皆知善之为善，斯不善已。”世俗认为美的，不必以为美；世俗认为善的，不必以为善。第三章云：“不尚贤，使民不争；不贵难得之货，使民不为盗；不见可欲，使民心不乱。”

世俗以为“尚贤”是利，其实是不利；世俗以为“贵难得之货”是利，其实是不利；世俗以为“见可欲”是利，其实是不利。

道家要求人们站到一个比世俗更高之平台，去审视“功利”问题，不要被私利、小利所困扰。

公利优先与大利优先

公利、大利之终极指向，是以“利万物”为究竟，不能仅停留于“利人”、仅停留于“人类之功利”。

《老子》第八章云：“上善若水，水善利万物而不争，处众人之所恶，故几于道。”强调“利万物”。第十三章云：“故贵以身为天下，若可寄天下；爱以身为天下，若可托天下。”强调“利天下”。第十六章云：“知常容，容乃公，公乃全，全乃天，天乃道，道乃久，没身不殆。”强调“公利”与“长久之利”。

第二十二章云：“是以圣人抱一为天下式。”强调“宇宙背景”。第二十七章云：“是以圣人常善救人，故无弃人；常善救物，故无弃物。是谓袭明。”明确认定“救人”之上，还有一个“救物”之层次。第五十四章云：“修之于身，其德乃真；修之于家，其德乃余；修之于乡，其德乃长；修之于邦，其德乃丰；修之于天下，其德乃普；故以身观身，以家观家，以乡观乡，以邦观邦，以天下观天下。”明确“邦”之上，还有“天下”之层次。

《庄子·天地》亦强调“爱人利物”，云：“无为为之谓天，无为言之之谓德，爱人利物之谓仁，不同同之之谓大，行不崖异之谓宽，有万不同之谓富。”又强调“不拘一世之利”，云：“藏金于山，沉珠于渊，不利货财，不近贵富，不乐寿，小哀夭，不荣通，不丑穷。不拘一世之利以为己私分，不以王天下为己处显。”私利之上，有大利；“一世之利”之上，有万世之利。圣人当以公利、大利、万世之利为目标。

实现公利之办法是什么？是从私利做起吗？道家以为不是。实现大利之办法是什么？是从小利做起吗？道家以为不是。世俗认定之功利是私利，实现公利就当从私利之反面开始；世俗认定之功利是小利，实现大利就当从小利之反面开始。

《老子》第二章云：“是以圣人处无为之事，行不言之教，万物作而弗始，生而弗有，为而弗恃，功成而弗居。夫唯弗居，是以不去。”“无为”即不为世俗之所为，“不言”即不言世俗之所言，“弗居”即不居世俗之所居。

《老子》第三章云：“为无为，则无不治。”第九章云：“功遂身退，天之道也。”含义同上。第八章云：“是以圣人后其身而身先，外其身而身存，非以其无私邪，故能成其私。”先讲公利，然后才能得私利；先讲大利，然后才能得小利。此为典型的“极端大利主义”之立场与格式。

《老子》第十三章云：“何调贵大患若身？吾所以有大患者，为吾有身，及吾无身，吾有何患？”欲完全根除“利吾身”之可能性。第三十四章云：“万物恃之以生而不辞，功成而不有。衣养万物而不为主，可名于小；万物归焉而不为主，可名为大。以其终不自为大，故能成其大。”付出还只是“小”，不占有才是“大”，此又为“极端大利主义”之论。

《老子》第六十三章云：“是以圣人终不为大，故能成其大。”思路同上。第八十一章云：“圣人不积，既以为人己愈有，既以与人己愈多。天之道，利而不害；圣人之道，为而不争。”“为人己愈有”“与人己愈多”两句，可视为道家功利思想之总结：愈讲公利，则私利愈多；愈讲大利，则小利愈厚。不讲公利者，其私利不至；不讲大利者，其小利不得。

道家所以颠覆世俗功利观者，在此：道家所以成“极端大利主义”，小而言之，“极端利他主义”者，亦在此。

“病之为利”与“利之为害”

汉代司马谈《论六家之要旨》以“事少而功多”概括道家功利思想，切合道家根本精神。

《淮南子》被视为汉代道家重要典籍，其功利思想是对老、庄思想之延续。《淮南子·修务训》云：“若吾所谓无为者，私志不得入公道，嗜欲不得枉正术，循理而举事，因资而立功，推自然之势，而曲故不得容者，事成而身弗伐，功立而名弗有，非谓其感而不应，迫而不动者。”不是不讲功利，只是不基于“私志”而讲“公道”，不基于“嗜欲”而讲“正术”，不基于私利而讲公利。这当然是“极端大利主义”之一种思维。

《淮南子·精神训》又反对以世俗之功利为功利，云：“视珍珠宝玉犹石砾也，视至尊穷宠犹行客也，视毛嫱西施犹颠丑也。”又云：“众人皆知利利而病病也，唯圣人知病之为利，知利之为害也。”世俗以为病的，实是利；世俗以为利的，实是害。

“或欲利之，适足以害之；或欲害之，乃反以利之。”欲利之而反害之，欲害之而反利之，“利害之反，祸福之门户，不可不察也”。这就是道家所以要超越世俗功利之理由：私利其实不是利，小利其实不是利。

释家有关“大利”之论

释家讲“大利”，最典型之表述是“自利利他”（或“自益益他”“自利利人”“自行化他”“自利他利”“自他二利”“自他利”等）。

自利者，利己也，为自身之功德而努力修行，以此所产生之善果而自得其利；利他者，利益他人也，非为己利，而为救济诸有情而致力行善。自利与利他，合称二利，通于世间与出世间。

小乘佛教偏重自利，大乘佛教则兼顾自利与利他，然以利他为目的、为归依。故其称佛之世界为“自利利他圆满”①。

---

① 慈怡主编：《佛光大辞典》，台北·佛光出版社，1989 年版，第 2522 页。

自利、利他、利生三层次

《发菩提心经论》卷上就六度之行一一解释自、他二利之意义：

（1）修行布施，能流布善名，随所生之处而财宝丰盈，此为自利；能令众生得心满足，教化调伏其悭吝，此为利他。

（2）修行持戒，能远离一切诸恶过患，常生善处，此为自利；能教化众生不犯恶业，此为利他。

（3）修行忍辱，能远离众恶，达于身心安乐之境，此为自利；能化导众生趋于和顺，此为利他。

（4）修行精进，能得世间、出世间之上妙善法，此为自利；能教化众生勤修正法，此为利他。

（5）修行禅定，能不受众恶而心常悦乐，此为自利；能教化众生修习正念，此为利他。

（6）修行智慧，能远离无明，断除烦恼障、智慧障，此为自利；能教化众生皆得调伏，此为利他①。

释家所谓“利益”，实际涉及自利、利他、利生三个层次。自利称为功德；利他则特称利益，分现世所获之利益（称“现益”）与后世所得之利益（称“当益”）两种；利生则指佛、菩萨之济度利益众生，又称“利物”（以一切众生为物）。

在释家之理论框架中，真正能称为利益者，只有利他与利生两个层次：利他当服从于利生；自利当服从于利他。这看上去是一种“合理利他主义”之立场，实则依然是“极端利他主义”与“极端大利主义”。

《坛经·疑问品》（宗宝本）记韦刺史与六祖慧能之对话，云：

问曰：弟子闻和尚说法，实不可思议，今有少疑，愿大慈悲特为解说。

师曰：有疑即问，吾当为说。

① 慈怡主编：《佛光大辞典》，台北·佛光出版社，1989 年版，第 2522—2523 页。

韦公曰：和尚所说，可不是达摩大师宗旨乎？

师曰：是。

公曰：弟子闻达摩初化梁武帝，帝问云：朕一生造寺度僧，布施设斋，有何功德？达摩言：实无功德。弟子未达此理，愿和尚为说。

师曰：实无功德，勿疑先圣之言。武帝心邪，不知正法，造寺度僧，布施设斋，名为求福。不可将福便为功德，功德在法身中，不在修福。

师又曰：见性是功，平等是德……心常轻人，吾我不断，即自无功。自性虚妄不实，即自无德，为吾我自大，常轻一切故……善知识，功德须自性内见，不是布施供养之所求也。

梁武帝一生造寺度僧，布施设斋，是一种“利他”之行为，按理说是有功德的。但达摩大师却为何断定其“实无功德”？六祖慧能之解释是：因为此种“利他”之行为，是出于“利己”之心。

“武帝心邪”“名为求福”“心常轻人”，这就是从“利己”出发，去“利他”。从“利己”出发去“利他”，“利他”只是手段，“利己”是目的，这就是无功德；从“利他”出发去“利他”，“利他”本身就是目的，这就是有功德。

这表示释家是讲求“极端大利主义”，小而言之，“极端利他主义”的。

自利利他之主客观

小乘佛教偏重于“自利”，但并非完全拒绝“利他”，其为“自利”而修行之同时，客观上也包含着“利他”之一面。

小乘佛教基本方法有“五戒”“八正道”等。五戒为：不杀生戒、不偷盗戒、不邪淫戒、不妄语戒、不饮酒戒。八正道为：正见、正思维、正语、正业、正命、正方便、正念、正定。

这些方法是“自利”的，主观上是为了使自己去恶增善，利益自身；但客观上也对他人和社会有利，客观上能起到“利他”之作用。且小乘佛教之基本经典《阿含经》已从理论上提出“四摄法”“四无量心”等“利他”思想。可以说小乘佛教是主观为自己，客观为他人，主观“自利”，客观“利他”。“自利”是目的，“利他”是手段。

大乘佛教相反，是主观为他人，客观为自己，主观“利他”，客观“自利”，“利他”是目的，“自利”是手段。大乘佛教一方面遵循“五戒”“八正道”之修行方法，同时对修行者提出更高要求：能为社会做点什么，能为他人做点什么。

换言之，一方面讲“自利”，同时又要求修行者去“利他”；且更为重要的，是要求修行者以“利他”为出发点，以“利他”为目的。在“合理利他主义”之基础上，最好能达到“极端利他主义”与“极端大利主义”之理想。

于是“自利利他、自觉觉他、自度度他”之菩萨行，便成为大乘佛教修行之宗旨。于是慈悲为怀、普度众生、闻声救苦之行为（观世音），“众生度尽，方证菩提，地狱未空，誓不成佛”“我不入地狱，谁入地狱”（地藏菩萨），以及大慈大悲、救度众生，利乐有情之誓愿，就成为中华佛教追求之理想。

中华佛教把布施者之动机与目的，分为两类：“不净施”与“净施”。“不净施”者，为求财或畏失财而布施也，为心中有愧于人而布施也，怕死而布施也，显示富有而布施也，为与他人争胜而布施也，为名而布施也，为位而布施也，总之为一己之私心杂念而布施也。“净施”者，纯粹出于慈悲心而布施也，不求任何报答而布施也，忘掉自我而布施也，总之毫无私心杂念而布施也。

《大智度论》卷一一云：“为道故施，清净心生，无诸结使，不求今世后世报，恭敬怜愍故，是为净施。净施是趣涅槃道之资粮。”① “不净施”为凡夫布施，不应提倡；“净施”为菩萨布施，当以之为理想。

中国佛教承认“合理利他主义”之存在，有其合理性，但主张以“极端利他主义”与“极端大利主义”为追求目标。

① 《大正藏》第25册，石家庄·河北省佛教协会印行，2005年版，第140—141页。

以“极端大利主义”为“大善”

“自利利他”思想要求修行者“利他”时要有“慈无量心”，以无量慈爱待众生；要有“悲无量心”，以无量悲悯待众生；要有“喜无量心”，以无量喜悦待众生；要有“舍无量心”，以无量平等待众生。

“慈无量”“悲无量”“喜无量”“舍无量”，被称为“四无量”。“无量”者有三义：以无量之众生为此四心之所缘；此四心能牵引无量之福；此四心能招感无量之果。“四无量”中以慈悲为最根本。

“自利利他”思想讲到“利他”之方法，也有四种，叫“四摄法”或“四摄事”。一曰“布施摄”，以无所施之心施受真理（法施），以无所施之心施舍财物（财施），令众生起亲爱之心而依附菩萨受道。二曰“爱语摄”，依众生之根性而善言慰喻，令众生起亲爱之心而依附菩萨受道。三曰“利行摄”，行身口意善行，利益众生，令其生亲爱之心而受道。四曰“同事摄”，亲近众尘，同其苦乐，并以法眼见众生根性，而随其所乐分形示现，令其同沾利益，因而入道[①]。“四摄法”中以布施为最重要。

“自利利他”思想讲究“无缘大慈，同体大悲”，视万灵为兄弟姐妹，不分亲疏、不讲条件、不计得失地去“利他”。认定利人就是利己，害人就是害己，只有在众生度尽中，才能最终度己，只有先解放万灵，才能最终解放自己。个人通过成就整体而实现，人类通过成就天地万物而实现，私利、小利通过成就公利、大利而实现。《优婆塞戒经》云：“自利益者，不名为实，利益他者，乃名自利……利益他者，即是自利。”[②]

“自利”是虚的，只有“利他”是唯一之真实。中华佛教讲“大善大恶”，“损己利人”就是“大善”；“损人利己”就是“大恶”。相应地“善”就是“利己利人”，“恶”就是“损己损人”。

换言之，在释家功利思想之框架中，“合理利他主义”是“善”，“极端利他主义”是“大善”，“合理利己主义”是“恶”，“极端利己主义”是“大恶”。“大善”者，以最大之力为之；“大恶”者，以最大之力避

① 慈怡主编：《佛光大辞典》，台北·佛光出版社，1989年版，第1853页。

② 《大正藏》第24册，石家庄·河北省佛教协会印行，2005年版，第1043页。

之。要之中国佛教之理想，总以“极端利他主义”为依归，尤以“极端大利主义”为依归。“合理利己主义与极端利己主义而观”，可得“合理大利主义”；“合理利他主义与极端利他主义而观”，可得“极端大利主义”。“极端利他主义”是“大善”，“合理大利主义”与“极端大利主义”是“最大善”。

超越功利之一派思想

儒、墨、道、释诸家，小而言之，或强调“合理利他主义”，或强调“极端利他主义”，大而言之，或强调“合理大利主义”，或强调“极端大利主义”，总之主体上总未脱出一个“利”字。

然其中并非没有脱出“利”字之思想火花，高居于“功利”思想之上，把中国功利思想提升到欧西哲学未曾虑及之境界。

自后期墨家与《老子》而观

后期墨家之“周爱人”思想，就已脱出“利”字，既不讲“利己”，也不讲“利他”，只讲“爱”。

《墨子·小取》云：“爱人，待周爱人，而后为爱人；不爱人，不待周，不爱人，因为不爱人矣。”只有爱遍万灵，才能真正爱他人；只布爱遍他人，才能真正爱自己。“周爱人”是一种脱出“利”字之“极端爱他主义”与“极端大爱主义”思想。

《老子》第五十六章也出现过类似思想火花。其言曰：“挫其锐，解其纷，和其光，同其尘，是谓玄同。故不可得而亲，不可得而疏，不可得而利，不可得而害，不可得而贵，不可得而贱。故为天下贵。”“玄同”是最高层次之“同”，是最大外延之一个概念。在这个“玄同”视野之下，亲疏没有分别、利害没有分别、贵贱没有分别。上达利害无分别之境界，当然已脱出“利”字。

自杨朱思想系统而观

杨朱有“不以一毫利物”之思想，是“超越功利”之思维，却常被学者判为“极端功利”。

《孟子·滕文公下》斥杨朱"拔一毛而利天下不为"是"无君"，《孟子·尽心上》又斥其"拔一毛而利天下不为也"是"为我"，《韩非子·显学》斥其"不以天下大利易其胫之一毛"为"轻物重生"。近世纪学者更斥杨朱为"极端利己主义""极端个人主义"。实则乃是断章取义，不明杨朱思想之整体。

《列子·杨朱》载杨朱之言云：

杨朱曰：伯成子高不以一毫利物，舍国而隐耕；大禹不以一身自利，一体偏枯。古之人损一毫利天下不与也，悉天下奉一身不取也，人人不损一毫，人人不利天下，天下治矣。

禽子问杨朱曰：去子体之一毛以济一世，汝为之乎？

杨子曰：世固非一毛之所济。

禽子曰：假济，为之乎？

杨子弗应。

禽子出，语孟孙阳，孟孙阳曰：子不达夫子之心，吾请言之：有侵若肌肤获万金者，若为之乎？

曰：为之。

孟孙阳曰：有断若一节得一国，子为之乎？禽子默然有间。

孟孙阳曰：一毛微于肌肤，肌肤微于一节，省矣。然则积一毛以成肌肤，积肌肤以成一节，一毛固一体万分中之一物，奈何轻之乎？

禽子曰：吾不能，所以答子，然则以子之言问老聃关尹，则子言当矣，以吾言问大禹墨翟，则吾言当矣。

孟孙阳因顾与其徒说他事。

一方面我们不能"自利"；另一方面我们不能"利物"。讲"自利"固然有问题，讲"利物"同样有问题，因为我们始终没有脱离一个"利"字。只要"利"字还存在，极小之利有问题，极大之利同样有问题。

极小者，"一毫"而已，极大者，"天下"而已，取"天下"是利，取"一毫"又何尝不是利？从"损一毫利天下不与也"一句去看，我们判杨朱为“极端利己主义”；从“悉天下奉身不取也”一句去看，我们又得判杨朱为“极端利他主义”；结合两句话去看，我们就只能以“超越功利”之格式，去判断他。

这段话是“合极端利己主义与极端利他主义而观”之一个典型案例，此案例告诉我们，“合义与利而观”所得之结果，可能已经脱出“利”字；“合利己与利他而观”所得之结果，可能已经脱出“利”字；“合极端利己主义与极端利他主义而观”所得之结果，同样可能已经脱出“利”字。

只有一个不讲“利”之社会，才是一个完美社会；只有一个人无须我利、我无须人利、人人自主、人人自足之社会，才是一个完美社会。“人人不损一毫，人人不利天下，天下治矣。”极小之利不讲，极大之利亦不讲，总之完全不讲“利”，才能真正实现“天下治”。

总之杨朱之思路只是：讲利则天下不治，不管是讲“自利”，还是讲“利物”，不管是讲“利己主义”，还是讲“利他主义”，不管是讲“极端利己主义”，还是讲“极端利他主义”。放到中华思想之整体脉络去看，杨朱似乎已经大致形成一个“超越功利”之思想系统。

自《吕氏春秋》而观

《吕氏春秋·重己》“利而勿利”之思想，似乎也是“超越功利”的。

学者将“利而勿利”释读为“务在利民，勿自利也”，著者总觉力度不够。如果只是强调“利民”而反对“自利”，《吕氏春秋·重己》为何不讲“义而勿利也”，而要讲“利而勿利也”呢？故其“微言大义”应为：即便是讲极大之利，也不如不讲利。

《吕氏春秋·重己》云：“天下非一人之天下也，天下之天下。阴阳之和，不长一类；甘露时雨，不私一物；万民之主，不阿一人。”“不长”“不私”“不阿”，就是不讲“利”。又云：“天地大矣，生而弗子，成而弗有，万物皆被其泽，得其利，而莫知其所由始。”“得其利而莫知”，同样是不讲“利”。

《吕氏春秋·贵公》云：“天无私覆也，地无私载也，日月无私烛也，四时无私行也，行其德，而万物得遂长焉。”“行其德”，同样是反对讲利。

自《皇极经世书》而观

儒家内部之邵雍也曾发展出“义利兼忘”之“超功利”思想。

《皇极经世书·心学》云：“君子喻于义，贤人也。小人喻于利而已。义利兼忘者，唯圣人能之。君子畏义而有所不为，小人直不畏耳。圣人则动不逾矩，何义之畏乎？”

“小人”讲“合理利己主义”，不是最高层次；“贤人”讲“合理利他主义”，不是最高层次；“圣人”讲“极端利他主义”，依然不是最高层次。

最高层次是“义利兼忘”，既不讲私利，也不讲公利，既不讲小利，也不讲大利，既不讲利己，也不讲利他，总之一句话，是不讲“利”。

在如此思维框架下，就连“大利主义”，包括“合理大利主义”与“极端大利主义”，都不再是最高境界。“忘利”才是最高境界。

中国“大利主义”异于欧西“功利主义”之所在

近代以降欧西思想之种种努力，不过在为“利己”之行为“找理由”，为“利己”之行为“提供学理支持”。功利主义（utilitarianism）更是如此。

学者判“功利主义”为“合理利己主义”，是比较恰当的，因为它试图在不损害“利他”情况下，讲“利己”。

但判其为“最大幸福主义”，却有不妥，因为它并不以“最大多数最大幸福”为归依、为目的，而只以“最大多数最大幸福”为工具、为手段。

欧西只以“最大多数最大幸福”为工具、为手段

讲求“最大多数最大幸福”，只是为了增进个人幸福、保证个人利益。犹如垂钓者给鱼撒食，不为鱼本身，只为垂钓者一样，功利主义讲“最大多数最大幸福”，只为“利己”，不为“利他”，“利己”是唯一的“实”，“利他”是真正的“虚”。

功利主义只在为“利己”找理由，只在为“利己”提供学理支持，所以判其为“最大幸福主义”乃是不妥的。此种“功利主义”不存在于中

华，故可称之为“欧西功利主义”。

欧西功利主义力图为“利己”找理由，为“利己”提供学理支持；而中华思想几千年下来，始终在为“利他”找理由，为“利他”提供学理支持。这完全是两种不同的思想系统，我们怎么可以像梁启超、冯友兰、韦政通、朱伯崑、田浩诸大家那样，拿“欧西功利主义”去释读“中国大利主义”呢？就算“利己主义”与“利他主义”可以并存，我们至少得为中国思想确立一个与欧西思想“并肩”之地位，不可以自我矮化的。

亚当·斯密《国富论》之“经济人”的设定，就是力图从经济学角度为“利己”找理由，为“利己”提供学理支持。其言曰：“他如果能够刺激他们的利己心，使有利于他，并告诉他们，给他做事，是对他们自己有利的，他要达到目的就容易得多了……我们每天所需的食料和饮料，不是出自屠户、酿酒家或烙面师的恩惠，而是出于他们自利的打算。”①

既人人自利，则利他又如何解决呢？只能通过“主观利己，客观利他”去解决：“确实，他通常既不打算促进公共的利益，也不知道他自己是在什么程度上促进那种利益……他受着一只看不见的手的指导，去尽力达到一个并非他本意想要达到的目的。”②“利他”就是这样的一个“并非他本意想要达到的目的”。

“主观利己，客观利他”，就是欧西近代以降之基本理论设定。亚当·斯密从经济学角度论证这一点，泰罗之“科学管理理论”则从所谓现代管理学角度论证这一点，马克斯·韦伯《新教伦理与资本主义精神》从社会学角度论证这一点，以边沁、穆勒等为代表之“欧西功利主义”，则更从哲学高度证明这一点。

中欧功利思想之差异与得失

“主观利己，客观利他”，是一种“合理利己主义”，欧西功利思想以

---

① 亚当·斯密：《国民财富的性质和原因的研究》上卷（郭大力、王亚南译），北京·商务印书馆，1972年版，第13—14页。

② 亚当·斯密：《国民财富的性质和原因的研究》下卷（郭大力、王亚南译），北京·商务印书馆，1974年版，第27页。

主张“合理利己主义”为主流，也有主张“极端利己主义”者。

“主观利他，客观利己”，是一种“合理利他主义”，中国功利思想以主张“合理利他主义”为主流，也有主张“极端利他主义”，甚至“超越功利”者。

兹以边沁、穆勒等人之“欧西功利主义”为背景，分析中西功利思想之差异与得失。其差异至少有如下诸项。

第一，“欧西功利主义”主张“义”对于“利”之工具地位，中国功利思想则不取“工具主义”立场，力图“合义与利而观”。

对边沁、穆勒等人而言，道义乃是谋利之工具，日常道德准则能带来利益者则遵守之，不能带来利益者则可以不遵守①。中国功利思想于“义’“利”之关系，大体上有三派主张：一曰以“义”为目的，不以“利”为手段；二曰以“义”为目的，可以“义”为手段；三曰以“义”为目的，必以“利”为手段。孔子、孟子、朱子等人，代表第一派之主张；荀子、张载、程伊川等人，代表第二派之主张；李覯、陈亮、叶适、颜元等人，代表第三派之主张。

要之中国功利思想，只讨论“利”可否为手段之问题，绝不讨论“义”可否为手段之问题，无一人主张以“义”为求“利”之手段，无一人主张只以“利”为目的。因为中国功利思想认定“义为目的”乃是当然，不需要讨论的，也没有讨论之余地；一如“欧西功利主义”认定“利为目的”乃是当然，不需要讨论，也没有讨论之余地。

第二，“欧西功利主义”主张“动机”对于“结果”之工具地位，中华功利思想则不取“工具主义”立场，力图“合动机与结果而观”。

对边沁、穆勒等人而言，行为之善恶只凭“结果”，不凭“动机”，若有杀人动机其结果反有益于人，则其动机非为不道德，可置而不论②。可

---

① 参见（1）边沁：《道德与立法原理导论》（时殷弘译），北京·商务印书馆，2000年版，第151页。（2）穆勒：《论自由》（程崇华译），北京·商务印书馆，1959年版，第11页。（3）穆勒：《功利主义》（叶建新译），北京·九州出版社，2007年版，第81页、83页。

② 参见（1）边沁：《道德与立法原理导论》（时殷弘译），北京·商务印书馆，2000年版，第80页、144页。（2）穆勒：《功利主义》（叶建新译），北京·九州出版社，2007年版，第43—45页。

知“欧西功利主义”是一种“结果主义”“特殊结果主义”“利益结果主义”。中华功利思想则在“初级”层面上，至少持“动机主义”“特殊动机主义”“道义动机主义”之立场；升至“高级”层面，则力图“合动机与结果而观”。

“动机主义”乃是中国功利思想之主流框架。《盐铁论·刑德》云：“法者，缘人情而制，非设罪以陷人也。故《春秋》之治狱，论心定罪，志善而违于法者免，志恶而合于法者诛。”此就法律方面而倡“动机主义”，且是一种“极端动机主义”。

朱熹《答陈同甫》云：“视汉高帝、唐太宗之所为而察其心，果出于义耶，出于利耶，出于邪耶，正耶？若帝则和意分数犹未甚炽，然已不可谓之无；太宗之心，则吾恐其无一念之不出于人欲也！”此乃就史学方面而论“动机主义”，且以“动机主义”鄙薄汉唐。

要之中国功利思想之主流是“动机主义”的与“极端动机主义”的，理想是“合动机与效果而观”。不仅与“欧西功利主义”之“结果主义”甚或“极端结果主义”完全背道而驰，且完全可以接纳“结果主义”甚或“极端结果主义”为其环节或特例。

第三，“欧西功利主义”主张“利他”对于“利己”之工具地位，中国功利思想则不取“工具主义”立场，力图“合利他与利己而观”。

对边沁、穆勒等人而言，利他若损害到利己，则应放弃；讲利他，承认利他，只因不利他便无以实现利己[①]。关注私利优先于关注公利，关注利己优先于关注利他；公利乃实现私利之工具，利他乃实现利己之工具。私利、利己乃是“唯一的目的”“唯一的标准”。这是“欧西功利主义”对于“利己”与“利他”之关系的表达。就连号称最高理想的“最大多数最大幸福”之说，在边沁、穆勒等人之理论框架中，依然是处于工具与手段之地位[②]。

---

① 参见（1）边沁：《道德与立法原理导论》（时殷弘译），北京·商务印书馆，2000年版，第58页、81页。（2）穆勒：《论自由》（程崇华译），北京·商务印书馆，1959年版，第125页。（3）穆勒：《功利主义》（叶建新译），北京·九州出版社，2007年版，第45—47页。

② 参见张东荪：《道德哲学》，上海·中华书局，1931年版，第99页、102页。

中国功利思想首先是此种思维之“反”，更高层面上，又是此种思维及其反面之“合”。中国功利思想以利己为手段，以利他为目的，以私利为手段，以公利为目的，以小利为手段，以大利为目的。利己、私利、小利在“极端利他主义”看来，甚至连手段之地位也没有，甚至连工具之地位也没有，甚至连提都不要提。

个人价值通过为家庭家族牺牲来实现，家庭家族价值通过为民族国家牺牲来实现，民族国家价值通过为人类全体牺牲来实现，人类全体价值通过为天地万物牺牲来实现。这个完全彻底的“利他主义”与“大利主义”之思想系统，不以“大圈”为手段，亦不以“小圈”为手段，而是立足于“全息主义”宇宙观，将所有“手段”解构为“目的”。

第四，“欧西功利主义”主张“利物”处于“利人”之工具地位，中国功利思想则不取“工具主义”立场，力图“合利物与利人而观”。

边沁、穆勒等人几乎完全不讲“利物”，只讲“利人”，属于典型之“人类中心论”。他们有“最大多数最大幸福”之设定，连人类全体都不能覆盖，何谈“利物”，何谈天地万物？“人类这一整体”“人类整体利益”，这就是边沁、穆勒等人“理论上之最大视野”，此等视野不承认人类为“利物”而牺牲是一种美德，不承认“利人”之上还有“利物”这一更高层面。

越不出“人类中心”，乃是欧西思想家似乎永远逃脱不了之“原罪”与“宿命”。就连号称“人类最大哲学家”之康德，也无法越出“人类中心”之宿命。他撰《道德形而上学原理》，提出“人是目的”这一“绝对命令”，认定宇宙中人所希望和控制的一切东西都只是手段，唯有人是“自在的目的”；人在行动时不可以视自己为手段，同时亦不可以视他人为手段，但却可以视“万物”为手段。

这就把全部欧西哲学之视野规定下来：万物之存在与不存在，人是尺度；现象世界之有秩序与无秩序，人是立法者；“万物”之有用与无用，之有价值与无价值，人说了算。边沁、穆勒等人不过是从“功利”“快乐”“幸福”之一方面，贯彻此种“人类中心论”而已：有利于人的就是好的，就是善的；不利于人的就是坏的，就是恶的；其他动物、生物乃至天地万物，均只是人类求乐之工具。

中国功利思想却遵循另一条“绝对命令”：利他高于利己，利物高于利人。墨子所谓“利天”“利鬼”“利人”之“三利”，要求“三利无所不利”，不能只讲“利人”。在理论之一个极端，是“三利无所不利”，是“三利”并举；在理论之另一极端，是“三不利无所利”，是“三利”并废。中间则有可能有一利或二利，然其中轻重必是“利鬼”重于“利人”，“利天”重于“利鬼”。

天地万物不是手段，人不可以天地为手段；否则就是“贼物以利其人”“乱物以利其人”。“利物”乃是中华功利思想之底线，是中华思想家思考一切问题之出发点。“学不际天人，不足以谓之学”（郡雍语）。中华思想家把仅局限于“人类中心”之学问，不称为学问，以欧西哲学术语言之，它们只是一些“意见”而已。

“际天人”：合天与人而观

“际天人”而讲功利，就是立于“宇宙背景”而讲功利。如此之功利就是所谓“大利”。

“大利”之作为“中华共识”，告诉我们，人类思考功利问题，不止欧西一路；人类解决功利问题，不止欧西一系。欧西一路是一条路，但也许并非最好之路；欧西一系是一种方案，但也许并非最佳方案。

因为人类已来到这样的十字路口：不解决“利物”问题，“利人”已成为“死穴”；不破“人类中心论”，人类已经走上“绝路”。“欧西功利主义”把我们带到这个十字路口，何去何从，它已经哑口无言；幸好中国早就有一个“大利主义”，可以给人类指示一个方向，可以点这个“死穴”，通这条“绝路”。或许它只是一种“可能性”，但有比没有好！

“大利”之作为“中华共识”，告诉我们要善待“中国思想”，要善待“中华文明”，要善待“华夏祖先”。他们指示给我们的路，也许译不成英文，也许不时髦，但却实实在在，为我们往后之生存，提供一种“可能性”。

猫有猫道，鼠有鼠道，各民族都有其特别的生存之道。“欧西之道”

并不是唯一的，更不是唯一正确的。“大利”之作为“中华共识”，就是要破除此种“欧西唯一论”，就是要破除国人对于“欧西思想”之“盲目崇拜”与对于“中国思想”之“自我矮化”。

就是要告诉世人，“利己”之上还有“利他”，“利他”之上还有“利物”，“利物”之上还有“忘利”。“欧西功利主义”未能实现功利思想之“最后一着”与“桶底脱落”，未能达到功利思想之“究竟真理”。

‖第四章　中欧慈善哲学简要比较‖

附《了凡四训》第二篇《改过之法》

春秋诸大夫，见人言动，亿而谈其祸福，靡不验者，《左》《国》诸记可观也。

大都吉凶之兆，萌乎心而动乎四体，其过于厚者常获福，过于薄者常近祸；俗眼多翳，谓有未定而不可测者。

至诚合天，福之将至，观其善而必先知之矣。祸之将至，观其不善而必先知之矣。今欲获福而远祸，未论行善，先须改过。但改过者：

第一，要发耻心。思古之圣贤，与我同为丈夫，彼何以百世可师？我何以一身瓦裂？耽染尘情，私行不义，谓人不知，傲然无愧，将日沦于禽兽而不自知矣；世之可羞可耻者，莫大乎此。孟子曰：耻之于人大矣。以其得之则圣贤，失之则禽兽耳。此改过之要机也。

第二，要发畏心。天地在上，鬼神难欺，吾虽过在隐微，而天地鬼神，实鉴临之。重则降之百殃，轻则损其现福；吾何可以不惧？

不惟此也。闲居之地，指视昭然；吾虽掩之甚密，文之甚巧，而肺肝早露，终难自欺；被人觑破，不值一文矣，乌得不懔懔？

不惟是也。一息尚存，弥天之恶，犹可悔改；古人有一生作恶，临死悔悟，发一善念，遂得善终者。谓一念猛厉，足以涤百年之恶也。譬如千年幽谷，一灯才照，则千年之暗俱除；故过不论久近，惟以改为贵。

但尘世无常，肉身易殒，一息不属，欲改无由矣。明则千百年担负恶名，虽孝子慈孙，不能洗涤；幽则千百劫沉沦狱报，虽圣贤佛菩萨，不能援引。乌得不畏？

第三，须发勇心。人不改过，多是因循退缩；吾须奋然振作，不用迟疑，不烦等待。小者如芒刺在肉，速与抉剔；大者如毒蛇啮指，速与斩除，无丝毫凝滞，此风雷之所以为益也。

具是三心，则有过斯改，如春冰遇日，何患不消乎？然人之过，有从事上改者，有从理上改者，有从心上改者；功夫不同，效验亦异。

如前日杀生，今戒不杀；前日怒詈，今戒不怒。此就其事而改之者也。强制于外，其难百倍，且病根终在，东灭西生，非究竟廓然之道也。

善改过者，未禁其事，先明其理。如过在杀生，即思曰：上帝好生，物皆恋命，杀彼养己，岂能自安？且彼之杀也，既受屠割，复入鼎镬，种种痛苦，彻入骨髓；己之养也，珍膏罗列，食过即空，疏食菜羹，尽可充腹，何必戕彼之生，损己之福哉？

又思血气之属，皆含灵知，既有灵知，皆我一体；纵不能躬修至德，使之尊我亲我，岂可日戕物命，使之仇我憾我于无穷也？一思及此，将有对食伤心，不能下咽者矣。

如前日好怒，必思曰：人有不及，情所宜矜；悖理相干，于我何与？本无可怒者。

又思天下无自是之豪杰，亦无尤人之学问，行有不得，皆己之德未修，感未至也。吾悉以自反，则谤毁之来，皆磨炼玉成之地；我将欢然受赐，何怒之有？

又闻谤而不怒，虽谗焰薰天，如举火焚空，终将自息。闻谤而怒，虽巧心力辩，如春蚕作茧，自取缠绵。怒不惟无益，且有害也。其余种种过恶，皆当据理思之。此理既明，过将自止。

何谓从心而改？过有千端，惟心所造；吾心不动，过安从生？学者于好色、好名、好货、好怒、种种诸过，不必逐类寻求；但当一心为善，正念现前，邪念自然污染不上。如太阳当空，魍魉潜消，此精一之真传也。过由心造，亦由心改，如斩毒树，直断其根，奚必枝枝而伐，叶叶而摘哉？

大抵最上者治心，当下清净；才动即觉，觉之即无。苟未能然，须明理以遣之；又未能然，须随事以禁之；以上事而兼行下功，未为失策。执下而昧上，则拙矣。

顾发愿改过，明须良朋提醒，幽须鬼神证明；一心忏悔，昼夜不懈，经一七、二七，以至一月、二月、三月，必有效验。

或觉心神恬旷，或觉智慧顿开，；或冗沓而触念皆通，或遇怨仇而回嗔作喜，或梦吐黑物，或梦往圣先贤提携接引，或梦飞步太虚，或梦幢幡宝盖，种种胜事，皆过消罪灭之象也。然不得执此自高，画而不进。

昔蘧伯玉当二十岁时，已觉前日之非而尽改之矣。至二十一岁，乃知前之所改，未尽也。及二十二岁，回视二十一岁，犹在梦中。岁复一岁，递递改之，行年五十，而犹知四十九年之非。古人改过之学如此。

吾辈身为凡流，过恶猬集。而回思往事，常若不见其有过者，心粗而眼翳也。

然人之过恶深重者，亦有效验：或心神昏塞，转头即忘；或无事而常烦恼；或见君子而赧然消沮；或闻正论而不乐；或施惠而人反怨；或夜梦颠倒，甚则妄言失志。皆作孽之相也，苟一类此，即须奋发，舍旧图新，幸勿自误。

欧西慈善哲学，主要体现在三方面：“罪富意识”“互济文化”“个人主义文化”。

“罪富文化”源于基督教传统中对“富人原罪”的说法。基督教传统认为，富人天生就是“罪恶之人”，应该下地狱，“上帝”的震怒是对罪恶之人的威慑。

早期基督教谴责、愤恨和否定整个世俗世界的财富、富人和人的情欲，对商业活动，基督教会更是持极端否定态度，认为商人贱买贵卖，其罪恶甚至超过盗窃；认为商业贸易会助长人的贪婪，从而放弃对上帝的追随，基督徒绝不应该做商人。

因此，富人要想进入天堂，唯一途径就只能是将自己的全部财富都捐赠给穷人。

尽管后来确立资本生产生活方式，基督教关于富人原罪之说，与整个社会经济环境发生激烈冲突，迫使基督教教会不得不重新以上帝名义，解释商品经济。但整体上说，基督教义中关于富人原罪之说法，却早已深入欧西民众骨子里头，潜存在其文化血脉之中。

美国钢铁巨头安德鲁·卡耐基（Andrew Carnegie），被公认为美国私人慈善事业伟大奠基者之一。1889 年，他发表《财富的福音》一文，已成为美国现代慈善事业经典之作。从该文可以看出，基督教关于“富人原罪”之教义，深深扎根于卡耐基人生哲学之中。

他写道：“过不了多久，那些遗留下巨额财富（而不在有生之年将之捐赠出去）的人们，就会受到公众的唾弃。人死富有，死而蒙羞。”

另外一位美国现代私人慈善事业奠基者，石油巨子约翰·D. 洛克菲勒（John Davison Rockefeller，1839—1937），从小笃信基督教。尽管他发了财，但他生平多次公开宣称，他对财富很厌恶。而且他一直践行基督教义所倡导的最艰苦朴素生活方式，并在去世前将其绝大多数财富捐赠出来。

可以说，正是“富人生而有罪”之教义，不断提醒那些信仰基督教的富豪们：要想进入天堂，请先将你的财富全部捐出。

“互济文化”，是欧西人热衷私人慈善事业之另一文化背景。在英国殖民统治期间，美国人无任何社会保障；后来美国立国，但一直到联邦宪法通过之前，政府都没有被赋予任何税收功能，因而也没有办法给公民任何社会保障。

这种状况，迫使人们不得不组织起来自治，彼此互助互济，以社区为单位的互济活动，因而十分普遍。

如美国早期慈善家本杰明·富兰克林（Benjamin Franklin，1706—1790），就通过大量个人捐款，以改善其所在的社区，创立地方公民组织（如志愿者救火队）以及其他公益设施与机构。这也形成了传统。正如托克维尔（Alexis - Charles - Henri Clérel de Tocqueville，1805—1859）在《美国的民主》一书所言：“在法国，凡是创办新的事业，都由政府出面；在英国，则由当地的权贵带头；在美国，你会看到人们一定组织社团。”

美国“个人主义文化”，并非通常理解的“自私自利”。其内涵是：强调“个人优先于政府”。这体现在两方面，一是对政府的本能不信任，二是个人责任感。根据前一方面，他们相信“人性本恶”，认为那些由“性本恶”的人组成之政府，并不会首先考虑公众利益。在慈善事业上也如此。美国人怀疑政府公共慈善事业，认为其广泛存在低效率及官员中饱私囊现象。故更愿意投身私人慈善事业。

根据后一方面，他们认为，提供慈善捐赠是优秀公民之义务。

著名哲学家汤一介先生，曾论及“中国哲学”与“欧西哲学”之主要区别，认为中国讲“超凡入圣”，“靠的都是自己”，讲“由自超越”或“依自超越”，“由己超越”或“依己超越”；而欧西则讲“外在超越”，讲“由他超越”或“依他超越”。中国“古人”有绵延超过三千年的“从道不从君”“罪己”之伟大传统。“罪己”文明，讲的就是“内在超越”；“罪人”或“罪境”文明，讲的就是“外在超越”。中华祖先致力于“自律”五千年，最终打造出人类历史上“自律度”最高之种群，为人类最终实现“无政府”之伟大理想，提供了范本和土壤。

汤一介先生有关“中国哲学”与“欧西哲学”主要区别之诸观点，完全可以作为“中国慈善哲学”与“欧西慈善哲学”比较研究之依据。我们只有把“中国慈善哲学”放到中华民族“内在超越”与“罪己文明”之宏大背景上，方能读出其意义。兹列示其要点。

一、“天地坐标”与“上帝坐标”

“中国慈善哲学”讲“天地坐标”，而不讲“上帝坐标”

中华之“仁”所内含的“人文主义”，不同于欧西所谓“人文主义”。法儒汪德迈（L. Vandermeersch）曾说：“欧西的人文主义是建立在神学基础上的，这个神学来自犹太教、基督教和柏拉图主义，经过圣·托马斯·阿奎那的阐发，形成了欧西人文主义的神学传说，人的价值来源于神，人的形象是按照上帝的形象创造的。而在中华的人文主义中，人是自然的一部分，是宇宙的一部分，他跟自然一样参与整个宇宙的运动。因此在中华的人文主义中，有‘天人合一’这样的概念。人的价值观不同，对人的理

解不同，这是中西文化的一个根本差异。”（汤集七/365）①

欧西“人文主义”认为“人的价值来源于神”，人之善源于神，同理，人之恶亦源于神。人之善源于神，则人自己无“成圣”之可能，就算能“成圣”，其功亦不在人自己；人之恶源于神，则人自己无“去恶”之可能，就算能“去恶”，其功亦不在人自己。此正欧西所以无法萌生“为己之学”“内在超越”之学之根源。

故欧西“人文主义”，即“神源人文主义”，其实并非“真的人文主义”；“人文主义”之所以叫“人文主义”，正在于它是“去神的”。此场“去神”的运动，在中华开始于周公，有周公“德致”说、史伯“阴阳说”、《尚书·洪范》“五行说”及《周易》“八卦说”四大理论支撑；在欧西则开始于“启蒙运动”，而“启蒙运动”之决定性思想资料，又是源自“宋明道学”（含“理学”与“心学”）。

中国之“礼”，是基于“人与人之间的关系”而构建的，而欧西之“平等”，则是基于“人与神之间的关系”而构建的。汤一介先生已经注意到，欧西“上帝面前人人平等”之说，其实是很狭隘的：“就是你必须是基督教徒，大家才是平等的。”非基督教徒怎么办？它是一神教，实际上没有办法，结论只能是：你不可能跟我平等。于是就产生宗教冲突，比方说十四次十字军东征，打了两百年，是和伊斯兰教打。两个都是一神教，只能以“打”分胜负（汤集七/367—368）。

这个观察很重要，可惜至今还没有引起学界足够重视，以致当今学者几乎全盘撇掉“上帝坐标”，而空讲自由、平等、博爱，以为那就是“普世价值”。殊不知离开“上帝坐标”，离开“神”，那些价值是讲不起来的。在“上帝子民”中可以讲，换一个地方，在“非上帝子民”中，根本讲不起来。

不光平等是“神源”的，整个欧西文明，不管是“启蒙运动”前，还是“启蒙运动”后，都是“神源”的。平等是“神源”的，自由是“神

① “汤集七/365”之含义是：汤一介：《汤一介集》第十卷，北京·中国人民大学出版社，2014年版，第365页。再次引用，则标以“同上/365”。

源”的，博爱同样是“神源”的，其整个所谓“人文主义”，均是“神源”的。离开“神”，离开“上帝坐标”，无法讲“平等”，亦根本无法讲“自由”，无法讲“博爱”，亦根本无法讲“人文主义”。总言之，“欧西慈善哲学”根本上是“神源”的。

“中国慈善哲学”之坐标，却是“天地”。汉扬雄说：“圣人存神索至，成天下之大顺，致天下之大利，和同天人之际，使之无间者也。”他要求的是“和同天人之际”，而非“和同神人之际”；他要求的是“使天人无间”，而非“神人无间”。宋邵雍讲：“学不际天人，不足以谓之学。”他要求的是“学际天人”，而非“学际神人”；“不足以谓之学”者，是“不际天人”之学，而非“不际神人”之学。明王夫之讲：“非达天人之际者，无以喻其深矣。”（《周易外传》卷六）他要求的是“达天人之际，”而非“达神人之际”；不“深”之学是“非达天人之际”之学，而非“非达神人之际”之学。

耶稣会传教士利玛窦（Matteo Ricci，1552—1610）曾以“上帝坐标”批评儒学，云：“吾窃贵邦儒者，病正在此常言明德之修，而不知人意易疲，不能自勉而修；又不知瞻仰天主，以祈慈父之祐，成德者所以鲜见。”（《天主实义》，汤集五/103）利氏之所以斥中国“成德者鲜见”，就在于他认为中国无“上帝坐标”；既无“上帝坐标”，则当然无以“成德”。他以为西之人无“上帝坐标”无以“成德”，中国之无“上帝坐标”当然亦无以“成德”。利氏认为仅仅靠人们自身的内在道德修养很难达到完满的超越境界，必须有一至高无上的外在的超越力量来推动，因此要有对上帝的信仰。利氏之思维模式，严重影响到“中国慈善哲学”之构建。

“天地坐标”与“上帝坐标”能分“高下”吗？很多人主张平等而观，不分“高下”。但细察之，他们实际分了“高下”：以“上帝坐标”为高，以“天地坐标”为下。他们认为“天地坐标”只是一种理想，只是为少数人设计的；而“上帝坐标”于人类社会“也是必需的”，“例如相信外在超越力量的宗教和欧西哲学中外在的超越现实世界的理论，以及与这种宗教、哲学相适应的政治法律制度，这套政治法律制度的哲学基础也是根据其外在超越性的”（汤集七/104）。

中国传统“慈善哲学”，是依“天地坐标”而构建。那么到了今天，是不是应该合“天地坐标”与“上帝坐标”而构建，就成为一个重大理论问题与现实问题。汤一介先生已经把这个问题提出来，值得我们高度关注。中国慈善史上超过10万种的“善书”，是不是已经内涵“上帝坐标”之思想，更值得我们认真研究。

二、“内在超越”与“外在超越”

“中国慈善哲学概论”讲“内在超越”，而不讲“外在超越”

自我超越需要外力帮助，例如基督教的上帝等，否则无法完成。这种思想，汉学家余英时先生称为“外在超越”。

与之相对，汤一介先生认为“中国的超越是内在的”：中国讲“超凡入圣”，“靠的都是自己”。儒家讲“自己修身”；佛教更是如此，尤其是禅宗讲“一念觉即佛，一念迷即众生”，“靠的是自己内在的觉悟”；道家也讲“我命在我不在天”。“这与欧西很不一样”，“与欧西的宗教不相同的”（汤集十/255—266）。

汤先生将“中国超越”称为“内在超越”，以与余先生所谓“外在超越”相对，理论上没有问题。但在现实上，“外在超越”与“内在超越”两专名，容易让人产生误解。

“外在超越”之含义，既是“靠外力而超越”，则宜称为“由他超越”或“依他超越”；“内在超越”之含义，既是“靠己力而超越”，则宜称为“由自超越”或“依自超越”，“由己超越”或“依己超越”。

中国儒、道、释三教，都讲“内在超越”。儒家讲“内在超越”，追求道德上的理想人格，目标是超越“自我”而成“圣”；道家讲“内在超越”，追求精神上的绝对自由，目标是超越“自我”而成“仙”；禅宗讲“内在超越”，追求瞬间永恒的涅槃境界，目标是超越“自我”而成“佛”（汤集八/39—40）。

所谓“外在超越”，是指作为主体的人要靠外在的力量（如基督教的上帝），才能超越自我和世俗，认为“理念世界”与“现实世界”之间有一鸿沟很难超越（如柏拉图哲学）；所谓“内在超越”，是指作为主体的人能够靠自身的力量，通过身体力行而超越自我和世俗，认为在“理念世界”与“现实世界”之间并无不可逾越之鸿沟，作为主体的人可以打通“理念世界”与“现实世界”，以实现“天人合一”（汤集八/313）。“外在”即是“依他”与“有沟”，“内在”即是“依自”与“无沟”。

此正“中国慈善哲学”与“欧西慈善哲学”之根本差别：前者认定人靠自己的修养，就能摆脱自我之限制与环境之限制，靠自己的能力，就能成圣成贤，完成自己；后者则相反，认定人靠自己的修养，无法摆脱自我之限制与环境之限制，靠自己的能力，无法成圣成贤，完成自己。道教讲“我命在我不在天”，表达的就是“中国慈善哲学”之信念；欧西“上帝拯救”之说，表达的正是“欧西慈善哲学”之信念（汤集十/390）。

三、“罪己”与“罪人”

“中国慈善哲学”讲“罪己”，而不讲“罪人”

君臣互为阴阳，君之背面为臣，臣之背面为君。“从道不从君”为臣道，相应地，“罪己”就是君道。“从道不从君”与“罪己”乃是一体之两面。

中华“古人”有绵延超过三千年的“从道不从君”之伟大传统，同样的，亦有绵延超过三千年的“罪己”之伟大传统。

《孟子·离娄下》记禹、稷之“罪己”故事，云：“禹稷当平世，三过其门而不入，……禹思天下有溺者，由己溺之也，稷思天下有饥者，由己饥之也。是以如是其急也。”天下之“溺”，归罪于“己”，天下之“饥”，归罪于“己”，不推托，不辩解，这就是中华帝王之担当。

《册府元龟·帝王部》卷百七十五载：禹登帝位，某次见犯罪之人，伤心而哭。左右问其故，禹曰：尧舜之时，民皆用尧舜之心为心，而予之为君，百姓各以其心为心，是以痛之。此亦是“认罪”，亦是“罪己”。

《尚书·汤诰》卷七载：商灭夏后，汤布告天下，检讨自己之过错：“罪当朕躬，弗敢自赦，惟简在上帝之心。其尔万方有罪，在予一人，予一人有罪，而无以尔万方。”《吕氏春秋·顺民》释读为：“余一人有罪，无及万夫，万夫有罪，在予一人。无以一人之不敬，使上帝鬼神伤民之命。”此即“认罪”，此即“罪己”。

《左传·庄公十一年》载：公元前683年，宋大水，鲁庄公遣使往吊之，说：“天作淫雨，害于粢盛，若之何不吊？”宋闵公说：“孤实不敬，天降之灾，又以为君忧，拜命之辱。”[①]鲁大臣臧文仲闻之，赞扬闵公，曰：“宋其兴乎！”并引“古人”以明之：“禹汤罪己，其兴也悖焉；桀纣罪人，其亡也忽焉。”闵公是效禹汤而拒桀纣，是“认罪”，是“罪己”。

公元前195年，高祖登基十二年十月，刘邦带着致命箭伤过故乡沛县，大宴故乡父老子弟，醉而击筑而歌，百二十少年和之：“大风起兮云飞扬，威加海内兮归故乡，安得猛士兮守四方。”朱熹释读云：“自千载以来，人主之词未有若是壮丽而奇伟者也！”诗人王世贞释读云：“大风三言，全笼宇宙，张千古帝王赤帜。”

此“大风之歌”，是“慷慨激昂之歌”吗？是“高亢之歌”吗？南宋词人刘辰翁猜度云：“安得猛士兮守四方一语，虽壮而悲，或者其悔心之萌乎？”他猜度这是刘邦的“忏悔之歌”，吾人则以为这是刘邦的“罪己之歌”。唱歌这年春天他杀韩信，夏天杀彭越，秋天逼反英布……还有臧荼、卢绾等，大批“猛士”，几年间均以“叛变”之罪杀灭。匈奴俨然已成北部中华之主人，此时能领兵出征的，就剩下刘邦自己。而他自己险些成为匈奴之俘虏，且死于他高歌之后的五个月内。

汉武帝“晚而悔过”，司马迁评为“有亡秦之失而免亡秦之祸”。死前两年，谓大臣云：“朕即位以来，所为狂悖，使天下愁苦，不可追悔。自公事有伤害百姓，靡费天下者，悉罢之。”并下诏自责，“深陈既往之悔”，云：“今请远田轮台，欲起亭隧，是扰劳天下，非所以优民也，今朕不忍闻。”此即著名之“轮台罪己诏”，被后世君王与史家奉为悔过图新之典范。

783年，节度使反叛，长安失守，唐德宗仓皇逃亡，被追杀至奉天城。

---

① 我做得不好，致上天降灾，又劳贵国担忧，实不敢当。

次年春，改年号为“兴元”，下《罪己大赦诏》，“分命朝臣诸道宣谕”，云：“天谴于上而朕不悟，人怨于下而朕不知。”又云：“上累于祖宗，下负蒸庶，痛心觍面，罪实在予。”此即“认罪”，此即“罪己”。

宋初四川王小波、李顺起义，淳化五年（994），宋太宗下“罪己诏”，云：“朕委任非当，烛理不明，致彼亲民之官，不以惠和为政，筦榷之吏，惟用刻削为功，挠我蒸民，起为狂寇。”又云：“念兹失德，是务责躬，改为更张，永鉴前弊，而今而后，庶或警余。”承认官逼民反，宣布减免租赋，撤销垄断土特产之“博务局”（设于四川）。此是“认罪”，此即“罪己”。

北宋末年，1125年11月，金兵逼东京，徽宗依大臣“宜先下罪己诏，更革各种弊政，使人心悦，天意回”之言，“罪己”曰：“言路蔽塞，谄谀日闻，佞幸专权，贪官得志，赋税竭生民之财，戍役困军伍之力，多作无益，侈靡成风。”又云：“追思己过，悔之何及。”虽于事无补，次年即成金兵之囚，然同样是“认罪”，同样是“罪己”。

清世祖顺治“罪己”次数最多，临终尚留下“罪己遗诏”，列举自己“罪状”十四条，包括政治上之“因循悠忽，苟且目前”，伦理上之“子道不终，诚悃未遂”，对待诸王贝勒方面之“恩惠复鲜，友爱之道未固”，用人上之“见贤而不能举，见不肖而不能退”，经济上之“未尝节省”，生活上之“常图安逸”，行为上之“自恃聪明，不能听言纳谏”，思想上之“即知有过……未能省改”，等等。此即“认罪”，此即“罪己”。

光绪廿六年（1900），八国联军陷北京，两宫西逃途中，德宗光绪下“罪己诏”，云：“负罪实甚。”又云：“知人不明，皆朕一人之罪。”

袁世凯称帝，不日被迫取消，亦下“罪己诏”，云：“总之，万方有罪，在予一人。”

耶教“原罪”（Original sin）之说，使“罪己”文明无以萌生于欧西。盖因“原罪”之说，乃是一种“外因论”：成善当归于外因，成恶亦当归于外因。设若人为上帝所造，则人成善成恶，归于上帝；设若人为老天所造，则人成善成恶，归于老天。

如此则成善，不代表人之高尚；成恶，不代表人之卑下。如此则人之善行，是“戴罪立功”；人之恶行，不过“罪上加罪”。能够“去恶”“去罪”者，只有“主”与“死”：无“主”，无法“去恶”“去罪”；“无死”，亦无以“去恶”“去罪”。

欧西“忏悔”之实质，是祈求“主”为忏悔者“去恶”“去罪”；其与“罪己”无关，又似与“罪主”无关；其唯一之指向，只能是“罪人”或“无罪”（不怪罪任何东西）。

“原罪”之说，催生欧西文学体裁“忏悔录”（confession）。此体裁第一座高峰，即耶教思想家圣·奥古斯丁（Saint Augustine，354—430）。45岁始作《忏悔录》，历述自己年轻时之放荡不羁与越海漂泊。跪于“主”前，祈求去之。

第二座高峰，乃法国哲人让-雅克·卢梭（Jean-Jacques Roussean，1712—1778）。以生命最后10年，撰《忏悔录》，反驳对手之种种非难，竭力为自己辩解；以“白描”之方式，历述自己偷窃、诬陷、不负责任之种种“恶行”。其书显无“罪己”之意，当然亦不“罪主”；“罪人”是有的，“罪境”（怪罪环境）也是有的。

第三座高峰，是俄国文豪列夫·托尔斯泰（Leo Tolstoy，1828—1910）。其撰《忏悔录》，痛陈人生目的之困扰与寻求答案之精神痛苦，最后幡然醒悟：人生之目的，就在《新约全书》展示之耶教教义中，就是所谓行善、不动怒、不贪求、不起誓、不与恶人作对等。

中国“罪己”之说，表达的正是“中国慈善哲学”之理念；欧西耶教“原罪”（Original sin）之说，表达的正是“欧西慈善哲学”之理念。

四、“从道不从君”与为民请命

“中国慈善哲学”特别强调“从道不从君”与为民请命

为民请命者不说，光是“抗击皇权”者，就不在少数。《左传·昭公二十年》记晏子之言：“君所谓可，而有否焉，臣献其否，以成甚可；君谓否，而有可焉，臣献甚可，以去甚否。是以政平而不干，民无争心。”这是晏婴进言齐景公，晏婴就是“抗位”的“古人”。

湖北荆门《郭店竹简》记子思之言："恒称其君之恶者，可谓忠臣矣。"这是子思进言鲁穆公，子思就是"抗位"的"古人"。

《孟子·梁惠王下》记孟子之言："贼仁者谓之贼，贼义者谓之残，残贼之人，谓之一夫。闻诛一夫纣矣，未闻杀君也。"这是孟子进言梁惠王，孟子就是"抗位"的古人。

《荀子·子道》讲："从道不从君，从义不从父，人之大行也。"荀子就是"抗位"的"古人"。

《孝经》讲："子不可以不诤于父，臣不可以不诤君。""天子有诤臣七人，虽无道，不失其天下。"《孝经》作者就是"抗位"的"古人"。

实际上从《尚书》开始，中国祖先就不断强化"从道不从君"之价值观，终致构建成功延时超过三千年的"道义官派"，此派实际就是"抗位官派"，其唯一使命就是制约皇权。承担此一使命之学派，就是"儒家"；承担此一使命之选官制度，就是"科举"，尤其是其"直言极谏科"。

唐德宗贞元元年（785），"直言极谏科"考试中，就有考生《论中央六部》，指斥六部之各种弊端与严重问题。824 年，唐敬宗即位，连日不上朝，于是有考生在"直言极谏科"之考卷上，骂他表现恶劣，使国家濒于崩溃，危在旦夕。

"从道不从君"是中国"士人"之伟大传统，不是极少数，也不是偶然；"抗位"是中国"古人"之伟大传统，不是极少数，也不是偶然。汲黯直接讽刺汉帝，骂他"陛下内多欲而外施仁义，奈何欲效唐虞之治乎"，武帝也只能"默然，变色而罢朝"。

出身"直言极谏科"[①]之董仲舒，公开反对武帝征匈奴、笼盐铁等诸多决策，认为应该"和而不战""盐铁皆归而死"。东汉首辅杨震五度上书，饮鸩而死。

"开元之治"之功臣张九龄，直言不讳，敢于顶撞玄宗宠爱之武惠妃。北宋王禹偁刚不容物，敢于得罪宰相，敢于顶撞宋太宗，敢于"诽谤朝廷"，屡谪不悔，百折不回。

---

① 科举之前的"察举"，同样有"直言极谏科"。

南宋朱熹予宋代诸帝以"酷评""苛评"，认定天地之间最大者是"理"，不是"君"。元张养浩不仅当面指控尚书省要员，且对皇帝两次直谏。

明初方孝孺宁受十族之诛，也决不向成祖低头，将"从道不从君"之价值观推向极致。明海瑞骂嘉靖帝"陛下之误多矣""盖天下之人不直陛下矣"，帝亦只能"得疏，大怒，抵之地"。

直到晚清曾国藩任礼部侍郎时，连上三道奏折，指斥咸丰帝"见小不见大""徒尚文饰""刚愎自用"三大缺点，史称"咸元三折"。帝又能如何？只能"览奏大怒，摔诸地，立召军机大臣，欲罪之"。

这个"抗位"的伟大传统，在帝制中华是没有断过的；这个"从道不从君"的伟大传统，在帝制中华是没有断过的。所以南开大学胡宝华教授才说："因此，作为古代的士大夫，我感觉是非常具有人格魅力的，他们并不是奴隶。二十四史记载的大多数士大夫的道德情操都是非常高尚的。"①

这个"抗位"的精神，这个"从道不从君"的精神，在黄宗羲《明夷待访录·原臣》中，表达得很清楚："吾以为天下万民起见，非其道，君以形声强我，未之敢从也，况于无形无声乎；非其道，即立身于朝，未之敢许也，况于杀其身乎。"

此种精神，就是三千年间"道义官派"之精神，就是三千年间"抗位官派"之精神，就是汤师所谓"古人"之精神，亦即"中国慈善哲学"之精神。

五、"自律"与"他律"

"中国慈善哲学"讲"自律"，少讲"他律"

汤师看重"外在超越"，实际上就是看重"他律"。但看重"他律"，不意味着汤师就看轻"自律"。他是希望"他律"与"自律"并重，并以

① 2008年11月4日《北京青年报》，C2版。

两者为基础，构建一个既包容两者又超越两者的思想体系。这是汤师思维方式中“三分法”之自然延伸。

“他律”思想在欧西文明中很丰富，甚至大致可以说，欧西文明就是“他律文明”。既如此，则中国人“全盘拿来”即可，不必另行新创。这是“全盘西化”论者之典型思路。

汤师不同，汤师明知欧西有此等思想资源，也绝不主张“全盘拿来”，而是努力发掘中国哲学中原有之“他律”思想资源，以为接纳欧西“他律”思想之土壤。发掘本土之“他律”思想、之“外在超越”思想，是汤师之特别处，也是汤师对中国哲学史、对比较哲学之重要贡献。

汤师《论魏晋玄学的内在性与超越性》一文，已经注意到孔、墨两家的“他律”思想资源。认为孔子思想有两方面：“为仁由己”“人能弘道，非道能人”等说法，属于“自律”之一面；“畏天命，畏大人，畏圣人之言”等说法，则属于“他律”“外在超越”之一面。孔子继承者“发展了前一个方面，而后一方面没有得到发展”（汤集二/381）。

墨子哲学更被汤师判定为“是以‘外在超越’为特征的哲学体系”（汤集二/381）。此一判定很重要。因为若其为真，则墨家就可成为接纳欧西“他律文明”“外在超越文明”之最好土壤。

汤师认为墨子哲学由两部分组成：一是“兼爱”思想，“具有人文精神”；二是“天志”思想，“具有宗教性”。两方面看似矛盾，却是相互联系的。“天志”思想认为“天”有意志，其意志是衡量一切事物之最高和最后标准，可以赏善罚恶，“是一外在于人的超越力量，或者说它具有明显的‘外在的超越性’”。汤师认为“天志”应是墨子思想之核心，而“天志”之最根本体现，即是“兼爱”，如此则“内在超越”与“外在超越”就合二为一了。

汤师相信可从“墨子哲学”中发展出“科学因素和逻辑学、认识论思想”，认为“墨家思想”有可能“成为我们建立一包容‘内在超越’和‘外在超越’的哲学体系的内在资源”（汤集二/381）。汤师《我的哲学之路》又云：“由于墨子这种哲学思想较之儒家或道家具有较多的外在客观性，由此后期墨家的思想中有着比较多的逻辑学、认识论和科学的因素，

同时对建立客观的政治法律制度有利。”（汤集六/19）

汤师不是到欧西文明中去找这个资源，而是到本土文明中去找，此思路充分体现了“汤氏哲学”的“先立乎其大者”。

汤师《论“内在超越”》一文，分析孔子思想中之“外在超越”因素，显得很是犹豫不决。一方面说“也有若干”“外在超越”因素；另一方面又说“这方面没有得到发挥”。一方面说孔子“君子有三畏（畏天命、畏大人、畏圣人之言）中”“畏天命”诸言，“实是把天看成一种外在超越力量”；另一力量又说《论语》中此类“天”只是“以外在超越形式出现”“多半是以一种情绪化的语言表达出来的，没有多少理论上的意义”。

在列举“获罪于天，无所祷也”“天生德于予，桓魋其如予何”“不怨天，不怨人，下学而上达，知我者其天乎”“予所否者，天厌之，天厌之”等有关“天”的系列言论之后，汤师认定“孔子并非认真地把‘天’看成是对人有绝对影响的外在的超越力量”，依然认为它们只是一些“情绪化的语言”（汤师五/97）。

关于孔子思想中的“命”，汤师大致持相同看法。如“生死有命，富贵在天”一句，汤师认为“生死有命”有“外在超越”因素，但很不够，“无非是说生和死是一客观存在的事实”，人是无能为力的；认为“富贵在天”亦有同样之缺陷，此“天”可以理解为“天生如此”，“外在超越性不够”，只是“当时中国社会的宗法等级制度的体现”（汤师五/97）。

综合“天”与“命”两方面带有“外在超越”因素的言论，汤师对孔子思想之“外在超越”性，信心不足，认为孔子思想“基本方面是一种伦理道德为基础的人生哲学或人文思想，而非一种典型意义的宗教，只能说他的思想带有某种宗教性”（汤师五/97）。

汤师原来认为孔、墨两家都有“外在超越”因素，此处对孔家信心不足，于是墨家就成为汤师找寻“外在超越”因素之最后依赖。如此则汤师之“墨论”，就值得吾人认真探讨。

汤师此一方面的观察告诉我们，“中国慈善哲学”是以讲“自律”为主，而“欧西慈善哲学”是以讲“他律”为主。

自责、从道不从君、罪己、内在超越等，均属同一序列，属于与“他律”相对的“自律”范畴。中华祖先致力于“自律”五千年，不仅积累了无限丰富之经验教训，且最终打造出人类历史上“自律度”最高之种群，为人类最终实现“无政府”之伟大理想，提供了范本和土壤。

中国“罪己书”不绝如缕：北朝庾信（513—581）之《拟咏怀·其七》，唐白居易（772—846）之《观刈麦》，南唐后主李煜（937—978）之诗词，明袁中道（1570—1627）之《心律》，明清间张岱（1597—1680?）之《自为墓志铭》，明清间吴伟业（1609—1672）之《梅家村藏稿》，清曹雪芹（约1715—约1763）之《红楼梦》，鲁迅（1881—1936）之《一件小事》，巴金（1904—2005）之《随想录》，等等。

巴金有一部书，叫《随想录》，在书中“我挖别人的疮，也挖自己的疮”①。

汤师《我与“梁效”》之“自责”，与巴金《随想录》之“自责”，有着同样之“文化内涵”：“从道不从君”之伟大传统，虽被“西化浪潮”摧毁，然还一息尚存；“罪己”之伟大传统，虽被“西化浪潮”摧毁，然却尚未中绝；“内在超越”之伟大传统，虽被“西化浪潮”摧毁，然尚有回光返照②。汤师论及“古人”，云：“但是中国历史上也还有极少数有骨气的士大夫，他们可以对抗皇权，对抗世俗流行的观念。孟子可以说‘以德抗位’，陶渊明可以‘不为五斗米折腰’，李贽可以‘不以孔子的是非为是非’，而我把中国知识分子的这些可贵的美德全部丢掉了。对这些，想起来十分惭愧，愧对那些古人呀！我很悲哀。”③

巴金曾被誉为“当代中国知识分子的良心”，从“良心”之角度说，“自责”靠的是“良心”，“从道不从君”靠的是“良心”，“罪己”靠的是“良心”，“内在超越”靠的也是“良心”。

---

① 以上巴金部分，请参考张耀南《序论：生之忏悔》，载《巴金的知与真》（彭小花编著），北京·东方出版社，2006年版。巴金原话出自《随想录》，可参以下版本：三联书店，1987年版；上海文艺出版社，2008年版；作家出版社，2009年版。

② 汤一介：《我们三代人》，北京·中国大百科全书出版社，2016年版，第272页。

③ 同上，第278页。

“良心”是什么？“良心”就是孔、孟所讲“赤子之心”，就是老、庄所讲“婴儿之心”，就是禅师所讲“四句百非之心”“离四句绝百非之心”，也就是李贽所讲“童心”：

> 夫童心者，真心也。
> 若以童心为不可，是以真心为不可也。
> 夫童心者，绝假纯真，最初一念之本心也。
> 若失却童心，便失却真心；失却真心，便失却真人。
> 人而非真，全不复有初矣。

童子者，人之初也；童心者，心之初也[①]。

“中国慈善哲学”之根本基础，就是中国“良心”，就是中国“赤子之心”，就是中国“婴儿之心”，就是中国“童心”，就是中国“真心”。有它们之“回光返照”，有它们之“一抹晚霞”，有它们之“落日余晖”，“中国慈善哲学”就有可能构建成功。

结语——

天地坐标与上帝坐标、内在超越与外在超越、罪己与罪人、从道不从君与为民请命、自律与他律、自我拯救与他人拯救等，可以视为汤师探讨中国哲学与欧西哲学之异同的主要坐标，亦是吾人探讨“中国慈善哲学”与“欧西慈善哲学”之异同的主要坐标。

此种坐标，可上接章太炎及熊十力“依自不依他”说。章氏认为中国教人讲道德，主“依自不依他”之说；欧西教人讲道德，则借助于上帝权威。中国旨在唤起人之道德自觉；欧西则旨在诉诸人之利己心。

> 至中华所以维持道德者，
> 孔氏而前，或有尊天敬鬼之说（墨子虽生孔子后，其所守乃古道德）。

① 李贽：《焚书》卷三《童心说》，《焚书续焚书》，北京·中华书局，1975年版，第98页。

孔子而后，儒、道、名、法，变易万端，原其根极，惟依自不依他一语。

……而中华依自不依他之说，远胜欧洲神教。

……今乃弃此特长，以趋庳下，是仆所以无取也。①

此观点，为熊十力先生所继承。

《左传·庄公十一年》载：公元前683年，宋大水，鲁庄公遣使往吊之，说："天作淫雨，害于粢盛，若之何不吊？"宋闵公说："孤实不敬，天降之灾，又以为君忧，拜命之辱。"鲁大臣臧文仲闻之，赞扬闵公，曰："宋其兴乎！"并引"古人"以明之："禹汤罪己，其兴也悖焉；桀纣罪人，其亡也忽焉。"

中国祖先相信，"天地坐标"乃是繁荣昌盛之道，"内在超越"乃是繁荣昌盛之道，"罪己"乃是繁荣昌盛之道，"从道不从君"乃是繁荣昌盛之道，"自律"乃是繁荣昌盛之道，"自我拯救"乃是繁荣昌盛之道。

所有这些方面之讨论，都是构建"中国慈善哲学"之根本基础，亦是比较中欧慈善哲学异同之根本背景。

---

① 章太炎：《章太炎全集》（四），上海·上海人民出版社，1985年版，第371—374页。

参考文献

1. 同善社．珍本善书（250 册，收书 140 种）［M］．上海：上海大众书局，1912 – 1949.

2. 胡适．中国哲学史大纲（卷上）［M］．上海：商务印书馆，1919.

3. 陕西商南贺箭村．古今善书大辞典（上、中、下三册，收书 169 种）［M］．上海明善书局，1934 – 1935.

4. 乐善社．福寿宝藏（收明清至 20 世纪 30 年代善书及其注本，凡 12 类，151 册，140 种）［M］．上海大众书局铅印本，1936.

5. 杨伯峻．孟子译注［M］．北京：中华书局，1960.

6. 李世瑜．宝卷综录［M］．北京：中华书局，1961.

7. 于省吾．略论西周金文中“六𠂤”“八𠂤”及其屯田制［J］．考古，1964（2）．

8. 杨宽．论西周金文中“六𠂤”“八𠂤”和乡遂制度的关系［J］．考古，1964（8）．

9. 于省吾．关于《论西周金文中“六𠂤”“八𠂤”和乡遂制度的关系》一文的意见［J］．考古，1965（3）．

10. 杨宽．再论西周金文中“六𠂤”“八𠂤”的性质［J］．考古，1965（10）．

11. 贾谊．贾谊新书［M］．上海：上海人民出版社，1976.

12. 张载集［M］．北京：中华书局，1978.

13. 杨伯峻．列子集释［M］．北京：中华书局，1979.

14. 朱星．古代汉语［M］．天津：天津人民出版社，1980.

15. 孙奭．孟子注疏［A］//十三经注疏（影印本），北京：中华书局，1980.

16. 王力．古代汉语（修订本）［M］．北京：中华书局，1981.

17. 王孝鱼．二程集［M］．北京：中华书局，1981.

18. 王明．无能子校注［M］．北京：中华书局，1981.

19. 杨伯峻．孟子译注［M］．北京：中华书局，1981.

20. 睡虎地秦墓竹简［M］．北京：文物出版社，1982.

21. 张岱年．中国哲学大纲［M］．北京：中国社会科学出版社，1982.

22. 熊国祯，高流水．北溪字义［M］．北京：中华书局，1983.

23. 苟萃华．再谈《淮南子》中的生物进化观［J］．自然科学史研究，1983，2（2）．

24. 陈子展．诗经直解［M］．上海：复旦大学出版社，1983.

25. 朱熹．四书章句集注［M］．北京：中华书局，1983.

26. 章太炎全集（四）［M］．上海：上海人民出版社，1985.

27. 杨慎．升庵经说［M］．北京：中华书局，1985.

28. 战国策·秦策四［M］．上海：上海古籍出版社，1985.

29. 李约瑟．古代和中世纪中华人的进化思想［A］//潘吉星．李约瑟文集．沈阳：辽宁科学技术出版社，1986.

30. 墨子·耕柱［A］//诸子集成（第4册）．上海：上海书店，1986.

31. 韩非子·五蠹［A］//诸子集成（第5册）．上海：上海书店，1986.

32. 潘吉星．李约瑟文集［M］．沈阳：辽宁科学技术出版社，1986.

33. 蒋礼泓．商君书锥指［M］．北京：中华书局，1986.

34. 陈昌远．周代“氓”身份辨析［J］．宝鸡文理学院学报（社会科学版），1987（4）．

35. 郑志明．中国善书与宗教［M］．台北：台湾学生书局，1988.

36. 刘文典．淮南鸿烈集解［M］．北京：中华书局，1989.

37. 蒙培元．理学范畴体系［M］．北京：人民出版社，1989.

38. 梁启超．饮冰室合集·文集之四十［M］．北京：中华书局，1989.

39. 久红．佛性在当代的闪光——铃木大拙、池田大作的佛教人道主义思想［J］．法音，1990（8）．

40. 郭锡良主编．古代汉语（修订本）［M］．天津：天津教育出版社，1991.

41. 徐勇．《商君书·徕民篇》的成书时代和作者蠡测［J］．松辽学刊（社会科学版），1991（2）．

42. 刘宗周．人谱［M］．北京：中华书局，1991.

43. 朱子七经语类［M］．上海：上海古籍出版社，1992.

44. 韦政通．中国思想史［M］．台北：水牛出版社，1995.

45. 袁啸波．民间劝善书［M］．上海：上海古籍出版社，1995.

46. 颜茂猷．迪吉录［M］．济南：齐鲁书社，1995.

47. 何劲松．创价学会与政治——以池田大作“中道政治”思想为中心［J］．世界宗教研究，1996（2）．

48. 康健．共同体主义的兴起及其意义［J］．理论前沿，1997（22）．

49. 梦海．迈向人类大共同体的哲学思维——雅斯贝尔斯未来世界哲学思想引论［J］．社会科学，1997（10）．

50. 李思孟．中华古代有生物进化思想吗？［J］．自然辩证法通讯，1997（3）．

51. 《管子》之“牧民”“大匡”［M］．沈阳：辽宁教育出版社，1997.

52. 梁其姿．施善与教化：明清的慈善组织［M］．台北：联经出版社，1997.

53. 焦循撰，沈文倬．孟子正义［M］．北京：中华书局，1998.

54. 不列颠百科全书（国际中文版）（4 卷、6 卷），北京：中国大百科全书出版社，1999.

55. 万里．论中华古代的人类进化史观［J］．船山学刊，1999（2）．

56. 周礼注疏［A］//十三经注疏［M］．北京：北京大学出版社，1999.

57. ［美］包筠雅（Cynthia J. Brokaw）．功过格：明清社会的道德秩序

[M]．林正贞，张林，译；赵世瑜，校．杭州：浙江人民出版社，1999.

58. 陈霞．道教劝善书研究［M］．成都：巴蜀书社，1999.

59. 游子安．劝善金箴：清代善书的研究［M］．天津：天津人民出版社，1999.

60. 田毅鹏．中国社会福利思想史［M］．长春：吉林大学出版社，1999.

61. 胡卫清．普遍主义的挑战［M］．上海：上海人民出版社，2000.

62. 杨小明．中华古代没有生物进化思想吗？——兼与李思孟先生商榷［J］．自然辩证法通讯，2000（1）．

63. 陈周旺．论共同体主义对当代欧西自由主义的批判［J］．现代哲学，2000（2）．

64. 冉毅．池田大作的中道思想述评［J］．世界宗教研究，2000（3）．

65. 陈瑞．墨子文化思想散论［J］．洛阳工学院学报（社会科学版），2000，18（4）．

66. 张世英．人类中心论与民胞物与说［J］．江海学刊，2001（4）．

67. 德光．池田大作的中道思想与未来观［J］．苏州大学学报（哲学社会科学版），2002（3）．

68. 顾栋高．毛诗订诂（影印本）［M］．北京：北京出版社，2000.

69. 蔡德麟．东方人道主义的当代智慧——池田大作人道主义思想研究［J］．学术界，2002（6）．

70. 曹明德．从人类中心主义到生态中心伦理观的转变——兼论道德共同体范围的扩展［J］．中国人民大学学报，2002（3）．

71. 孟子［M］．北京：中国社会科学出版社，2003.

72. 白奚．儒家的人类中心论及其生态学意义——兼与欧西人类中心论比较［J］．中国哲学史，2004（2）．

73. 张学智．从人生境界到生态意识——王阳明“良知上自然的条理”论析［J］．天津社会科学，2004（6）．

74. 中国大百科全书（哲学卷）［M］．北京：中国大百科全书出版社，2004.

75. 唐大潮．劝善书注译［M］．北京：中国社会科学出版社，2004.

76. 杨鹤皋．中国法律思想史［M］．北京：北京大学出版社，2005.

77. 王伟英．生命的尊严——试析池田大作的人学思想［J］．新视野，2005（1）.

78. 黄顺力．池田大作的和平思想与孔墨学说［J］．厦门大学学报（哲学社会科学版），2005（6）.

79. 刘新．中国法律思想史［M］．北京：中国人民大学出版社，2005.

80. ［日］夫马进．中国善会善堂史研究［M］．伍跃，杨文信，张学锋，译．北京：商务印书馆，2005.

81. 游子安．善与人同：明清以来的慈善与教化［M］．北京：中华书局，2005.

82. 杨伯峻．论语译注［M］．北京：中华书局，2006.

83. 关志钢．池田大作"中道人本主义"论析［J］．深圳大学学报（人文社会科学版），2006（2）.

84. 孙中原．墨家辩证思维方法论［J］．重庆工学院学报，2006，20（3）.

85. 赵叶花．试论韩非子对老子思想的继承和发展［J］．太原师范学院学报（社会科学版），2006，5（3）.

86. 段玉裁．说文解字注［M］．郑州：中州古籍出版社，2006.

87. 杜艳艳．浅析商鞅的徕民思想［J］．学术交流与动态，2006（2）.

88. 张觉．商君书校注［M］．长沙：岳麓书社，2006.

89. 周振鹤．圣谕广训：集解与研究［M］．上海：上海书店，2006.

90. 周秋光、曾桂林．中国慈善简史［M］．北京：人民出版社，2006.

91. 李自豪．池田大作谈中华传统文化［J］．广西师范大学学报，2007（1）.

92. 张耀南．寻求“中华共识”［A］//胡军，孙尚扬．探寻真善美：汤一介先生八十华诞暨从教五十五周年纪念文集．北京：北京大学出版社，2007.

93. 王天根．《天演论驳议》：科学与宗教视野中的进化论批判［J］．史学月刊，2007（7）．

94. 王秀梅译．诗经·商颂［M］．北京：中华书局，2008.

95. 刘阳．进化与天演——重读《天演论》［J］．北京大学研究生学志，2008（3）

96. 袁黄．了凡四训［M］．北京：中华书局，2008.

97. 陈克明．周敦颐集［M］．北京：中华书局，2009.

98. 陈鼓应．老子注译及评介［M］．北京：中华书局，2009.

99. 陈鼓应．庄子今注今译［M］．北京：中华书局，2009.

100. 关立新．韩非子历史哲学的现代审视［J］．学术交流，2009（3）．

101. 张天本．论《商君书》的治民强兵思想［J］．世纪桥（理论版），2009（7）．

102. 吴震．明末清初劝善运动思想研究［M］．台北：台湾大学出版中心，2009.

103. 董建辉．明清乡约：理论演进与实践发展［M］．厦门：厦门大学出版社，2009.

104. 王有英．清前期社会教化研究［M］．上海：上海人民出版社，2009.

105. 李文海，夏明方，朱浒．中国荒政书集成［M］．天津：天津古籍出版社，2010.

106. 王先谦．诗三家义集疏［M］．北京：中华书局，2011.

107. 马艳婷．先秦时期重民思想评述［J］．法制博览，2015（4）．

108. 姜涛．中国历史上的人口观［J］．国学，2015（9）．

109. 王奥．《商君书·徕民篇》招徕移民战略探析［J］．学理论（下），2016（1）．

经典禅语

人为善，福虽未至，祸已远离；

人为恶，祸虽未至，福已远离。

积德虽无人见，行善自有天知。

行善之人，如春园之草，不见其长，日有所增；

作恶之人，如磨刀之石，不见其损，日有所亏。

福祸无门总在心。